湖州抗战烽火

湖州市新四军历史研究会　编著

THE BEACON FIRE OF
**THE WAR OF RESISTANCE AGAINST JAPANESE
AGGRESSION IN HUZHOU**

ZHEJIANG UNIVERSITY PRESS
浙江大学出版社

图书在版编目（CIP）数据

湖州抗战烽火 / 湖州市新四军历史研究会编著.--
杭州：浙江大学出版社，2022.5
ISBN 978-7-308-22441-3

Ⅰ．①湖… Ⅱ．①湖… Ⅲ．①抗日战争－
史料－湖州 Ⅳ．①K265.06

中国版本图书馆CIP数据核字(2022)第052094号

湖州抗战烽火

湖州市新四军历史研究会　编著

策划编辑	吴伟伟	
责任编辑	陈　翩	
责任校对	丁沛岚	
封面设计	雷建军	
出版发行	浙江大学出版社	
	（杭州市天目山路148号　　邮政编码　310007）	
	（网址：http://www.zjupress.com）	
排　　版	杭州林智广告有限公司	
印　　刷	杭州杭新印务有限公司	
开　　本	710mm×1000mm　1/16	
印　　张	19.75	
字　　数	320千	
版 印 次	2022年5月第1版　2022年5月第1次印刷	
书　　号	ISBN 978-7-308-22441-3	
定　　价	68.00元	

目　录
CONTENTS

绪　言

湖州素有江南望郡之称，历史悠久、文化繁荣、经济富庶、名人辈出。这块江南繁华地历来就是人们心目中的天堂。

湖州原名菰城，公元602年（隋仁寿二年），因濒临太湖而改名为湖州。湖州历经唐宋元明，得天时地利的自然优势，成为一颗璀璨的江南明珠。湖州当年的富裕全国有名。宋代柳永的《望海潮·东南形胜》说道："东南形胜，三吴都会，钱塘自古繁华。"这里的"三吴"之一即吴兴（湖州）。元代诗人戴表元也发出了"行遍江南清丽地，人生只合住湖州"的感叹。

明清至民国，湖州人过着优哉游哉的舒适生活。湖州人凡事讲究"百坦"，百姓平时喜欢"喫茶"。湖州一带的市镇经济颇为发达，当时的名声在苏杭之上，"吴兴介于苏杭之间，水陆饶沃之产，实过两郡"[①]。至清末，湖州地区已有37个小市镇，如双林、菱湖、南浔、新市、琏市、善琏、孝丰、合溪、水口等。这些市镇设施较齐全，已初具江南市镇之格局，有商店、工场、堆栈、茶馆、酒馆、旅馆、书院等。交通也颇为便利，晟舍、南浔有荻塘，沿运河陆路60多公里可直达平望镇，为江浙之通道。"湖州府城四门有夜船至苏杭嘉各地。通航船艘类别有航船、书船、驳船、贩笋船、篷船等，航班有日航、夜航。"[②]

湖州的百姓，生于这块富庶之地，过着安逸百坦的慢节奏生活。然而，日寇的入侵彻底打破了这里的平静。日军大肆烧杀淫掠，制造了一系列惨案，给湖州人民带来了空前的灾难。

根据统计，抗战期间吴兴县平民被杀害18000余人，德清县被杀害3754人，长兴县被杀害1008人，安吉县被杀害998人。四者相加，湖州全市抗战时期平民共被杀害约24000人。

---

① 徐献忠：《吴兴掌故集》卷十三《物产》。
② 陈学文：《明清时期湖州府市镇经济的发展》，《浙江学刊》1989年第4期。

湖州地区被日军烧毁或者抢劫的粮食达 2711559 石，生活用品 6183967 件，服装 10326725 件，生产工具 4574285 件，牲畜 135125 头，蚕茧 1136 担，家禽 63927 只，饰品 434 件，砍伐或烧毁树木 13856664 株，毛竹 4002469 支。巨大的人员、财产损失严重阻滞了湖州的经济社会发展，素有"鱼米之乡""丝绸之府"之称的湖州，满目疮痍，百业凋敝，出现了前所未有的衰落。

而在日寇的屠刀下，湖州人民并没有屈服，他们奋起抗击。湖州地区先后出现了几十支抗日武装，给日寇以沉重的打击。当时湖州地区的国民党军队也参加了多次抗日战役，阻止日军北上。在共产党的领导下，湖州的抗日活动不断发展，郎玉麟、李泉生、朱希等领导的 3 支抗战武装，名声大振。1944 年 12 月 27 日，粟裕同志率新四军一师主力一部夜渡长江南下，1945 年 1 月 6 日抵浙江长兴与王必成的 16 旅会合。是年 1 月 13 日，新四军苏浙军区在长兴槐坎温塘村成立，开创了湖州抗战的新局面。

抗战时期，在湖州这块土地上，涌现出了许多可歌可泣的英雄事迹和英雄人物。今天，我们过着和平、幸福生活的时候，绝不可忘却 80 多年前湖州的劫难。我们必须牢记历史，缅怀英烈，继承先辈的革命遗志，为中华民族的伟大复兴而努力。

第一章

日军入侵和湖州地区的沦陷

中国的近代史，是一部人民群众和仁人志士为救亡图存而英勇奋斗的历史。各族人民在中国共产党的领导下，经过新民主主义革命和社会主义革命，从战争的苦难走向安定幸福，把一个"一穷二白"的旧中国逐步变成一个繁荣昌盛的社会主义新中国。今天，我们在安享和平生活的同时，绝不能忘记抗战时期日寇入侵给湖州人民带来的苦难。

一、卢沟桥事变和日军的入侵

1. 卢沟桥的枪声

"九一八"事变给中国人民带来了巨大的灾难，激起了中国人民的愤慨。中共中央发表了《中国共产党为日本帝国主义强暴占领东三省事件宣言》和《中央关于日本帝国主义强占满洲事变的决议》，一针见血地指出日本帝国主义公开进兵中国的目的是掠夺中国，压迫中国工农革命，使中国完全变成日本的殖民地。中国共产党号召全中国工农劳苦民众武装起来，实行反帝国主义反国民党的斗争。

在中国共产党的领导下，东北人民展开了不屈不挠的抗日武装斗争，全国各界人民掀起了轰轰烈烈的抗日救亡运动。

然而，日军在占领东北以后，其侵略野心进一步膨胀。"九一八"事变后，日军把侵略目光投向了中国内地和沿海城市，如天津、青岛、汉口、福州、重庆、上海等地，并因此制造了一系列事件，以寻找新的侵略借口。1931年10月，日本海军的4艘军舰到上海示威，并开进长江。日本陆军在东北的得势，深深地刺激了日本海军，使得海军也企图在它的势力范围内伺机蠢动。1932年1月28日深夜，日本驻上海的海军陆战队向闸北中国驻军发起猛烈进攻，蓄意制造了上海"一·二八"事变。

最终，日军于 1937 年 7 月 7 日挑起了卢沟桥事变，开始了对中国的全面侵略。

卢沟桥事变是日本全面侵华的开始，也是中国全国性抗战的起点。

卢沟桥位于北京市西南约 15 公里处，因横跨卢沟河（即永定河）而得名。它是南方各省进京的必由之路和北京的重要门户。七七事变爆发前夕，北平的北、东、南三面已经被日军控制：北面，是部署于热河和察东的关东军一部；西北面，有关东军控制的伪蒙军 8 个师约 4 万人；东面，是伪冀东防共自治政府及其所统辖的约 17000 人的伪保安队；南面，日军已强占丰台，逼迫中国军队撤走。这样，卢沟桥就成了北平对外的唯一通道，战略地位十分重要。为了占领这一战略要地，截断北平与南方各地的来往，进而控制冀察当局，使华北完全脱离中国中央政府，日军不断在卢沟桥附近进行挑衅性军事演习。

1937 年 7 月 7 日夜间，日军中国驻屯军步兵旅团第 1 联队第 3 大队第 8 中队在宛平城外举行军事演习。日军士兵志村菊次郎因拉肚子到路旁的玉米地里解手，由于时间太久，当他返回时，队伍已经前进离开了。志村菊次郎是一个新兵，没有夜间辨向的经验，最后与大部队失散。日军在点名时发现失踪一名士兵，中队长清水节郎主观认为志村菊次郎可能被附近宛平城的中国驻军抓住，并送进了城，于是带兵包围了宛平城，以寻找日本士兵为由，要求进城搜查。

日军的无理要求遭到了中国守军的拒绝。此后，日军联队长牟田口廉派第 3 大队大队长一木清直率一个中队增援，同时，日本驻北平特务机关长松井太久郎打电话给北平市长秦德纯，威胁若中方不允许日军进城，日军将以武力强行进城搜查。秦德纯为了避免得罪日本人，答应天亮后由双方共同派员进城调查。其实当时志村菊次郎已经归队，但日军为了达到侵略中国目的，故意隐瞒了这一消息，仍然向中方发出进城搜查的威胁恫吓。

但是，事情突然发生了意外。7 月 8 日凌晨 4—5 时，日军突然向中国军队开炮，中国第 29 军司令部立即命令前线官兵："确保卢沟桥和宛平城""卢沟桥即尔等之坟墓，应与桥共存亡，不得后退"。守卫卢沟桥和宛平城的中国守军奋起抗战，长达 8 年的中日全面战争就此爆发。

2. 日军入侵湖州的战略意图

湖州地处苏浙皖三省交界之处，从军事上来看，湖州扼太湖南走廊之咽喉，北临浩瀚千里的太湖，西接连绵不绝的天目山脉，东南与嘉兴、杭州接壤，境内河流纵横，湖泊密布，是继长江天堑之后南下扼守杭州、北上拱卫南京的重要南北通道。湖州地处险要，四通八达，扼守苏浙皖要冲，战略地位十分重要。

安吉的独松关是一个军事要地，独松关在今浙江省安吉县境内，南与杭州市余杭区交界，北距城关递铺镇 8 公里。独松关与位于余杭境内的幽岭关、百丈关合称"独松三关"，是南宋京城临安（今杭州）北侧的主要屏障，只要守住独松关，也就挡住了杭州北来的兵患。独松关东西有高山幽涧，南北有狭谷相通，为古代临安经广德通建康（今南京）之咽喉要地，因此，独松关历来是兵家必争之地。据史书记载，德祐元年（1275），宋将罗琳戍独松关，元将阿剌罕自建康出兵经广德，破独松关直取临安，至 1279 年南宋遂亡。清咸丰十年（1860），清军进攻天京（今南京），太平天国将领李秀成由杭州借独松关捷径，迅速北上，与各路太平军大破清军，遂解天京之围。

长兴位于安徽、江苏、浙江交界处，东临太湖，东南接湖州，战略地位重要。元至正十七年（1357），朱元璋派军自广德攻取长兴，与张士诚相持 10 年，最后以长兴城为依托，击败张士诚平定天下。

太平天国定都天京，把广德、长兴视作重要防线，曾命堵王黄文金率重兵固守广德、泗安一带，以拒南犯之清军。清军专攻广德、泗安一线，搏战经年，终致天京失守。

因此，从湖州的战略地位上看，日军要向西进军，截断淞沪会战中国军队后撤退路，并从西南迂回，实现与北路日军合围南京的目的，最终迫使国民政府投降，就必须攻占湖州。

早在淞沪会战之前，日本政府和军部对攻占上海、南京就作了长期谋划和准备。入侵湖州则是计划实施过程中的一个重要步骤。1936 年 8 月日本参谋本部制订的《昭和 12 年（1937 年）度对华作战计划》，就提出这样的战略构想：以第 9 军占领上海附近，另组建新编第 10 军从杭州湾登陆，从太湖南面前进，两军策应向南京作战，以实现占领和确保上海、杭州、南京三角地带的目的。

可见，日本政府和军部对取道湖州、合围南京的战略任务非常明确。

此外，日军在淞沪战场的得势，进一步刺激了日本军国主义的侵略野心。日军认为，中国军队的溃败，为日军提供了攻占南京的绝好机会。1937年11月15日，第10军召开军事会议，一致认为中国军队已经处于溃散状态，日军应该把握时机，断然追击，争取在20天内攻占南京。华中方面军赞同第10军快速占领南京的意见，认为中国军队的抵抗极为微弱，日军应该抓住战机，不让中国军队有休整、恢复的机会。11月20日，南北两路日军几乎同时突破吴福线、乍嘉线，威胁南京。中国守军沿太湖北走廊和南走廊向无锡、常州、镇江和苏浙皖边境的吴兴、长兴、宜兴和泗安、广德等地后撤。同日，华中方面军司令官松井石根下达了新的命令："方面军在保住苏州、嘉兴一带的基础上，计划占领无锡和湖州一带。"一场以攻占南京为主要目标的战争行动就此拉开序幕。

对日军的阴谋，当时的国民政府也有所察觉和防范。苏浙沪地区是全国的政治经济中心，国民政府于1934年起密令修筑上海周边工事，分别在吴县、常熟等地，利用阳澄湖、淀山湖构筑主阵地——吴福线，在江阴和无锡之间构筑后方阵地——锡澄线，在乍浦和嘉兴之间兴建乍嘉线，与吴福线相连，企图起到阻止日军进攻南京的作用。但是，随着日军在金山卫登陆，淞沪战场局势急转直下，中国军队防线渐次被突破。形势危殆之际，1937年11月上旬，南京统帅部急令国民政府军第7军第170、172师立即搭火车南下，集结于武进再赴吴兴，阻击沿太湖南走廊西进的日军，掩护从淞沪前线向苏浙皖边境转移的部队撤退。

二、南浔沦为人间地狱

南浔古镇是名闻中外的江南"丝绸之府""鱼米之乡"，是素有"四象八牛七十二金狗"之称的富庶之地，凭借着靠近上海的地理优势，成为富甲一方的江南名镇。这里气候温和，土质丰腴，适合农桑。南浔的蚕丝业特别发达，民间流传着"湖州一个城，不及南浔半个镇"的说法。孙中山就职临时大总统的第二天，就正式宣布南浔镇升级为市。由此可见，当时的南浔在全国的地位之高。民风淳朴的南浔百姓，在景色宜人的古镇，过着安稳、宁静的生活。然而，日寇的入侵打破了南浔人的平静生活。

1937 年 8 月 13 日，淞沪会战爆发。淞沪会战又称为"八一三"战役，这是抗日战争中规模最大、战斗最惨烈的一场战役。七七事变后，蒋介石为了把日军由北向南的入侵方向引导改变为由东向西，以利于长期作战，在上海采取了主动反击。在这场战役中，中日双方共有约 100 万军队投入战斗，战役本身持续了 3 个月，日军投入 20 多万人，死伤 4 万多人；中国军队投入 80 多万人，死伤 30 多万人。经过中国军队的英勇奋战，成功打乱了日军的初期部署。10 月中旬，日军决定增派部队，以打击中国军队。11 月 5 日拂晓，日军在金山卫附近登陆，迅速占领松江、枫泾等地区，对上海中国守军形成夹攻之势，淞沪战局急转直下，国民政府军被迫放弃上海，全线西撤。

随后，日军兵分三路向南京进犯：上海派遣军第 11、13 师团沿京沪铁路西进；第 3、9 师团由金坛直扑南京；第 114 师团沿宜兴、镇江、溧水公路前进，并以第 6、18 师团沿太湖南岸向湖州集结，妄图打通太湖南走廊，进击浙皖边境，从西南方面对南京进行战略迂回。

在这一危急形势下，南京统帅部命令第 170 师向太湖南岸急进，前往南浔、吴兴一带进行军事布防，目的有两个：一是阻止日军向南京迂回；二是掩护上海友军安全撤退。《试论南浔抗战沦陷及其历史启示》一文记载：

> 11 月 19 日，天下着雨，日军从江苏震泽出发，在半路亭分水陆两路侵入南浔。陆路沿运河塘路迂回到东栅，从洗粉兜汽车站和永安桥汽车西站进入镇区。水路乘汽艇驶经陶墩进南栅，绕至孙家坝、马家巷，直趋马家桥堍登陆，过新桥与陆路日军会师。日军侵入南浔的先遣部队，穿着国民政府军的服装，打扮成从上海前线退下来的国民政府军部队。扼守南浔的国民政府军第七军一七〇师某团，开来不久，立足未稳，正当盘问这些闯入的部队时，日军立即施以猛烈攻击。经数小时巷战，第七军一七〇师某团死伤较多，傍晚时辰，即向湖州方向撤退。南浔镇沦陷了。①

---

① 眭桂庆：《试论南浔抗战沦陷及其历史启示》，《湖州职业技术学院学报》2014年第1期。

进攻南浔的共有日军的 3 个师团，分别是第 6、18、114 师团。这 3 个师团是参与南京大屠杀的刽子手。

第 6 师团是日军 17 个常设师团之一，被国人称为"野兽军团"，曾参加过甲午战争和日俄战争，也是日军的王牌军之一。师团长谷寿夫，日本陆军中将，侵华日军乙级战犯，南京大屠杀主犯之一。谷寿夫是日本冈山县人，毕业于日本陆军士官学校、日本陆军大学，曾参加日俄战争。1937 年七七事变后派往中国，在华北他就纵容部队烧杀劫掠，强调"作战时的掠夺、强盗、强奸是保持士气的重要手段"。日本投降后，谷寿夫于 1946 年 2 月作为战犯被盟军总司令部逮捕移交中国，定为乙级战犯。经南京军事法庭 1 年多的审判，于 1947 年4 月 26 日被枪决。中国政府对谷寿夫下的断语是："谷寿夫为侵华最重要战犯，尤为南京大屠杀之要犯。"

日军第 18 师团师团长牛岛贞雄，毕业于日本陆军士官学校、日本陆军大学，参加过日俄战争。全面抗战爆发后任重建的第 18 师团师团长，时任陆军中将。1937 年，攻陷长兴、泗安、广德的正是第 18 师团。第 18 师团对中国人民犯下了滔天罪行，在太平洋战争爆发后，前往缅甸，最终在滇缅战争中被中国远征军消灭。

日军第 114 师团师团长是陆军中将末松茂治，第 114 师团也是南京大屠杀的主要刽子手，曾大肆屠杀手无寸铁的居民和已经放下武器的战俘。

在淞沪会战中，第 6、18、114 师团同时编入第 10 军，从杭州湾登陆，向中国军队背后发起攻击。

入侵南浔后，日军实施惨无人道的"三光"政策，奸淫掳掠，杀人放火，无恶不作。南浔镇上，尸横遍野，电线杆上挂满了血淋淋的人头。其中百间楼下和西栅市梢永安桥至汽车站西一带是陈尸最多之处，其次是镇中心附近的唐家兜、石家弄、栲栳湾等处。据统计，死难者共有 400 多人，有镇上居民、四处乡民和士兵。据《初日楼遗稿·丁丑浔溪避兵记》所记："南浔知名人士周庆云的两个女婿朱云裳、沈聘珍，抗战前在嘉兴盐业公司工作，日军登陆后，逃到桐乡乌镇避难，后二人从乌镇雇舟回南浔，将到南浔时，岸上日军鸣枪令停，船稍一迟疑，日军立即开枪，一名舵工当场被打死，船靠岸后，日军进舱搜查，把朱、沈和两名随从拽到岸上，次晨三人均遇害，只有一名船工泅水得脱。"①

南浔是江南古镇，城内不少民居都具有文物价值，但日军进入南浔后，一把大火，把南浔的许多古建筑化为灰烬。最先起火的是崔氏木作，延及新桥北塊，东大街中段和新桥南塊马家巷一带；接着，西大街、西木巷一带相继起火，大火断断续续地烧了 10 多天。

> 运河以北，东大街自清风桥至东吊桥上下岸房屋俱成灰烬，仅剩关帝庙一所。西大街自清风桥起至西吊桥已无完璧。北栅宝善街及对河清风桥湾起至圆通桥一带，北小圩、西木巷大半焚毁，只有百间楼下、栲栳湾、唐家兜等处，因近日军驻扎区而尚存留。运河以南受灾尤烈，自马家巷到大桥湾沿河房屋，除船长浜口两宅尚完整外，余均波及。南西街仅存耶稣堂、商会和少数宅第、店铺，余皆受灾。南东街只有丝业会馆、张王庙、梅恒裕丝厂后埭和刘宅后厅较完整，余均毁去。连白雁兜、纪家坝蛤蟆弄、育婴堂等偏僻地方皆遭焚毁。战祸还延及镇郊乡村，泥司兜、拜三圩亦成焦土。②

《东南日报》1938 年 7 月 2 日第 4 版对南浔惨案有所报道：

> 南浔是一个美丽的地方，在去年被日军涂上一阵猩红的血，现在已变成了一个可怕的魔窟。……南浔这次的浩劫，房屋烧去约五千所，百姓死去千余人，现在满地多是新的坟墓。

此外，日军在南浔经常四出奸淫妇女，往往先奸后杀，连老妇和幼女都不放过。沦陷期间，镇上及四乡被奸淫和杀害的妇女数以百计。为满足兽欲，日伪在南浔镇义仓桥西首设"慰安所"，抓获了 10 多名中国妇女供日军玩乐。

对于南浔的文物财富，日军也馋涎欲滴，被掠的文物难以计数。1938 年春，

① 罗庄编述：《初日楼遗稿·丁丑浔溪避兵记》，湖州市委党史研究室资料室，抗损资料第 11-04-K00-35 卷，第 103 页。
② 眭桂庆：《试论南浔抗战沦陷及其历史启示》，《湖州职业技术学院学报》2014 年第 1 期。

日军宣抚班班长派人抬了两口棺材到南浔富户庞莱臣家，空的进去，满的出来，装满了字画文物。皇甫煃家也有一箱书画被日军掠去，实际被掠的文物难以准确统计。

对于日军对南浔造成的灾难，《文汇报》1938年4月17日第4版以《血泪话南浔——庞姓一家损失已在百万以上》为题作了详细报道：

南浔本是一个富庶的区域，那里有很多名闻乡邑的富翁，日军在未占领以前，也许已打探得很清楚，加之汉奸的为虎作伥，因此整个镇上，没有一家能幸免此劫。他们劫掠的目的，除了金银等贵重物品以外，其次便是名人书画。著名的庞家，已被洗劫一空，他家藏书楼所藏的许多古版珍本，都成了日军的战利品，嵌在纱窗上或是挂在墙壁上的，统被席卷而去，估计他们一家的损失，当在一百万以上。捉住了壮丁，不管是别动队或是良民，立刻绑住斩决，斩了首不算，更是把四肢都割了下来。现在的南浔，已成了他们的后方，于是更堂而皇之地征求"花姑娘"，然而整个镇上，除了少数贫苦的外，余都逃避四乡，妇女们更藏形匿迹，不易发现。于是有一个时期，街衢上发现了"献花姑娘一名，赏洋一百元"的招贴，听说会有丧心病狂的汉奸，计骗了妇女们去献媚，他们居然也不失信用，给你一百大元，可是都是北洋钞票和满洲伪钞，要是拒绝收受，便是敬你一刺刀，或者敬你一枪。当他们踏进每一个村子搜索花姑娘的时候，另有几个在村子外的高处瞭望着，妇女们瞧见日兵进来，都向猪棚、牛棚或一切污秽的场所躲去，但还是很少能幸免的。

抗战时期，日军对南浔的入侵，给南浔经济和社会带来了惨重的破坏。大批工厂关闭，商店被毁，财政萎缩，造成物资紧缺，物价飞涨，市场萧条，商业冷落，居民大量失业，生计无着，苦不堪言。由于战争的严重破坏，昔日繁华的"小上海"，变成了萧条冷落、毫无生气的"死镇"。江南"鱼米之乡"，成了民不聊生的人间地狱。

三、吴兴沦陷和龙溪惨案

日军占领南浔后，开始向吴兴进兵。日寇兵分三路：左路日军自南浔经马腰、荻港、和孚进犯吴兴城南；中路日军为主力部队，沿浔湖公路经东迁、祜村、旧馆、晟舍，进犯吴兴城东；右路日军从江苏吴江出发，渡太湖后，在小梅、义山登陆，向吴兴城北进犯。

日寇一路烧杀抢掠，直奔吴兴。1937 年 11 月 20 日这一天，日军在吴兴县马腰镇见人就杀，一个小小的马腰镇被杀害的平民达 200 多人。日军在吴兴县东迁镇东林村、祜村杀害平民 59 人。祜村一位 60 多岁的老太太在逃跑时不幸被日军抓住，被捆绑着扔进一条小河里活活淹死。祜村村民陈发的妻子脸部被日军削掉一大片，浑身是血；最后，身上被刺六七刀而死。

11 月 21 日，日军侵入吴兴县织里镇大港、云村、河西、朱湾等村，杀害村民 137 人，另有 27 人失踪。织里镇郑长生等 5 人被抓后，日军强迫他们排成一队，随后从背后开枪，把他们全部杀害。在织里镇，一位十八九岁姓温的姑娘被日军轮奸后刺死，另有一位叫沙春生的男人被日军养的狼狗活活咬死。

11 月 21 日侵入东林的日军杀害平民 100 多人。其中东林三合村有一位妇女被日军剥光衣服轮奸后用刺刀捅死，还有一位老太太被火活活烧死。22 日，日军侵入吴兴县八里店镇升山、紫金桥、移沿山、陆家坝等村，杀害 318 人。其中陆家坝沈凤山等 9 人被集体枪杀在防空洞内，致残 6 人，另有 26 人失踪。22 日至 24 日，日军在吴兴县道场乡施家桥、菰城等村杀害平民 90 余人，施家桥村村民施财宝被日军割掉耳朵、砍断手脚之后砍头杀死；还有一名叫陈阿顺的中年男子，被日军用两头削尖的毛竹从肚子穿过，架在两棵松树间活活痛死。村民俞发生、俞鲁寿等 12 名年轻人被日军砍头杀死。

11 月 24 日拂晓，日军集中了 30 余架飞机向吴兴城内狂轰滥炸。城中的主要街道，城东的东园、天后宫、潜园、吴兴县政府、地方法院和沈谱琴宅（湖州驻军司令部所在地），城南的四面厅、学宫兜、馆驿河、国货公司，城北的坛前街玄坛庙、北门石子厂、塔下街，城西的省立湖州中学师范部、铁佛寺等处，所有街区无一幸免。

11 月 24 日，湖州沦陷。日军占领湖州城后，烧杀抢掠三天三夜，东门、西门一带房屋几乎全被焚毁，街上的尸体有 300 多具。一时间城内街道积尸、河道浮尸随处可见；城东二里桥一带，积尸遍野；城西横渚塘桥桥墩上摆满人头，桥下鲜血染红了溪水，桥两侧堆满了尸体。占领吴兴城后，日军把屠刀砍向手无寸铁的无辜居民，"南门捣雪湾湖州第一山"茶店主妇拒奸被杀，堂倌被日军用挂刀当胸刺穿贴墙直立而死。

日军奸淫妇女，更是为所欲为，到处乱找"花姑娘"，无论老幼被日军发现，都厄运难逃。日军还强迫湖州良家妇女充当其性奴隶，美其名曰"慰安妇"。日军在湖州馆驿巷、钦古巷、爱山街等地，广开军用妓院，谓之"慰安所"，威逼利诱，强征城乡贫苦良家妇女为娼，以充当军妓，供日军发泄。据史实见证者凌以安回忆：她们年龄一般在二三十岁到五十来岁，甚至还有少女、幼女。这些妇女被日本宪兵强征充当"慰安妇"后，每天最多得接待三五十个日军，忍受着精神和肉体上种种非人的折磨，并被严加看管，不能随便外出走动，过着奴隶般的生活。在日本军人的眼里，"慰安妇"根本就不是人，而是一种"军用物资"。隔一段时期，有的还要被迫抽调随部队行动，稍有不服，就惨遭杀害。

对于日军侵占湖州的情景，钱君匋在《战地行脚》一书中曾有过这样的描述：

> 街上拥挤着，是搬家的车子。我们挤着走到一家书局里来，一路上只见上了排门的店铺。一星期前热闹繁丽的街道，这时全变了，凄惨恐慌的景象，在每一家的门上铺前呈现着。敌人的飞机在街钟的乱撞声里，便出现在湖州的上空了。街上拥挤着的行人和车子霎时间都躲避得绝了路，于是湖州的面影更由凄惨的景象而转到了死寂的境地。
>
> 东门发出"轰"的一声，有些人反从屋子里突门向街上乱闯了，现着死寂的街道突又杂沓起来，喧嚣起来，警察和壮丁虽然竭力呼喝着禁止他们的动乱，但没有用。敌机看准这个当儿，用机关枪疯狂地向街心的人群扫射，那些不幸饮弹的便倒卧在石板上，汩汩地流着鲜血，四肢痉挛地颤抖着，动着，挺一挺脚或手死去了。我们躲在屋里听着炸弹排炮似地响起来，怀疑自己是置身在地震的区域里。耳朵被

巨声震惊着，仿佛有许多金星在绽开来，火药的气味充满了动荡得似海船的房里，差不多连呼吸将要被窒息了。不自觉地，我们卧倒在地下，躲避那些横飞的弹片。[①]

……

那条熟悉的衣裳街，终于被敌人的飞机狂炸成瓦砾的小丘。——无数的人都从残缺的城墙上跳下来，跌伤了手脚头颅匍伏墙脚下的也不知有多少，哭喊掩盖了爆炸声，"死"在每一个人的身上掠过。[②]

日寇占领湖州后，还对龙溪港两岸进行了疯狂的"扫荡"，烧杀抢掠，无恶不作。

龙溪港是位于湖州的一条内河，北起湖州太湖，经湖州、和孚、荻港、菱湖和德清的钟管、城关镇，南至余杭。全面抗战时期，由于铁路、公路等交通设施遭到严重破坏，龙溪港水上交通运输线的地位就凸显出来。1937年冬，日军侵占杭嘉湖地区后，抗日武装组织纷纷在水陆交通沿线袭扰日军。1938年3月26日，盘踞湖州、杭州的日军，为了清除龙溪港两岸的抗日力量，集结1000多人的兵力，分南北两路，对龙溪港沿线进行了野蛮的烧杀"扫荡"。

北路日军从湖州出发，分乘数十艘汽艇，经和孚、荻港一路南下，沿途上岸见鸡抓鸡、见羊抓羊，还强拉民夫，用作苦力。日军行至菱湖，稍作休息后，继续往南开进，途中将2名民夫无故打死。日军船行至上心田上岸，窜至卢家庄费家湾行凶，途中打伤2名村民，打死1人，烧毁1户楼房。从费家湾回船上的途中，日军把大、小潘家湾17户人家的房屋全部烧毁。回到上心田后，日军又打死1人，烧毁20多户人家100多间房屋。后窜到韩家湾纵火烧房。一位姓钱的老太婆在救自家房屋时被日军开枪打死。日军又烧毁对岸赵家田20多间房屋，后窜入南商林门头自然村，烧毁19间楼房、62间平房，打伤2名农民。之后，日军进入德清县钟管镇澉村沿溪"扫荡"，沿途纵火焚烧大小村落20余处，烧毁民房1200多间，90多人被杀死，200多人受伤。

南路日军从杭州出发，经武林渡到德清县雷甸十字港，边纵火、边杀人。

---

① 钱君匋：《战地行脚》，福建人民出版社1983年版，第36—37页。
② 钱君匋：《战地行脚》，福建人民出版社1983年版，第44页。

从平升高桥到白云桥方圆 15 公里的范围内，所到之处火光冲天，几十里外都可以看见。日军沿途见人就杀，在经过稽家角扯渡圩时，对渡船上 13 人进行了集体屠杀，一个 5 岁小孩因压在母亲肚皮底下才得以幸免。一个十七八岁的少女被日军强奸后杀死。行至妙介埭、范介埭、双桥头、南北圩等地，日军放火焚毁房屋 120 间，枪杀无辜群众 10 余人。随之又在南钱港村的周家兜、中埭郎、埂河兜、朝西埭、吉元里、杨家角、莫家湾、染店湾、百丈圩、泮家兜、董家木桥和总管桥等村庄，烧毁房屋 300 多间，杀害 48 人。此外，金家湾村被日军烧毁房屋 100 余间。据调查统计，日军制造的龙溪惨案导致龙溪港两岸共有 1400 多个村庄被焚毁，8000 余间房屋被焚烧，共死伤 1300 余人。

据陈友益《湖州抗战纪略》一文记载：

> 国民党浙西行署于民国二十七年（1938）对日军刚侵入浙西时所焚烧房屋和杀害居民的数目作了一次调查，其中吴兴县的情况记载如下：
>
> 城区：被焚屋 200 间，死 200 余人。北门附廊：被焚屋 500 余间。南浔镇：被焚屋 95% 以上，死 1500 人。马腰镇：被焚屋 90% 以上，死 200 人。双林镇：被焚屋 3000 余间，死 300 人。菱湖镇：被焚屋 1300 余间，死 50 余人。袁家汇：被焚屋 800 余间，死 100 余人。升山乡：被焚屋 160 余间，死 400 余人。旧馆镇：全镇被焚，死 500 余人。白马塘：被焚 160 余户。[①]

四、日军在长兴的暴行

长兴历史悠久，春秋吴越争霸时期（前 514—前 495），吴王阖闾派弟夫概在今雉城东南两里处筑城，作为夫概王邑。因城狭长，故名长城，距今已有 2500 多年的历史。湖州沦陷后，日军主力开始向长兴方向进犯。日军的入侵，让长兴这座古城遭受了灭顶之灾。

---

① 陈友益：《湖州抗战纪略》，《湖州师专学报》1995年第3期。

日军对长兴的侵犯分两步进行。

第一步：从 1937 年 9 月 19 日开始，日军出动飞机对长兴机场、太湖沿岸及长兴县城进行了持续的狂轰滥炸，造成大量房屋的炸毁和人员的死伤。

长兴机场位于长兴城东北隅，始建于 1932 年，于 1934 年完工，全面抗战前为空军预备机场。1937 年，"八一三"战事爆发，该机场的空军曾夜袭上海吴淞口日舰。因此，日军在入侵湖州后，视长兴机场为眼中钉，实施了疯狂的报复行动。1937 年中秋之夜，日军飞机的炸弹炸中了机场油库，引起了大爆炸，长兴机场全部被毁。

长兴的许多名胜古迹，如长兴古城墙、城隍庙、箬溪书院（高等小学）、谢安墓、大云寺、法华寺、显圣寺等，毁坏殆尽。

第二步：日军于 1937 年 11 月 25 日侵占长兴县城，所到之处见屋就烧、见人就杀，男女老幼，无人幸免。城区 200 余人惨遭杀害，县城内除大成殿、钟楼、县署、东鱼巷等少数建筑外大部被烧毁。当时，城内、城外大火接连烧了七天七夜，除县政府、中山公园、城隍庙和日军驻扎的少数民房外，长兴的街道房屋，全部化为灰烬，县城被焚毁房屋达 90%。

1937 年 11 月 26 日，日军牛岛师团的 1 个旅团进犯泗安镇，该镇全长 2 里的街道被付之一炬，几乎片瓦无存，一起被焚烧的还有大量稻谷。12 月中下旬，日军第 18、101 师团分别自南京、湖州向杭州侵犯。日军第 18 师团再次侵扰长兴县泗安镇，在仙山、长丰、白莲、新丰、皂山、长平等村烧毁民房 4767 间。虹星桥、林城、夹浦、水口、和平、胥仓桥、李家巷、太平桥等大小集镇以及沿公路农村，无不焦土一片，尽成废墟。

日军杀人手段之残酷，更是令人发指。初入长兴时，日军把从平湖、嘉兴抓来的大批民夫关进广生当铺内，开始时不给民夫饭吃，企图将他们活活饿死；后来又把硫黄弹投入房内，将民夫活活烧死，并毁尸灭迹。后据当时汉奸维持会某股长郑文焕说，当铺废墟清理时，清理出 500 多具尸骨。日军在小东门外见了裹小脚、穿花鞋的妇女感觉新奇，在强奸之后，用刀剁掉她们的脚，将她们杀死后，把上百只小脚堆在金莲桥的大路旁，而他们自己还在一边拍照取乐。日军还把抓来的百姓捆绑在条凳之上，如同猪羊一样临盆宰杀，城区被杀百姓尸体遍地都是。龙潭湾一带，尸浮水面，河水皆赤。在中山公园，大成殿西边廊屋，关押着许多无辜群众，白天被驱赶做防御工事，夜晚关入牢房，铁索银铐，由于饥饿至极，被迫发出呼喊。日军即拉出 2 名青年，用刀杀死在牢房门口，随后割下手臂与大腿，扔进牢房内，并狂喊："你们吃人肉好了！"

日军第18师团入侵长兴
（图片来源：长兴档案馆）

在城内大街小巷，日军还经常拦截过路行人，成批枪杀。全城积尸纵横，阴风凄凄，顿成人间地狱。

此后，日军还以长兴城为据点，"扫荡"周边乡村。长兴城西梅家桥一片树林里，有 12 名妇女被先奸后杀，有一小男孩被日军用竹竿插入肛门致死。长兴太湖边一所药铺内一位 50 多岁的妇女及 10 多岁的幼女，被日军轮奸致死。更有甚者，日军在长兴乡下拦住四五个妇女轮奸之后，把她们的两脚倒缚在两棵树上，头顶着地，又在每个妇女的下身插上一面小旗，以此取乐。此外，日军利用汉奸到处拐骗、胁迫、收买一些妇女，在长兴城内开设一家名叫"桃花园"的妓院，专供日军发泄兽欲，被胁迫来的妇女有的不从，就遭到毒打，总计被迫自杀和折磨致死的年轻妇女有 50 多人。

1937 年底至 1938 年春，日军继续在长兴大地上烧杀抢掠，无所不为。1938 年 3 月 1 日，日寇制造"塘西村惨案"，一股日军侵入长兴县塘西村，日军看到一个哑巴头上戴了一顶中国军人丢弃的军帽，不分青红皂白就将其杀害，然后强令 19 名青年排队，用机枪集体射杀。全村房屋也被付之一炬，化为灰烬。

1938年3月21日，日寇制造"大村惨案"。日军乘汽艇侵入长兴县林城镇大村，这个仅有74人的小村庄，村民被杀达59人，日军还放火焚毁了村内的大多数房屋。

长兴县在历史上人文荟萃，民间珍藏丰富。如钱柏以、邱传英两家的家传文物，就有汉玉鸳鸯、汉玉扳指、周代爵杯、秦铜鼎、汉铜器、白玛瑙船等316件。县城沦陷后，这些珍贵文物都被日军洗劫一空。

五、日军在安吉的烧杀抢掠

日寇在1937年入侵安吉和孝丰两县（今安吉县）。安吉地处山区，离城市较远，相对比较安全。然而，日寇的入侵打破了这里的安宁，给当地的百姓带来深重的灾难。

著名书画家、安吉人诸乐三因为淞沪战役爆发，上海沦陷，一家来安吉避难。他们认为，安吉远离上海，又是山区，是一个理想的避难所。然而，日寇连安吉这个山区也不放过，在《诸乐三评传》这部书里，多处记载了日本人入侵安吉的罪行。

> 忽然东边谱前村方向，响起了"叭！叭！叭！"几声枪响。村东头也有人叫起来："日本人来了！""日本人来了！"于是整个鹤溪村惊慌起来了。很多人赶忙回到家里收拾东西，准备逃难，有的人家拎着包袱逃出了家门。①
>
> 半路上，日本鬼子的飞机又来了。大家赶快躲进路旁壕沟里，有的躲在树底下，一动也不敢动，日本人的飞机在头上转来转去盘旋了一阵，把炸弹丢在旁边一个小山上，轰的一声巨响把逃难的人吓了一大跳。②

钱君匋也曾这样说过：

---

① 刘江：《诸乐三评传》，中国美术学院出版社2002年版，第70页。
② 刘江：《诸乐三评传》，中国美术学院出版社2002年版，第75页。

晓墅人都把晓墅看做租界，过去几回内战，在晓墅从不曾见过一个兵。这次展开了抗战，晓墅最初确也见过几次敌人的飞机，往后就一直没有见过。他们以为是一定可以"太平无事"到底了，所以房租要那么狂涨起来。

可是我到了那里的第四天，和从嘉兴来的几个新朋友漫步到散济桥，归途中却遭遇了敌机的袭击，机关枪的子弹从高空横扫下来，使得平静的山市起了极度的骚乱。当夜又有三十里外的洪山发现了敌便衣队的几艘小汽艇，而且有几个壮丁被残杀了。这不平凡的消息传布开来，明天镇上不见了许多本地人。[①]

令人发指的是日军对梅溪运动会的轰炸，造成了大量平民的伤亡。1937年10月10日，梅溪体育场正在举行安吉县运动会。下午3时许，正当运动员全身心投入比赛时，3架日军飞机飞到体育场上空，向场内投掷了几枚炸弹，并用机枪扫射群众和运动员，其中5人当场死亡，100多人受伤。在日机的轰炸中，安吉县城东街的200余栋房屋全被炸毁，吴昌硕青年时耕读多年的"芜园"旧居也被炸为灰烬。

1937年12月22日，日军第18师团侵入安吉县梅溪，纵火杀人，奸淫掳掠，无恶不作。梅溪是安吉第一大镇，街市有3市里长，商业繁荣。沦陷后，日军纵火焚房，梅溪镇原有民房1373间，被焚毁的竟达1215间，部分焚毁的有116间。

日军侵占安吉县城后，店铺、民宅被烧毁十分之七，城里到处残垣断壁。北门内土地庙被烧，留下5具被烧焦的尸体。木匠朱阿毛的父亲和4个老年乞丐一同被烧死在土地庙里，由于尸体已无法辨认，朱阿毛只好胡乱地捧回一具尸体当作父亲安葬。东街程铁匠的老父亲留恋店铺，不肯离开，被日军拉到东门外受尽折磨而死，颈前喉部被利器剜成一个窟窿，浑身伤痕，血迹斑斑，令人不敢直视。

---

① 钱君匋：《战地行脚》，福建人民出版社1983年版，第45页。

安吉横塘村民胡腊子，被日军捉回县城，遭酷刑后被劈成 8 块。洛四房村有一诸姓人家的大厅里，20 余人被杀害；在五峰山一座水碓里 7 人被杀害；安吉县城日军宪兵队驻地，时时发出百姓受酷刑、被狗咬的凄厉惨叫声。孝丰百姓被打死打伤的多达 300 余人。孝源乡农民周安民被日军绑至山上，被狼狗活活咬死。

日军侵入孝丰后，放火烧毁了全镇 1000 幢房屋，大火烧了一天一夜，部分毁坏的房屋达 5000 多幢。胡宗南家乡孝丰鹤鹿溪一带亦遭狂轰滥炸。

日军除了焚毁安吉城镇外，还破坏乡村，安吉全县纵横数十里，所有民房，几乎全部被焚毁。安吉首次沦陷期间，平民被杀害、打伤的就达 400 多人，他们被枭首、肢解、活埋、剖腹或钉死，惨不忍睹。

对于妇女，不论 80 岁老妪还是 10 岁少女，都难逃日军淫魔之手，有的被轮奸而死，不死者也被杀害。妇女被惨无人道的日军强奸后，有的被木棒塞入下身，有的被开膛破腹，有的被割掉乳房，有的赤身裸体被系在树上。据统计，"安吉被奸淫的妇女多达 270 多人，其中 4 人被活活奸死"[①]。日军惨无人道的暴行，连禽兽都不如。

六、日军在德清的罪行

1937 年 12 月 22 日，日军小池部队占领武康；23 日，占领德清。武康、德清相继沦陷。

1937 年 12 月 22 日，日军进犯武康县，三桥埠镇首当其冲。日军对全镇1800 余间店铺和民房，浇油焚烧，全镇除了街头关帝庙屋角一侧，其余全部化为灰烬。当场被日军枪杀的平民，有卢干法等 7 人。是日，日军又攻占县城武康，实行"三光"政策，烧杀抢掠，城内一片火光和血腥。八角井附近，有一姓丁的小孩，年龄不过四五岁，因父母惨遭杀害而啼哭出声，日军发现后，竟把小孩投入井中活活淹死。

日军侵占武康后又向上柏镇进逼，一路上见房烧房、见人杀人，把沿公路的喻家坑、求村等村庄，烧成一片废墟。日军侵占上柏后继续放火，上柏镇

---

① 一直：《日寇在安吉的暴行》，《西湖》2005 年第 8 期。

2500多间民房，被烧毁的有2000多间。武康县沦陷后，日军在各处修筑了不少碉堡，上柏大庙山顶上的碉堡下有一地牢，日军把抓来的老百姓关进地牢，并经常把活人拖出去屠杀取乐，大庙山西首有个"千人坑"，至今还有痕迹。

日军侵占武康时在武康三牌楼留影
（图片来源："湖州发布"微信公众号）

1937年12月23日，日军首次侵入德清县城余不镇（今乾元镇），开始在东门外三里塘大肆烧杀，纵火烧毁了民房20余间和恒昌榨油坊。进东门后，焚烧了德清电灯公司，烧毁楼房7间、平房5间、厂房12间，多台机器设备也遭到损坏。接着，日军在小南门烧毁民房七八间，一位50多岁的妇女被活活烧死在屋内。

1938年3月26日，盘踞浙西的日军第22师团（师团长土桥）1000余人，由杭州联队长片岗指挥，从杭州、吴兴南北两路对德清县进行"扫荡"：南路日军从杭州出发，经武林到雷甸，沿途杀人放火，无恶不作。日军在白云桥一带方圆30里范围内纵火，酿成一片火海，草头圩、丁家角、冯家圩等数十个村庄全被烧光，日军还在嵇家角扯渡坪集体屠杀村民。渡船上12人、河滩上8人均被枪杀，村民周阿狗的女儿被日军强奸后杀死。日军到下舍乡后，在妙介埭、范介埭、双桥头、南北圩等村纵火，烧毁民房 120 间，还枪杀妙有顺、徐正法、邱法生、姚富林等 10 余人，接着又在周家兜、总管桥、轧米桥、贾家里、孙家埭、笠帽桥等数十个村庄纵火，焚毁房屋 480 间，杀死村民胡新生、沈正元、吴阿巧、沈育生、贾阿祥等 53 人。

北路日军分乘汽艇多艘，从湖州出发，到钟管后，沿龙溪向西烧杀，黄溪郎、溪口汀、北家墩、南漾里、木洪兜、新桥等村，100 多户村民的房屋全部烧光，其中有一女孩被大火烧死。这次日军"扫荡"德清，共杀害平民 1300 余人，烧毁房屋 7000 余间。

1938 年 11 月 9 日上午，日军从吴兴菱湖入侵新市，在路上刺死 3 名村民以后，进入新市镇便沿西安街冲杀过来，毫无人性。

西栅万昌南货店的一个陈姓小老板，当时正站于柜吧内，日军看到他后，抬手一枪，把他打死。

在朱家桥堍开面店的夏善庆，看见日本兵持枪冲杀过来，慌忙退进店堂里，日军追进店内，用刺刀猛力向他刺去。夏善庆年轻力壮，拿起凳子拼命抵抗，结果，腹部被连戳数刀，肠露腹外而死。鱼行大街有一爿义记山货行，全店 6 人均遭杀害。

日军从西栅冲杀到跃龙桥时，将在百货市场里设摊的外地商贩 6 人全部杀死。

李永泰嫁妆店店主和一家姓蔡的羊毛行店主都在店内被刺死。

如意街祥记衣庄里，日军一枪打死了 2 人（经理朱彩生和店员王全林）。衣庄对面徐震大铜锡店年逾六旬的老店主亦遭枪杀。

夏万顺铜锡店的夏松鹤全身被刺 17 刀，倒在血泊之中。如意街豆腐店栾阿标父子 3 人被刺死。

朱家桥堍有个 10 岁的男孩，见日军追杀行人，连忙躲在芦苇后面，但仍被一刀戳死。刘王堂前太和馆老东家杨阿德年逾八旬，此时正在家门口，亦被一枪打死。毛竹行里一个伙计与日军相遇，立刻跳水泅逃，亦被枪杀在河中。

南货店老板张竹汀从商会出来，远远望见日军冲杀过来，他正想躲进附近一爿洋行，却被一枪打死在洋行门口。洋行里老年职工阿六被打伤，另有一名职工金兴龙被刺伤。

那一天，从西安街、西庙前、如意街、西大街、东大街、羊行街和河泊所前等处，不论老人孩子，只要被日军看见，都难逃一死，新市镇上尸横遍野，血流成河。日军一直杀到东栅平桥，历时两三小时，共杀害平民116人。

1940年9月间，日军进犯白彪乡（现属士林乡）施家埭。农民施雨林（34岁）因口吃说话不清，引起日军怀疑，被抓后，日军强迫他为自己挖坑。然后，日军用小孩子的尿布袋套在他头上，用刺刀猛戳7刀，施雨林身上鲜血直流，最后倒在坑内而死。桥西有个18岁的姑娘名陈来男，和其他妇女多人被日军捉住。日军把她们关在一间小屋肆意奸污，陈来男最后因气愤成疾而死。东城有位老农民施桂林，被日军捉住，用两根竹棒夹住头颈，最后窒息而死。白彪后窑农民李友福，在后窑长桥头被抓后，日军把他推倒，他爬起来想逃，又被日军拖住。然后，日军抓起他的身体，连续往地上摔；最后，李友福竟被活活摔死，真是惨不忍睹。

同年，陈家桥头农民沈仁宝在河边洗东西，日军看见后，不问青红皂白，举手就一枪，把沈仁宝打死。

1941年10月，日军在德清县遭到抗日力量的袭击，恼羞成怒，调遣杭州、嘉兴、吴兴的部分兵力前来德清"扫荡"。日军由水道到达钟管登陆，一路上烧杀抢掠，坏事干尽。日军还在饭锅中拉大小便，行为令人作呕。日军到达后村亭子桥头，勒令沿路抓捕的农民数十人排成队，然后用刺刀逐一对准农民的胸腹部刺杀。顿时，腹穿肠流，惨叫之声不绝，而日军却哈哈大笑，以此取乐！据调查，当时被杀害的农民有吕祥元、夏和尚、邱四富、钱采生、柳九卿、邱正法、杨发财、杨宝卿、俞东甫、夏杏芝等20余人，被刺成残废的有钱杏元、俞祥荣、俞小林、俞水清、钱金元、欧阿毛、房阿三、吕高生、邱小狗等13人。

1942年，日军窜扰白彪乡，农民沈阿金因来不及躲避，被日军抓住，日军竟用一把竹筷插入阿金口中，又用冷水往他口中浇灌，施以酷刑，最后折磨而死。此外，被日军杀害的还有农民金阿狗、范阿全、姚正宝、姚莱初、唐子清等多人。

从沦陷到日本投降，日军对德清县造成了巨大的损害。据统计，被烧毁的房屋34878间，电厂2家，丝厂4家；杀害群众3754人，伤5404人。武康县被毁房屋11234间；仅三桥埠一处，被杀群众就达300余人。日军暴行，骇人听闻，血债累累，罄竹难书。

第二章 湖州民间自发的抵抗活动

哪里有压迫,哪里就有反抗。日寇在湖州地区的杀戮,激起了湖州人民的反抗,他们从鲜血中站立起来,拿起土枪、大刀,击杀日寇。湖州民众自发的抗日活动和抗日武装,在湖州的抗战史上留下了难忘的一页。

一、民间的抗日活动

1. 民众的自发抗争

日寇入侵湖州,给当地百姓带来了深重的苦难。亲人被杀了,房屋被烧了,财产被抢了;百姓听到的是枪炮声,看到的是尸体,面对的是恐惧。日寇侵占湖州,烧杀奸掳无所不为,疯狂推行法西斯政策,其手段之残忍、性质之恶劣,达到了无以复加的地步。

1939年浙西民族文化馆编的《最前线》杂志在记载日寇"扫荡"长兴的见闻中写道:

> 沿着公路两旁的村落和市镇差不多全给鬼子用残暴的手段毁灭了,太湖口子上的夹浦、全县重镇泗安、重要水道上的林城桥等地,几乎找不出一间完整的房屋了。尽是被烧过的墙壁和一堆堆碎乱砖瓦,居民是没有了,四方都是被鬼子奸淫、掳掠、烧杀的惨闻,到处是剩着敌人践踏过的血迹和饥饿的野狗拖着我们被杀害同胞的尸体。[1]

这个悲惨的图景,就是日军在湖州地区烧杀抢掠的真实写照。

面对日寇的暴行,大多数手无寸铁的湖州平民百姓只有被杀、被抢的份;但是,湖州百姓中也不乏有血性的汉子,在日军的屠刀前,他们并没有被吓倒,

---

[1] 浙西民族文化馆:《我们的长兴》,《最前线》1939年第2、3期。

而是奋起反抗。

《日寇在安吉的暴行》一文记载：

> 安吉民众也不乏奋起抗争的英勇事迹。1937年12月23日，日军路过康山村时，三位村民见一鬼子正欲强暴一同村女子，便全力搏杀日本兵，使该女子免受污辱。次日，有个叫徐大毛的山民在皈山乡单身搏杀一日本兵，并缴获其枪支、佩刀和随身物品。狮子山农民许松老、裁缝傅朝中，一日于偏僻处遇一酒醉日本兵，两人用乱刀手刃之。[①]

塘浦乡民祝大毛，组织当地壮丁用檀树大炮配合正规军在中管战斗中狠狠打击日本侵略军。当时有民谣："檀树大炮祝大毛，打得鬼子吱吱叫！"

安吉城南门外张家村一位农民夜遇一酒醉日兵，要他帮助找"花姑娘"，这位农民假意答应，引日兵到无人处，突然用汗巾塞住日兵的嘴巴，捆扎后装入麻袋，背负而走，送交安吉县政府处置。

1938年3月19日，日兵在安孝一带的丰仓桥战败，回窜时经过递铺。上午10时许，有两个日兵内穿军服，外套长衫，到洪家塘寻找食物。当地农民看到这两个人身带枪械且状貌狰狞，又始终不开口说话，知道是迷路的日本兵，大多避开不加理睬。禹山坞石马乡第六保保长潘荣寿闻知后，就亲自率领自卫队拿了土枪、农具，上山搜捕。一名姓林的队员发现日兵后，出其不意，从后抱住日兵，以为可唾手生擒。没想到日兵凶猛力大，竟然挣脱而逃，并藏在丛林中探首外窥。但此时，自卫队员已经包围丛林，队员单阿炳举土枪射击，日兵中弹而亡。

1938年5月15日，日兵到安吉梅溪及晓墅抢掠，晚上住在梅溪上街的民房里，家住梅溪上街的朱永和，夜里藏在屋后水沟里，待屋中日兵离开时，就潜入屋内拿走了日兵的皮鞋、望远镜、手电灯等物品，并把它们全部掷入屋外的溪水中。待日兵脚步声近时，就快速撤出，潜藏在沟内。日兵发觉后，进行

[①] 一直：《日寇在安吉的暴行》，《西湖》2005年第8期。

搜索，朱永和就乘机逃进山里去了。

在德清流传着金家春的英勇故事。金家春原是一个小商贩，每天提着篮子叫卖"素鸡素鸭、兰花豆腐干"，时常出入赌场，兜售他的熟食。目睹鬼子和汉奸欺压百姓，心中十分气愤。他准备离开德清新市，投奔抗日队伍。在打听抗日队伍时，被国民党特务队抓住。特务队长也是新市人，见金家春有点面熟，听说金家春要找抗日队伍，就让他去杀汉奸阿士。金家春说："别说是阿士，就是日本鬼子石川（新市日军头目）也敢杀！"

回家以后，金家春揣着手枪，经常在赌场门口伺机行动。有一天，一个汉奸特务向金家春买香烟，金说没带香烟。特务不信，伸手摸他的衣袋。金家春怕被摸到手枪，就挡住了特务的手。两人因此扭成一团。突然，"啪"的一声，手枪走火了，而且子弹击中了金家春自己的大腿，血流如注。

特务一看金家春有手枪，知道他是抗日分子，就把他抓了起来。金家春经受了鬼子的严刑拷打，但他守口如瓶，宁死不招供手枪的来历。最后，金家春和他母亲、妹妹一家三口，在新市东栅被日本鬼子一一砍杀。

金家春虽然没有杀死汉奸和日本鬼子，但他宁死不屈的抗日气节令人敬佩。

蔡葵卿是德清幸福村瓜山人，30岁左右，当地村民见他常常随身携带木壳枪，知道他是一位抗日志士。

1938年3月26日，浙西日军第22师团千余人，由杭州联队长片岗指挥，分杭州、吴兴南北两路对德清县进行"扫荡"。南路日军从杭州出发，经武林到雷甸，入十字港，沿途日军见人便杀、见屋便烧。白云桥一带方圆30里范围内酿成一片火海，许多村庄被焚毁。就在这时，蔡葵卿带人在乾元、钟管、新安交界处袭击日军。有一次，他匍匐在十字港的平政高桥上，向正通过此桥的日军汽艇扔下手榴弹，然后迅速撤离。此举让骄横的日军感到恐慌，他们恼羞成怒，随后便进行了疯狂的搜捕。

德清沦陷后第二年的一天，蔡葵卿回到村里，收拾东西准备撤向西部山区。没想到，当天晚上，日伪军包围了村子，抓住了蔡葵卿。

日伪军对蔡葵卿进行了非人的折磨，不给他饭吃，逼他吃沙子。几天后，押解到幸福村他家的房子前，接着出现了《浙西初期抗战史话》中记叙的暴虐一幕：日军硬逼蔡焚烧自己的住房，并拍手狂笑。这时，一名日军看到蔡双眉紧蘑，就威逼蔡自己割下肘上的肉咬嚼吞下去，另一日军又割下蔡的一只耳朵，塞进蔡的嘴里，蔡大声号啕，日军又把蔡的十个手指头一一截去，又一日军用刺刀刺入蔡的腿部，蔡被日军一刀一刀折磨而死。

如今，当年蔡葵卿勇炸日军汽艇匍匐的平政高桥早已不在，但他的抗日英勇事迹将永存。历史证明，抗日志士蔡葵卿和其他中国人的血没有白流，他们的英勇就义激发了中国人民的抗战决心，并最终打败了日本侵略者。

2. 红枪会的抗日活动

红枪会是产生于民国时期的教会武装。义和团运动失败后，绝大多数义和拳教民从京津一带回乡务农。民国肇始，土匪猖獗，为了抵御匪患，约在1916年，义和拳教以红枪会名目在山东再度兴起。

山东是红枪会的发源地。1917年，红枪会由山东传入河南。1923年，红枪会又由山东传入直隶。到了1924年，江苏、浙江、陕西等地也出现红枪会活动。红枪会完全是因为外国帝国主义和本国军阀兵匪所压迫、所扰乱而自然兴起的。

李大钊在《鲁豫陕等省的红枪会》中写道：

> 帝国主义者和军阀扰乱中国，以致内乱蹰起。影响所及，日益扩大，其结果，遂使中国全国的农民生活不安定，以急转直下的趋势，濒于破产的境遇。北方直接遭受兵祸最厉害的省份，如山东、河南、陕西、直隶等处的农民，以不堪兵匪的骚扰，乃自然地有武装自卫的组织——就是红枪会的运动，这个运动在山东、河南、陕西尤为普遍。[①]

为了把红枪会从自发的农民反抗斗争引上正确的革命轨道，共产党于1926年6月召开了第四届中央执行委员会第三次全体（扩大）会议，专门讨论并通过了《对于红枪会运动决议案》。中共北方区委根据党中央的指示，于1926年冬和1927年春，曾派一批优秀的共产党员深入红枪会做争取教育工作，加强了

---

① 李大钊：《鲁豫陕等省的红枪会》，《李大钊选集》，人民出版社1959年版。

对红枪会的领导。在共产党的指引下，红枪会在组织上消除了原先各自为政的局面，组成了武装农民的联合办事处，并通过红枪会发展了农民协会。在思想上红枪会逐步认识到只有"打倒帝国主义，打倒贪官污吏，打倒劣绅土豪"，才是唯一出路。

经过共产党教育、整顿后的红枪会，成为一支重要的反帝反封建的革命力量，在国民革命军北伐战争中发挥了积极作用。

七七事变后，在民族危亡关头，华北地区的红枪会奋起反抗日寇的侵略，形成了红枪会运动史上又一次高潮，成为这一时期影响最大的一个民间结社组织。据日本有关部门称，仅"山东省北部武定道的德平、临邑、商河附近就有红枪会系统的匪军约 8000 人"[①]，"江苏与安徽接近的几个县，以及南部的溧高、溧水、武进和溧阳等地，东部的滨海、射阳、响水、东台、如皋等地的红枪会、大刀会活动也都很活跃。与江苏、河南接壤的安徽，红枪会向西部、南部迅速发展，几乎和东部的红枪会活动区域连成一片"[②]。

抗日战争时期红枪会之所以迅猛发展，首先是由于日本侵略者的残暴行径激起了民间的反抗。日寇烧杀抢掠淫，无恶不作，为了反抗日寇残暴行径，民间自发组织起来，保卫地方治安和生命财产安全，红枪会便自然成为他们利用的主要武装组织。其次，抗日战争全面爆发后，山东、安徽、江苏、浙江等省成为沦陷区，但日军由于战线过长，无法实际控制局面，这里原有的国民党政权又已经瘫痪，加之当时南方地区的共产党势力还不够强大，因此，这里成为各种势力的真空地带，为红枪会的发展创造了有利条件。

但必须强调的是，红枪会从总体上仍然是一个以迷信宗教为纽带的会道门团体，行动上是以头领的个人意志为指导方向的。由于其行动完全依赖头领个人的认知和能力，因此红枪会的行动具有摇摆、矛盾、短期化的倾向，甚至可能有因为某一次迷信占卜活动的结果而发动攻击盟友的荒谬行动。在抗战时期，红枪会与国民党军队、日寇、八路军游击队都有过合作，也都有过大打出手的经历。

---

① 日本防卫厅战史室：《华北治安战（下）》，天津人民出版社1982年版。
② 梁家贵：《论抗日战争时期的红枪会——以鲁、皖、苏为例》，《苏州科技学院学报》（社会科学版）2005年第4期。

然而，在抗日战争初期，红枪会在反抗日寇侵略的过程中，也发挥了一定的作用。浙江的湖州地区虽然不是红枪会势力的活跃地区，但各地乡村也有部分红枪会成员存在。

1937年12月19日，2个日本骑兵从长兴泗安南窜到安吉县红庙村，被红枪会成员袁光海等发现。袁光海召集了10余人，准备搏杀日兵。这2个日兵看到农民的房子，正准备放火焚烧时，红枪会成员及时赶到。日军见红枪会人多，就放弃抵抗，落荒而逃。

1937年12月21日，1个日本骑兵从鄣吴村来到良朋。安吉姚家塘红枪会的3个枪手觉得这是杀敌的好机会，就埋伏在松林中。等日本兵走近时，1个叫徐光前的枪手，用红缨枪向日本兵后背刺去，日本兵发觉后，急忙取枪。看形势危急，其他2个枪手吉德伦、姚贵生手持红缨枪向日本兵的腰部刺去，日本兵跌下马，最后被刺死。红枪会成员不仅得到军马，还获得军用地图和其他战利品。

1938年1月23日中午1时，日军100多人自长兴林城窜到梅溪镇。镇上的义勇壮丁队以及四乡红枪会知道后，纷起抗敌。第二天凌晨4时左右，壮丁队占据梅溪东北的月亮山。天亮后，日寇来到山脚下，壮丁队高喊着"杀杀杀"的口号，冲下山来。日军退至甲子山附近，用重机枪向壮丁队扫射。周家墩黄枪会成员7人，也持矛来参战。至甲子山时，遭到机枪的扫射，一名姓潘的成员脸部中弹而死；一名姓赵的成员左臀中机枪弹5颗，也牺牲了。板桥村白枪会会众30余人，后圩斗红枪会会众19人，也赶来参战。日军有机枪，而当地红枪会、壮丁队等成员只有大刀、长矛等武器，因此伤亡惨重。然而，安吉的乡民持破旧之械，浴血奋战，虽伤亡较多，但他们视死如归的精神实在可歌可泣。日军最后狼狈逃走。

1938年2月20日傍晚，日军进犯安吉，半夜时到达晓墅，恣意奸杀。21日晨，又进犯安城。在离城5里多的向家墩，与红枪会会众遭遇。此时，红枪会会众有四五十人，分别来自向家墩、东王庙、龙湾渚等地。红枪会成员看见日兵4人，扛了轻机枪而来，就奋勇上前，与日军拼杀。日军见红枪会人多势众，夺路而逃。红枪会成员紧追不放。日军逃了一里多后，遇上了日军主力，红枪会成员只好躲进竹林中。日军用5挺重机枪扫射，红枪会成员退守桃花山。

这次战斗中，红枪会成员虽然伤亡 20 多人，但个个悍勇，这种不怕死的精神震撼了日军。日军只好龟缩在安城内，不敢外出奸杀焚掠。

1938 年 5 月 16 日晨，晓墅红枪会，集合四五十人，攻打驻扎在晓墅的日兵。在战斗中，红枪会奋勇杀敌，首领胡黑子腿上受伤，仍率众猛攻。最后日兵溃败，以焚烧镇上的房屋而泄愤。

红枪会成员出于对日寇的仇恨，大多是自发进行抗日活动的，但也有部分红枪会成员，接受了党组织的教育和引导，并接受了组织的改编，成为共产党领导下的抗日武装。

长兴的里塘红枪会就是这样一支被改编的特殊武装。1937—1938 年，长兴里塘一带的乡民为了防匪剿匪，收集了国民党残部丢下的枪支弹药，自发成立了红枪会武装，以自保和抗击日寇。东至包桥、洪桥，北到方山窑，西达林城、杨家墩，南及上余村一带，都有红枪会活动。为了统一指挥，各村红枪会代表推举费奎廷担任红枪会剿匪大队长。费奎廷为人豁达，在乡里具有一定的名望和号召力，因此各村主要劳动力都纷纷前来投靠费奎廷，加入红枪会。当时费奎廷手下的红枪会成员有五六百人之多，下设 18 个堂子。后来，费奎廷把红枪会改编为"抗日剿匪自卫队"，自任队长。这支队伍剿匪抗日，有力维护了当地治安。

费奎廷在剿匪的过程中，也得罪了国民党部队。1938 年 11 月，国民党第98 师的一些散兵为害地方，费奎廷的"抗日剿匪自卫队"伺机出击，惩办了几名国民党匪徒，因此得罪了第 98 师 33 旅。国民党 33 旅派人抓了费奎廷及其手下多人，后经地方担保才将费奎廷等人保释出来。

1939 年，费奎廷击毙了以陈明为首的十几个土匪，一时民心大快。但没想到陈明一伙已投靠了国民党江南挺进队，并担任挺进队的一个小头目。因此，费奎廷杀了陈明等于与江南挺进队为敌。以赵爱明为司令的江南挺进队三番五次前来捉拿费奎廷，费奎廷只得到处躲避。

1943 年秋，日军发动了秋季"扫荡"，国民党军队闻风而逃，社会秩序一片混乱，地方土匪趁机扰乱，到处抢盗。此时，费奎廷又组织红枪会成员剿匪抗日，但由于组织不严，多次失败，费自己也被伪军抓到长兴，后逃出回家。此时，费奎廷虽想重整旗鼓，无奈力不从心：一是三面受敌；二是红枪会会众分散，大势已去。正当费奎廷处于苦闷时，中共苏皖区党委关注到了他。1943年底，新四军16旅进入长兴，李焕受苏皖区党委的委派，到长兴筹建抗日民主政府，亟须发展抗日武装，扩大政治、军事影响。"党组织针对费的以上情况，做了深入的分析：费在当地是有一定名望的人，已经涣散的'红枪会'唯有费才能重新组织起来；同时，费深受国民党之苦，思想较开明，尚有革命思想，经过深入的思想教育工作，动之以情，晓之以理，是能够引导他走上革命道路的。于是，在1944年初先派刘旦前去联系。"[1] 在刘旦的引导下，费奎廷认清了形势，当时新四军16旅已经立足长兴槐坎、白岘一带，党的影响日益扩大，在打击日伪、收复失地的同时，着手创建抗日民主根据地。费奎廷深知，只有跟着共产党、参加新四军才是唯一的出路。最后，费奎廷率红枪会骨干成员五六十人参加新四军，被编为新四军长兴县独立大队，费奎廷任队长。费奎廷利用本乡本土的有利条件，为缩小敌占区、扩大解放区做了大量的工作。

二、民间的抗日武装

在日寇入侵、民族危亡之时，浙西儿女奋起抗战。在浙西的土地上，人无分老幼，地无分南北，他们有钱的出钱，有物的出物，有人的出人，有力的出力，有知识的出知识，在抗日民族统一战线的旗帜下，游击武装群雄竞起，遍地揭起了守土抗战的旗帜。据不完全统计，在浙西沦陷的很短一段时间内，先后兴起了七八十支抗日游击武装。

据胡世明调查，这些游击武装情况如下：

> 活动区域比较广泛的游击武装有：朱希、汪鹤松的"孝武安长吴"吴兴军游击队；王玉麟的"东战场第一游击区第三团"；刘参的"孝武安长吴地区游击队"；张玉如的"吴崇桐区游击队"；吴良玉的"东游二纵第二大队"；吴辞炎的"东战场游击第二总队"；王柏青的"铁血团"；以及曹绍文、田文龙部队；王玉成部队；曾洪的"湖滨抗日义勇军"和沈子球的"余临孝边区游击队"等。

---

[1] 施法根：《里塘"红枪会"收编记》，中共长兴县委党史研究室：《抗战在长兴》，中央文献出版社2016年版，第414页。

活动在海北与沪杭铁路沿线地区的游击武装有：平湖县的孙祥珍、陈新民和沈俊生之"沪杭地区游击大队第一、二、三队"；海盐县的汪贤甫之"沪杭地区第四游击队"；嘉善县的陈荫祖、陈耀宗、顾纯基等部队；嘉兴的姜维贤、张銮基、范春生、张鹏飞等部队以及在这一地区活动的钟灵部队和双枪王八妹之部队等。

活动在吴兴水网地带的游击武装有：郎玉麟的"吴兴县抗日游击大队"；李泉生的"人民抗日义勇军"；郑子平的"抗日反汪军"；温永之的"吴兴第二自卫大队"以及刘琨、熊秀楚、张宗寿、左宗襄、李正鸿、慎万生、杨安生、丁正潮、周义吉、金家让、王右人、张声举、姚维德、施公安、朱洁民、沈登清、赵忠泉、潘永宁、鲍于杏、唐连、陆锦鳌、冯小琛等部队。

活动在安长孝於山区以及其他各县的游击武装有：安吉李广勤游击队；金月龙"安吉自卫队"；以及徐阿清、程义芳、杨子郎、郑梦兰、沈铨、杨林超等部队；长兴吴有秋之"长兴人民抗日义勇军"以及胡长元、臧鸣皋、尚杰民等部队；孝丰黄阿根游击队；德清许俊卿、周明三、刘开江等部队；武康曹渔舟部队；於潜吕世扬、周先铼等部队；余杭洪宗扬、王元贵等部队；杭县王志忠"杭县自卫队"等。另外，还有很多在山区活动区域比较广泛的游击部队，如谢升标之"苏浙皖三省边区抗日游击队"；杨树先之"抗敌义勇军"；郭竟志之"东南抗日义勇军"以及一七六师游击队，李源村、赵安民、吴口天、雷少堂等部队。①

这些部队的士兵大多数是本地的有志之士和青壮年，部队的领导人情况则比较复杂，他们有的是共产党员和受党的影响的积极分子，如郎玉麟、郑至平、李泉生、朱希等；有的是进步知识青年，如温永之、姜维贤、施公安等；有的是国民党落伍军人，如王玉成、曾洪、唐连、陆锦鳌、王柏青、刘参、汪鹤松等；有的是地方富豪和开明士绅，如王元贵、沈子球、曹绍文等；有的是帮会中

---

① 胡世明：《浙西游击武装初期抗战史略》，《湖州师专学报》1989年第4期。

人，如熊秀楚、周明三、张玉如、刘开江、冯小琛、李正鸿、郭竟志、吴良玉等；有的是旧时地方上的保卫团队、水警队的人，如丁正潮、鲍于杏、许俊卿、王志忠、王玉麟、杨哲夫、张宗寿、臧鸣皋、左家襄、徐阿清、程义芳、郑梦兰等；有的是旧的地方官员，如王右人、杨林超、金月龙等。下文选择有代表性的民间武装加以介绍。

1. 蔡金花和"太湖第一军"

日军占领长兴不到 1 个月，打响民间抗日第一枪的是天平乡女豪杰蔡金花，她率游击队在港口至梅溪一带伏击日军，击沉汽艇 1 艘，击伤飞机 1 架，击毙日军 10 余人。《长兴县志》有关于蔡金花事迹的记载。[1]

蔡金花出生在苏北海州，从小就开始闯荡江湖，走上了卖艺为生的道路。她在杂技团里表演马术、抛缸、走索，技艺超群，小有名气。

1930 年，蔡金花在湖州北门表演杂技，那天，长兴土匪头子郑戆大也来湖州看杂技。看到蔡金花长得漂亮，又有武艺，便看中了她，要她做压寨夫人。蔡金花想郑戆大有权有势，当个压寨夫人总比到处流浪强。于是便离开杂技团，随郑戆大来到长兴天平龙山，当了压寨夫人。

当时的郑戆大手下有匪徒 300 多人，经常在长（兴）安（吉）边界抢劫骚扰百姓。1932 年，浙江省保安 2 团来长兴围剿，郑、蔡带领匪徒逃入太湖，抢劫商船和沿岸村镇，出没无常。蔡金花双手持枪，武艺高强，弹无虚发，无人能敌，成为郑的左膀右臂。郑戆大胆大妄为，为害四方，弄得省保安团焦头烂额，不知如何是好。团长王治岐见围剿无效，就改用"招抚"的法子。他向郑戆大许诺，只要他答应招安，就给他一个队长干干。郑戆大应招后，被封为侦缉队长。然而好景不长，郑戆大匪心难改。由于郑戆大与蔡金花挥霍无度，喜好赌博，又萌发了抢劫的念头：一是抢劫了下昂的当铺和商店；二是抢劫了新市当铺。抢劫成功后，在城中大肆挥霍，毫不畏惧。王治岐知道后，心中十分不快，决心要除去郑戆大夫妇。

第二年，王治岐将郑、蔡二人诱到团部（在湖州海岛，今为湖州市全民健身中心）抓了起来，郑戆大被处死，蔡金花被判无期徒刑，关押在长兴监狱。

---

[1] 中共长兴县委党史研究室：《抗战在长兴》，中央文献出版社2016年版，第463—464页。

1937 年 11 月，淞沪沦陷，从淞沪战场撤退的 10 余万中国军队过境长兴。21 日，国民政府军高级将领张发奎、白崇禧随军来到长兴，并在县政府大堂召开应变会议。白崇禧指示县长王文贵，把警察局狱中的罪犯押到县府庭院，凡是汉奸押到北门外枪决，其他罪犯释放回家。这时白崇禧看见罪犯中有一女子，也就是蔡金花。他问王文贵："女犯何人？所犯何罪？"警察局司法科长马宏代王文贵做了回答。白崇禧当场叫蔡金花做了一番武艺表演。白崇禧看到她确有本领，便吩咐副官赠送蔡金花两支短枪、一沓钞票，叫她回去打鬼子，不要再抢劫民财。

蔡金花就此死里逃生，她双手一拱，拜别而去。离开县城后，蔡金花回到龙山果然拉起了一支百余人的游击队，从事抗日。

1937 年冬，蔡金花的游击队在港口至梅溪一带伏击日军，击沉日军汽艇 1 艘，击毙日军 10 余人。日军出动 2 架飞机，在长（兴）安（吉）边境低空侦察。蔡部埋伏在龙山树林中，用步枪击伤日机 1 架。1939 年，蔡率部重返太湖，在吴江、南浔、乌镇一带活动。这时部队扩充到近千人，有人向她提出：我们这支部队也该有个番号、头衔。她很有风趣地说："太湖第一军，我就是总司令。"她在南浔至乌镇一带港口设卡收税，又派人在长兴泗安、海盐等地往返贩运大米、食盐、药品、杂货等物，解决部队给养。

1940 年春，盘踞在苏州的日军，常驾汽艇在湖面巡逻，蔡部化装成渔民，乘渔舟击沉日艇一艘，毙敌 5 人，生擒日军队长相田一秋。5 月上旬，日军汽艇停在湖中，正在打捞已沉三载的"新太湖"号轮船时，又遭蔡部突然袭击，被击毙 30 余人。

由于蔡金花屡屡打击日军，一时名声大振，但也引起了日伪的注意，日伪企图收编蔡金花的部队。1943 年，伪苏浙绥靖军司令程万军，派参谋王达，带着金银财宝到乌镇面见蔡金花，要她接受汪伪收编。蔡金花哈哈一笑，说："我是中国人，誓死不做汉奸兵。"王达听蔡金花口气很硬，自知收编无望，只好灰溜溜地退出客堂。从此，日伪对蔡金花更加恨之入骨，日夜派重兵围剿。

1945 年春，蔡金花率部退至吴江县境太湖边区，不料遭到日伪军的袭击，蔡部拼死打了五天五夜，最后只剩下 30 余人，退至震泽北面的一个村庄。此时的蔡金花等人精疲力竭，就倒在一间草屋里宿营。深夜，蔡金花被日伪部队包围，在乱枪声中，蔡金花中弹身亡。

2. 胡长元和"长兴人民抗日义勇游击队"

长兴县城沦陷后，胡长元等人于 1938 年 1 月招募乡勇，组织壮丁队，组建了一支地方抗日武装力量。

胡长元是长兴县长潮岕人，是当地颇有名望的乡绅。日寇侵占长兴后，长潮岕里聚集了不少从城里逃难来的难民。为了抗击日寇，保卫家乡，胡长元以长潮岕壮丁队为基本力量，收集了国民党残部散落的枪支，又征集了当地原地方保安团和一些富户家里的武器，组成了农民抗日游击队伍，取名为"抗日自卫义勇游击队"。队伍成立后，附近八都岕等地志愿抗日的农民和爱国知识分子也踊跃前来参加。队伍很快就发展到上百人，有枪五六十支。

那时，国民政府军旅长谢升标组建"苏浙皖三省边区游击队"，自任司令，并委任章鸣皋为长兴义勇游击队总指挥，胡长元等为副总指挥，指挥部设于槐坎茶寮地，共设 3 个大队。胡长元的壮丁队被改编为"长兴人民抗日义勇游击队"第一大队。胡长元兼任大队长。

1938 年正月，春节刚过，驻守林城镇大云寺据点的 2 名日兵光天化日下，在花园地里强奸了一名姑娘，当地保长胡瑞良出于义愤，把日兵抓起来，押送到胡长元的"长兴人民抗日义勇游击队"第一大队。看到日兵如此可恶，胡长元当即将之处死。

为了给日军一点教训，胡长元决定攻打大云寺日军据点。

1938 年 2 月的一天，胡长元做好了一切攻打大云寺日军据点的准备。此时，胡长元的"长兴人民抗日义勇游击队"已发展到七八十人、五六十条枪。胡还联合了逃难到长潮岕的长兴富商、长兴泗安商会会长金晋卿、林城坤士叶国华及附近横岕、周吴大岕、八都岕等武装力量，约 150 余人，百余条枪，9 门台铳（檀树炮），1 挺捷克式轻机枪，还有些土枪、猎枪。饭后，大家在长潮岕太子庙会合，时值早春，寒风凛冽。游击队员脚穿山袜、草鞋，每人还携带 4 颗手榴弹。天一黑，游击队员高举黑边白底黑字的"长兴人民抗日义勇游击队"

大旗出发了。由新山保长胡瑞良带路，从太子庙出发经张岭、周吴大芥、路东、路南、新山悄悄地直奔大云寺日军据点。队伍到达大云寺日军据点只有七八华里的青狮山门口时，胡长元将队伍分成三路，每路约50人，从东、北、西三面包抄大云寺，网开南面一面。胡长元同叶国华率一分队由西向东；略懂军事的游击队小队长柳尚德率一分队由东向西；胡的四弟，参加过淞沪抗战、身背捷克机枪的胡炳云和陈克昌（后参加新四军，北撤时牺牲）、周相清率一分队由北向南。胡长元负责策应三路。此时，敌人还迷迷糊糊地在睡梦之中，胡长元潜至敌瞭望哨附近，发枪为号，打出了第一枪。猎户出身、枪法极精的胡长元只一枪，敌瞭望哨上的守兵即应声而倒。随着这一声枪响，三路游击队战士立即百枪齐发，协同作战，九门台铳也都打响了，隆隆一声声巨响，山摇地动。大云寺房屋上的瓦片，一大片、一大片地被抛掉。面对突然袭击，鬼子兵猝不及防，仓促应战。因不明游击队虚实，尤其不知道这种声震山谷、威力如此强大的檀树炮究竟为何物（当时最大台铳90斤重，可装火药数斤），仓皇中纷纷逃入大云寺内躲避。敌人陷入被动挨打的境地。游击队员迅速突入大云寺三面墙根，把身子贴在大云寺庙宇的墙身上，从日本鬼挖的枪眼朝里面丢手榴弹，因游击队员身子贴在墙身上，日军的子弹一点也伤不到游击队员，日军的火力也无法施展威力。在游击队的猛攻下，日军只好丢掉大云寺据点，号叫着向林城方向逃窜。[1]

胡长元率领游击队员历时3小时的战斗，缴获日军三八式步枪七八支，子弹1000发，击毁汽车1辆，打死日军数名，而游击队无一伤亡。这一仗战斗大长了长兴人民的志气，大灭了日军的威风。

1939年冬天，浙江省政府主席黄绍竑亲笔题写了"保卫家乡"4个大字送给胡长元，激励他抗击日寇、保家卫国的义举。此外，胡长元还接到了当时重庆国民党行政院颁发的"抗日英雄"第82号荣誉证书和奖章。

---

[1] 胡以杰口述、施小荣整理：《打响长兴人民抗日第一枪》，中共长兴县委党史研究室：《抗战在长兴》，中央文献出版社2016年版，第300页。

3. 郑至平和"抗日反汪军"

郑至平的"抗日反汪军"是活跃在湖州地区的抗日武装之一。

这支队伍的负责人是郑至平,原名郑昌赍,又名郑衡、梁兴等。

郑至平是四川人,1914 年生于四川省隆昌县道光坪油房街一个地主家庭。郑至平自幼酷爱读书,上进心强,待人热情,举止大方。上中学期间,郑至平开始阅读进步书籍,逐渐接受进步思想。1932 年初春,郑至平结识了隆昌进步青年钟泰西、黄定馆、蔡言煜等人。他们在一起交流思想,评论时政,表达了对旧社会的憎恨和对新社会的向往,并开始走上革命道路。

此时,郑至平结识了共产党员张荣禄。在张荣禄的指导下,郑至平等人成立了隆昌进步青年组织"赤霞社",并加入了中共泸县中心县委领导的外围组织"反帝联盟",郑至平担任小组长。

1932 年冬,郑至平经中共泸县中心县委组织委员文光斗介绍加入了共产主义青年团,并担任共青团隆昌特别支部书记。这时候的郑至平已从隆昌县中毕业,在一个乡村小学教书。他在中国共产党隆昌县特别支部的领导下,带领团支部其他成员深入农村,在群众中宣传革命思想,激发进步青年团结起来同反动派进行斗争。在短短的一年时间内,隆昌共青团特支发展了 20 余名团员,并发展了团的外围组织"苏联之友社""互济社",成员有近百人。郑至平还和团特支其他委员一起创办了针砭时弊、抨击黑暗的《匕首》小刊物,并亲自为这个刊物撰写发刊词。他们自制土油印机,秘密刻印材料、散发传单。《匕首》的出现,在隆昌县城引起了强烈反响。

1934 年初,他和邓吉人等人商议到南京报考军事学校,在得到中共隆昌特支的同意后,郑至平考入了国民党南京中央军事学校。然而,隆昌县一场事变,使郑至平饱受牢狱之灾。1935 年春,中共隆昌地下党组织因喻文若被捕叛变,遭到严重破坏。国民党隆昌县"清共"委员会将郑至平等人的情况电告南京警备司令部,郑至平和在炮兵学校读书的邓吉人、在化学兵学校读书的蔡言煜,以及刚从隆昌疏散去南京的张宗明等都先后被捕。国民党最高军事法庭以《危害民国紧急治罪法》的有关条例,判处郑至平 12 年徒刑,其余 3 人亦被判刑。

判刑后,国民党将他们送去南京东门外的中央军人监狱。郑至平被分在监狱打米厂做苦工,和他同牢房的陈阜是中共党员,另外还有几个思想进步的大学生。为了取得看书学习的权利，狱中党组织决定组织难友怠工、罢工，迫使监狱当局答应全体"政治犯"提出的"要求看书权利"的条件。郑至平也参加了这一斗争，他们由怠工发展到罢工、绝食。虽经敌人的严刑拷打，但他们无所畏惧。最后，监狱当局被迫答应了狱中"政治犯"提出的看书要求。郑至平和难友们，白天干完活，回到牢房就认真学习、看书。他在狱中先后读完了《政治经济学》《新经济学大纲》等理论书籍，还向同牢房的难友学习俄语。共产党员陈卓在狱中经常给郑至平等人讲述革命道理，分析革命形势，交流学习体会。狱中的学习和斗争，使郑至平真正懂得了革命的目的和意义，懂得了一个革命者肩负的历史使命，坚定了为共产主义事业奋斗的决心。

1936 年，中共中央提出的抗日民族统一战线政策，促成了西安事变的和平解决，推动了国共两党第二次合作。在中国共产党多次提出无条件释放全部"政治犯"，以及全国人民一致要求共同抗日的压力下，国民党被迫同意释放"政治犯"，郑至平等在 1937 年秋获得释放。那时正是淞沪会战之际，江南已成为抗日的主要战场之一。一群群扶老携幼的同胞们四处逃难，日机经常来南京轰炸、扫射，瞬时硝烟弥漫，血肉横飞，哀号四起……这一切都激励着郑至平投入抗日救亡第一线。

郑至平带着百余名战友，找到了比他们先期出狱的陈卓。陈卓即带他们到浙江南部参加抗日救亡运动。

1937 年冬，郑至平随陈卓到了浙南地区，这才把郑昌赉改名为郑至平，经中共浙江省委负责人刘英介绍加入了中国共产党。1938 年 5 月，刘英派郑至平去萧山县政府自卫大队任参谋长。这是一支由地方爱国人士组织的抗日队伍，郑至平去后时刻不忘宣传共产党的抗日主张和方针，积极培养爱国有志之士，团结了一批骨干力量。

这年 10 月，具有爱国思想的国民党左派邓切出任浙西安吉县长，奉浙江省政府之命，随带萧山县政府自卫大队 3 个中队同赴安吉。郑至平根据中共浙江省委指示，也随自卫大队一起到了安吉县，任安吉县自卫大队指导员。不久，中共浙西特委指示郑至平组建中共安吉工委，并任命郑至平为工委书记。

1939 年春，中共浙西特委调郑至平到杭（州）、嘉（兴）、湖（现为湖州吴兴）一带工作。这一带情况很复杂，主要城市被日寇占领，农村既有国民党的部队、中统和各种杂牌部队，又有汪伪汉奸部队，也有在中国共产党领导下的地方抗日游击队。郑至平到吴兴后，改名叫郑衡，在朱希、江鹤松领导的地方抗日武装部队担任政工队长。郑至平在这支部队中不仅工作认真，待人热情，而且积极宣传共产党的抗日主张，加强政治思想教育，深受官兵敬重。在取得浙西特委负责人朱辉同意后，在进步青年中发展党员，还在当地农村组织了"抗日救国会"，并发展了会员数百名。

1939 年底，汪鹤松接受国民党苏南行署收编，将部队改为江南保安第3 团，完全投靠了国民党。

郑至平根据中共浙西特委指示，离开了这支队伍，去吴兴县开展工作，协助在那里工作的李演同志建立自己的武装。但郑至平到达后，发现那里的工作刚刚开展，力量单薄，人少枪少，环境极为艰苦。郑至平于是和李演一起，依靠群众，发动群众，想方设法建立了抗日武装。队伍建立后，郑至平率部在吴兴打了两次小仗，并取得了胜利，不仅缴获了武器，也扩大了影响。

第一次是打土匪。1940 年春，郑至平到吴兴后不久，得到"抗日救国会"成员的报告，有小股土匪经常在轧村桥一带抢劫，骚扰百姓。为了打击土匪，维护地方安定，一天晚上，郑至平把刚组织的队伍集中起来，带到轧村桥埋伏，伺机行事。等了不一会，3 个土匪果然来了，钻进了郑至平事先布置好的"口袋"。郑至平出其不意地大喊一声："放下武器，缴枪不杀！"当即抓住了这 3 个土匪，缴获了武器。首战胜利不仅使初建的部队经受了一次锻炼，也鼓舞了大家的士气。

第二次是偷袭伪警察所。打土匪行动后不到 1 个月，郑至平又提出偷袭湖州潘公桥伪警察所的计划。他事先两次派侦察员了解敌情，和同志们一起研究行动方案，安排好了进出路线。那一天，郑至平率十几名战士乔装来到潘公桥伪警察所，以迅雷不及掩耳之势，袭击成功，缴获了一批枪支。当湖州县城的敌人发觉时，郑至平早已率部离去了。

在斗争中，队伍扩大到 20 多人，枪也增多了，郑至平向中共浙西特委提出成立"抗日反汪同盟军"（简称"抗日反汪军"）的建议。中共浙西特委批准了他的建议，任命郑至平为队长，李演为指导员。这时郑至平改名为梁兴。

"抗日反汪军"成立后，遇到的最大困难是队伍的给养问题。由于国民党特务以及汪伪军的跟踪破坏，"抗日反汪军"经常行军转移，避开敌人的袭击，同时部队给养不足，生活极端困难。战士们的生活虽然又苦又累，但大家的战斗热情还是很高的，特别是郑至平那种积极乐观的精神给战士们极大的鼓励。

郑至平经常利用空余时间给战士们讲革命故事、宣传抗日道理，教战士们学习军事技术，因此，战士们都非常喜欢他、尊敬他。1940年初夏，郑至平因为没有夏衣还是穿着长袍，他却风趣地对大家说："穿长衫子免得太阳晒皮子。"眼看部队的生活困难越来越大，郑至平和李演商量，决定到吴兴的第六区找区长陈祖望筹点经费。陈祖望虽是国民党委派的，但他尚有抗日爱国的思想。郑至平和李演带队到六区找到陈祖望，向他说明了来意，陈祖望当即表示支持。

当队伍在双林（区所在地）宿营时，被国民党特务发现，他们将"抗日反汪军"到双林的消息密报上司。第二天拂晓前，国民党军队和特务土匪等就将双林镇团团包围。那个地方三面是河，只有一条通路，敌人已重兵把守，进行了严密封锁。郑至平等当即决定向北面渡河突围，他率领队伍沉着应战，往河边撤退。郑至平和李演在队伍最后面，阻击敌人。眼看敌人越来越多，郑至平果断地对李演说："你赶快带队过河突围，我留下掩护！"说完他不容分辩地把战友推下河。这时，国民党军呐喊着向他们冲来，子弹像雨点般落在郑至平周围。他举起手枪向敌人射击，确保战友们安全撤离。待同志们都过河后，郑至平才向对岸撤退。但在过河后上岸时，不幸胸部连中两弹，鲜血如注。他捂住胸口高呼："我为中华民族牺牲啦！"英雄气壮山河的呼喊声，激励着战友们突出了重围。郑至平虽然倒下了，他的革命精神永远长存在湖州人民心中。

郑至平牺牲后，上级派熊飞担任队长。熊飞带领战士们狠狠打击日伪势力，严惩汉奸恶霸，并多次切断日军、伪军电话线，进一步打开了抗日局面。

在郑至平的"抗日反汪军"里，有一位战士名宣小乔。宣小乔1915年出生在浦江县白马乡，幼时家里贫困，没有上过学，12岁开始学裁缝，19岁独自到湖州织里谋生。1938年中共浙西特委建立省政工队，宣小乔来湖州开展抗日救亡工作，宣小乔在地下党员邱明的介绍下，参加了抗日救亡运动，同年9月加入中国共产党。1940年2月，宣小乔成为郑至平的"抗日反汪军"成员，参加了多次小规模战斗，狠狠地打击了日伪军的嚣张气焰，其中就有攻打伪警察所的战斗。

1940 年 8 月，国民党反共顽固派控制的吴兴县自卫队制造"塘北事件"，袭击"抗日反汪军"，队长熊飞牺牲，指导员贺友辂等被捕，武器被收缴，"抗日反汪军"被迫解散，宣小乔重新回到织里做裁缝。1941 年初，宣小乔夫妇同另外一名同志前往江苏参加了新四军，并在一次战斗中负伤。宣小乔被调到无锡办事处休养，不久，办事处因故解散，宣小乔再次回到织里干起裁缝的老本行。

从此，宣小乔与党组织失去了联系。为隐瞒真实身份，他在织里租了一亩田，与妻子边种田边做裁缝，一直到湖州解放。

4. 谢鼎贵和三社抗日自卫土枪队

1939 年，安吉县晓墅三社村（现梅溪镇石龙村）活跃着一支 70 余人的抗日自卫土枪队。这支队伍，收集了国民党逃兵丢弃的枪支弹药，又修理了民间的土枪，自制了檀树大炮，他们积极开展军事训练，宣传抗日救亡，打击土匪日伪，在维护社会治安、保障村民财产安全方面发挥了重要作用。

这支武装的队长是谢鼎贵。谢鼎贵又名谢炳贵，是安吉县晓墅镇三社村人，祖籍浙江平阳。1917 年生于贫苦农民家庭，自小聪明机灵，为人正直。1927 年，入三社小学，学习勤奋，成绩优良。1933 年，考入金华塘雅农校。因在学校参加青年学生爱国斗争活动，于 1935 年被开除学籍，回乡务农。1936 年，被国民党抽壮丁，在金华集训后编入陆军三十师。七七事变后，曾参加淞沪会战。谢鼎贵目睹国民党军队的腐败无能，毅然与同时被抓去的同乡梁玉成一起逃离国民党军队而回乡。

1938 年春，国共合作后，具有满腔爱国情怀的热血青年谢鼎贵，闻知天目山招收知识青年受训，随即前往报名参加第 1 期浙江省第 2 区抗日自卫军政干训班。同年夏天结业后，加入省政工 1 队，在长兴一带开展抗日宣传活动。由于工作积极，谢鼎贵被地下党吸收，加入党的外围组织——中华民族解放先锋队，不久转为中共党员。1939 年 4 月，安吉县委在晓墅三社建立省政工 3 队党支部，何坚白任书记，谢鼎贵为县委与省政工 3 队之间的交通员。

三社村地处安吉县东北部，与长兴县吴山乡毗连，取村中有南、中、北3 座庙社之意，命名为三社村。

1937 年底，日军进攻杭州途经安吉，其中一路从梅溪区所属的小溪口、梅溪、晓墅、钱坑桥、长林垓等地经过。日寇践踏蹂躏之处，百姓流离失所，到处可见断垣残壁。当时，国民党军政机关人员见日军入侵，不加抵抗，便四处逃散。三社村处于无政府状态之中。因此，这里的土匪趁机窜扰，民不聊生、治安混乱。

当时长兴和平、吴山一带，有个叫郭宗金的土匪头子，他原本是青帮头子，手下有一批亡命之徒，他们与晓墅青帮头子高云衢、阮基统等互相勾结，到处为非作歹，敲诈勒索，十分猖獗，搞得三社等地鸡犬不宁，民不聊生。

1939 年 4 月底，中共党员何坚白被派驻省政工第 1 大队第 3 分队工作，进驻晓墅三社村，宣传中国共产党抗日救亡、保家卫国的主张。为了防御日寇侵扰和土匪抢劫，在当地村民谢鼎贵、蔡孝玉等热血青年的热情支持下，发动群众组织抗日自卫武装。由于地下党坚决贯彻抗日民族统一战线政策，争取开明士绅的同情和支持，真诚为人民群众着想，得到了广大百姓的支持，不到半个月时间，就建立了"三社抗日自卫土枪队"。

土枪队为中队编制，下辖 3 个分队 8 个班。南社分队 33 人，中社分队 21人，北社分队 22 人。土枪队由谢鼎贵任队长兼教官，教授步兵操作规程。

这支土枪队，拥有直径 30 厘米的自制檀树大炮 1 门，步枪 10 支。为了防止国民党政府军队借故收缴枪支，土枪队成立的情况没有向上禀报，并随身携带浙江省战时政治工作队第 1 大队第 3 分队队部铃印的"枪支使用证"，同时佩上符号臂章。

土枪队成立后，积极开展军事训练。每天清晨集中在三社小学运动场跑步，进行队列练习。训练之外，开展军事演习，队员们利用溪滩、山沟、地形地物进行野外军事训练演习，把平时学到的毛主席游击战术"化整为零，化零为整""敌进我退，敌驻我扰，敌疲我打，敌退我追"等运用到训练中；训练纪律严明，队员个个勇敢，不怕苦，不怕累。土枪队夜间巡逻放哨，当时三社村有 3 座庙宇，作为值班据点，规定听到号响，全体队员立即行动。队里还开展了丰富多彩的文化娱乐活动，活动中心在三社小学。另外还利用南、中、北3 座庙社空屋为据点，定期上政治课，集中学习，教唱《流亡三部曲》《大刀进行曲》等革命歌曲，以此激励劳苦民众起来革命，投入抗日救国斗争。在地下党的领导发动下，还举办了农民夜校、妇女识字班、儿童歌咏队等，同时在校内附设民众教育馆，内有棋类、乐器和运动器械，还有小图书馆，供队员阅读浏览。

土枪队自制檀树大炮试验成功后，队员和群众到处宣扬大炮的威力。当时正是长兴和平青帮土匪郭宗金猖獗之时，土枪队队员向土匪开炮示威，吓得土匪闻风丧胆，再也不敢前来进犯。

土枪队不但在保卫地方治安方面作出了贡献，而且在保卫生产上也发挥了作用。那时三社东南部神游坞、涨子坞一带山区竹林茂密，经常有野兽出没，损坏庄稼、伤害家禽家畜。为了保护生产，队员组织打猎队上山打猎，既保护了庄稼，又获得了猎物。土枪队积极鼓励队员进步，先后有18名队员加入了中国共产党。

三社村是当时地下党县委机关所在地，三社抗日自卫土枪队不但在保卫社会治安和保卫生产上发挥了重要作用，同时也成为中共地下党可靠的外围组织。

1940年10月，谢鼎贵从省政工队转到安吉县委，任县委宣传部长。在此期间，他积极发动群众，开展抗日运动，同时针对国民党的抽丁、苛捐杂税等，开展了激烈的斗争，使党在群众中的威信不断提高，党的队伍也不断壮大。

1940年12月，省政工大队长郑邦琨接任安吉县长，郑邦琨为国民党反共人士，他就任县长，给地下党带来严重威胁。1941年1月，安吉县委由黄杜再次迁入三社，地点在谢鼎贵正屋门前的小茅屋中。他家的小茅屋成了当时地下党县委机关所在地，成了安吉的"延安窑洞"。谢家小茅屋和邻居开明乡绅的潘宅成了地下党活动的重要场所。谢鼎贵冒着生命危险，全力隐蔽县委机关。

1941年6月，形势趋于恶化，安吉地下党遭到严重破坏，谢鼎贵率领土枪队为掩护地下党领导做了许多工作。6月上旬的一天，国民党反动政府进行全县大逮捕，当时中共浙西特委负责经济工作的史之华住宿在谢鼎贵家。闻知敌人前来搜捕后，他跑出谢家后门，卧倒在番薯地沟里隐蔽。被特务发现后，史之华打倒特务，跑到杨府庙茶行附近。茶行的不少茶农是训练有素的土枪队队员，当时正在装运茶叶，眼见特务在追赶史之华，并在喊"抓住他，抓住他"，土枪队队员装聋作哑，不予理睬，有意放走了史之华。最后，史之华逃到涨子坞土枪队队员章昌甫家，到了后半夜，由队员陈祥发护送到小溪口安全离开。

6月5日晚，土枪队文书蔡孝玉被捕，谢鼎贵闻讯后立即逃走。警察只好把他的哥哥谢茂仁抓去顶替。大义凛然的谢鼎贵得知后毅然前去县政府调换兄长，后被押送至天目山浙西行署。为了不连累乡亲，谢鼎贵要求由专署政工室主任过效六保释出狱，因过效六妄想从谢鼎贵的口中探知县委书记王春生（后改名王子达）等领导人的下落及长兴县境内地下党的情况，因此作了担保。谢鼎贵出狱后，秘密与共产党取得了联系，继续开展革命活动。1942 年 12 月 8 日，国民党反动派借土匪之手将谢鼎贵杀害。谢鼎贵在长兴五里桥就义，牺牲时年仅 25 岁。他把一切献给了党，连同他的生命。他的尸体由其兄谢茂仁安葬在三社村。1956 年，安吉县人民政府追认其为革命烈士。

谢鼎贵以 25 岁的青春韶华定格了他的人生，也以其热血青年的形象彪炳史册，更以大义凛然的英勇气概升华了他的人生。

5. 吴辞炎和"浙西抗日游击总队"

1938 年 2 月，"浙西抗日游击总队"在德清士林谢家墩正式成立，吴辞炎任总队长，钟三和为副总队长，共有 1000 多名队员、500 多支枪。从各方面说来，这支队伍是在浙西沦陷区规模较大、力量较强的一支自发性抗日游击队。

吴辞炎，浙江德清人，杭嘉湖沦陷不久，吴辞炎等爱国志士即在德清士林筹建抗日游击队。他们经过宣传游说，收编了德清及附近各县的一部分地方武装，于 1938 年 2 月正式成立浙西抗日游击总队，大家一致推举吴辞炎为总队长。总队设秘书、政训、军需、副官 4 组，电讯、医疗 2 室及军械修理所。它是浙西沦陷区出现比较早、规模比较大的一支抗日游击武装。但是这支队伍成员良莠不齐，有散兵游勇、巢湖两帮、绿林人物，也有不少青年学生和有志于抗日救国的知识分子。

浙西抗日游击总队成立后，一方面，通过召开群众大会、印发《告浙西民众书》、出版刊物，开展抗日救亡宣传；另一方面，主动出击敌人，如特务大队及爆破小分队攻入德清县城，捣毁伪维持会，俘获伪军工作人员 3 名，缴获"维持总会"会长嵇少梅乘坐的小汽艇 1 艘。第 1 大队曾突击由崇德出动的敌军百余人，经过 20 分钟的激战，副大队长陈宝珊连续毙敌多人，最后不幸身中敌弹，壮烈牺牲。

1938 年 2 月，浙西抗日游击总队在新市韶村伏击日军货轮 1 艘，生擒日军官佐 1 人，缴获快慢机 1 支，还有大批军用燃料（火油）、太阳牌啤酒、旭光牌过滤嘴纸烟、罐头食品鱼和饼干等物资。这次战役的胜利还曾刊登在《民族日报》上，报纸至今仍被收藏在浙江省档案馆内。

浙西抗日游击总队的活动引起了日伪的注意，他们企图收编这支部队。穿针引线的是一个叫周凤岐的汉奸。周凤岐是长兴人，早年经秋瑾介绍曾加入光复会。辛亥革命后，任浙江都督府参谋长，后加入国民党。1927 年"四一二"反革命政变时，率部收缴工人纠察队武器，屠杀共产党人和革命群众。全面抗战爆发后，应白崇禧电邀到南京，未被任用而返长兴。他在家乡宣扬"抗战必败，中国必亡"谬论，召集一些地主、豪绅与恶霸，组织维持会，勾结日伪。在投靠日军大将松井石根后成为汉奸，曾派密使潜赴新市进行活动，企图通过当时颇有声势的周明三，商谈收编游击队伍投敌事宜。

周凤岐以周明三做寿为名，邀请各路游击队领导人参加，定于 1938 年 2 月 1 日（农历正月初二）在新市举办寿宴。被邀的共有 50 多人，总队长吴辞炎也应邀参加。当时，温永之也收到邀请；但温永之感觉有点不对，就从轧村赶到南浔，找到叔叔温铁民分析商量，最后弄清了这一阴谋的内幕。为了挫败周凤岐的阴谋，温永之来到士林与浙西抗日游击总队商量对策，同时发动新市的老地下党员王仲勋在新市制造"消息"，说正规军已大批越过京杭国道，即将来新市一带收复失地。这个振奋人心的消息传到那些并不甘心当汉奸的游击队领导人耳中，坚定了他们不愿当汉奸的想法。

因此，在宴会上，与会者愤然而起，纷纷表示不愿收编，决不当汉奸。同时，当时整个新市镇上，出现了大量反投敌的标语。出现了这样的情况，日伪收编游击队的阴谋当然无法得逞。相反，周明三从此走上了抗日的道路。

1938 年 2 月 4 日，周明三继续召集各抗日武装领导和各地方政要在钟家墩开会，大家约定：誓死不当汉奸，保卫地方，不打自己人。在粉碎日伪收编抗日武装这件事上，温家叔侄发挥了很大的作用，并因此受到了浙江省和吴兴县的嘉奖。

不久，国民党第 79 师冯宗毅团长率领的"江南挺进军第二路指挥部"到达德清，也与总队联络商谈收编事宜。最终，总队接受了改编。但到了六七月，总队领导人调离，队伍被交给了一个有过汉奸活动的青帮头子钱椿魁，总队里的有识之士开始各奔东西，纷纷离开。至此，浙西抗日游击总队在德清抗战史上仅留下了短暂的一页。

全面抗战初期湖州地区出现这么多的自发抗日武装，究其原因是"国军西撤，地方政府解体，原有地方负责人士大部避难流亡，留乡未走者，有则出而筹谋自卫，而另一方面于退却中脱离部队之异乡健儿及由监狱释出之桀骜不驯者，亦乘机出而控制可以控制之地方，从而，自二十七年入春以后，各地游击队有如春草之茁生"①。

这些民间的自发抗战队伍，虽然成员复杂，装备不齐，但他们于全面抗战初期在一定程度上打击了日伪，激发了民众的抗战决心，也为浙西留下了许多可歌可泣的英雄事迹。

---

① 王梓良：《浙西抗战纪略》，中国文献出版社1966年版，第36页。

第二章 湖州地区共产党的影响

自明代以来，湖州就是东南沿海经济较为繁荣的地区，这里的缫丝和丝织等行业十分发达，使工人阶级队伍得以快速发展，为湖州地区工人运动和中共湖州地方党组织的建立打下了坚实基础。

一、湖州的工人运动和新式知识分子队伍

19 世纪末 20 世纪初，一方面，清政府实行所谓的新政，放宽了对民间投资设厂的限制；另一方面，第一次世界大战爆发，帝国主义忙于战争，暂时放松了对中国的侵略，一些地主、商人和官僚在实业救国的口号下，纷纷投资办厂，中国民族资本因此得到发展。1909 年，湖州绅商开始兴办近代企业，至 20 世纪 20 年代，企业已达 20 多家，著名的有湖州公益缫丝厂、湖州模范丝厂、达昌绸厂、德清新市公利丝厂、吴兴电灯股份有限公司等。

> 20 世纪初，湖州地区有部分商人、地主和官僚投资湖州本地的近代企业，从而产生了近代意义上的湖州工人阶级和湖州民族资产阶级。至 1926 年、1927 年间，湖州地区已有缫丝厂 10 家，绸厂 74 家。全区有缫丝车 2254 台，年产厂丝 2370 担，占全省 45.58%；有绸机 10000 余台，电机 4000 台，产销约 70 余万匹，值银 3000 余万元巨。随着近代企业的发展，湖州工人阶级的队伍也得到了发展壮大。至 1927 年湖州有工人 10 万，其中丝织工人 4 万。[①]

湖州的工人阶级遭受帝国主义、封建主义、官僚资本主义的三重剥削和压迫，生活非常艰苦。为了维持自己的生存，不断开展斗争。规模较大的有 1914

---

① 沈慧：《试论中共湖州地方组织诞生的历史条件》，《湖州师范学院学报》2001 年第 4 期。

年和 1922 年两次丝织工人大罢工，每次大罢工都有 2000 多人参加。这些活动主要是为了增加工资，但通过罢工，提高了觉悟，增强了团结，为湖州地区党组织的建立准备了思想基础和阶级基础。

湖州是著名的丝绸之府，辑里湖丝闻名中外，生丝大量出口，湖州地区成为世界资本主义市场的一部分，并由此产生了一批专替洋行收购湖丝的商人和丝通事。这些人有的去国外经商办厂，有的送子女出国留学，自觉不自觉地受到了西方资产阶级文化的影响。辛亥革命时，许多人加入了中国同盟会，成为孙中山的积极追随者和支持者。

20 世纪初，湖州也开始出现不同于封建时代的教育机构，即新式学堂。至 1927 年，湖州地区先后已有省立三中、省立三师、县立女师、县立甲种商校、私立东吴大学第三附属中学、私立吴郡女校、私立浸会中学、私立南浔初级中学、浔溪女学堂等多所新式学校，由此出现了一支不同于封建士大夫的新式知识分子队伍。这些新知识分子，思想开明，善于接受近代自然科学和资产阶级政治学说。这些新知识分子，痛恨封建制度，满怀爱国热情，关心国家前途。在他们身上，忧患意识和改弦更张的观念格外强烈。

因此，当 1919 年北京传来五四运动的消息，湖州省立三中、省立三师、县立女师、县立甲种商校、私立东吴大学第三附属中学、私立吴郡女校、私立浸会中学等 7 所中等学校的学生纷纷呼应，他们集会、通电、游行、罢课，强烈声援北京学生爱国运动，开展抵制日货运动。

各界人士也纷纷张贴"不买洋货""勿忘国耻"等标语。因章宗祥是湖州获港人，湖州商会专门召开了国民大会，宣布开除章宗祥的宗籍。

1925 年 6 月，上海"五卅惨案"消息传来，湖州各中学学生也走上街头，宣传"五卅惨案"经过，控诉帝国主义的暴行。在湖州学生的影响下，菱湖、双林等地学生也相继举行游行，高呼口号，声援上海工人、学生的反帝斗争。

随着形势的发展，在参与救国救民的实践中，他们中的一些先进人士开始接受了马克思主义和社会主义思想的宣传，逐渐从爱国走向革命，成长为具有初步共产主义思想的知识分子。

湖州是民国时期我国较早对外开放的地区，接受先进思想的基础较好。

湖州地区在五四运动以后，各中等学校都出版刊物，批判封建伦理道德和制度，传播新思想，宣传马克思主义，青年学生中向往革命、追求进步蔚然成风。如 1919 年 10 月 31 日，吴兴青年吴诚、朱乃华乘轮船赴法勤工俭学，后转入苏俄学习。湖州省立第三师范学校学生黄裳致函苏俄特使越飞，表达他对列宁领导下的苏俄的向往，后得到越飞的邀请，去苏联中山大学学习。

1926 年 7 月，国民革命军出师北伐。1927 年 2 月下旬，各路北伐军先后进入湖州地区。在北伐节节胜利的鼓舞下，湖州工农运动空前高涨。1927 年 3 月，湖州工人人数众多的丝织行业，在中共党员、原杭州地委职工运动委员会负责人蒋仁东的指导下，建立了丝织总工会。同年 4 月 6 日，在各业工会的基础上，建立了吴兴县总工会。从此，湖州工人真正组织起来，开始了有领导的独立政治斗争。其间，湖州农民运动也有了新的发展，广大农民纷纷成立农民协会，积极投身反封建斗争。

二、中国共产党在湖州的早期活动

中国共产党很早就在湖州地区开展活动，许多湖州籍人士加入了中国共产党，参加了革命活动。

1925 年，湖州城西女校老师金鼎在杭州经宣中华和张寅仲介绍加入中国共产党，成为吴兴最早的中共党员之一。入党后，金鼎在湖州开明剧院主持召开了"中山先生追悼会"，会上进行了打倒列强、打倒军阀的宣传，会后举行了游行。

1925 年秋天，长兴人沈秀英在上海大学加入共青团，并于 1927 年加入共产党。1925 年 11 月，湖州千金人谢庆斋在上海商务印书馆加入共产党，并在 1926 年回乡扫墓之际，在菱湖灵山讲述了"五卅惨案"的经过，传播革命思想。

1927 年 1 月，中共杭州地委书记庄文恭主持召开了地委会议，决定派人到湖州地区发展共产党员，建立党的组织。3 月，庄文恭指派原杭州地委委员张寅仲，以国民党浙江省党部特派员身份来湖筹建党的组织。4 月中旬，金鼎在双林镇召开清党对象座谈会，湖州县立初级小学进步青年温永之等在会上发表了进步言论。不久，金鼎介绍温永之和《湖声日报》记者朱霞春加入共产党。金鼎和温永之又在菱湖发展了多名进步青年入党，为湖州地方党组织的最终建立准备了条件。1927 年 4 月下旬，经中共杭州地委批准，中共湖州支部成立，金鼎任支部书记和组织委员,温永之任宣传委员和农运委员,朱霞春任工运委员。

1927年4月,中共党员许淡秋到德清新市镇开始活动,并发展了中医王仲劢入党。王仲劢成为德清县第一名共产党员,他利用医师职业,团结广大工农民众,积极开展党的活动,介绍了进步青年柯淡云、瞿乃臧入党并建立了中共新市支部。

同年6月,中共湖州县委在湖州支部的基础上成立,金鼎担任县委书记。不久,中共安吉、德清独立支部以及长兴独立支部相继建立,并隶属湖州县委领导。至此,中共湖州地方党组织基本建立了起来。

1927年4月12日,蒋介石发动反革命政变;7月15日,汪精卫叛变革命,第一次大革命失败。在湖州,共产党也遭到蒋介石反革命势力的剿杀,共产党员有的被杀,有的躲避。到1927年11月,为保存革命实力,中共湖州第一届县委解体,各地党组织先后停止活动。

1928年2月,在中共浙江省委的帮助下,中共湖州县委重新建立。同年春夏之交,共青团孝丰县委、中共德清区委、长兴夹浦支部建立,中共湖州地方党组织重新成立。11月,湖州县委召开了党员大会,选举产生了新县委成员,新县委由11名执行委员、5名候补执行委员组成,书记为邱福祥。

1929年6月,中共湖州中心县委成立,下设德清县委,长兴、菱湖、织里等5个区委及湖州城区7个直属支部。经过整顿后,下属共有56个支部,近800名党员。不久,中央浙北巡视员郑馨来长兴、德清、湖州视察工作。9月,湖州中心县委向中央报告,决定以南浔、长超、升山三地为秋收斗争的中心,领导农民进行土地革命。10月,中央浙北巡视员主持会议,选举产生新的湖州中心县委领导成员,选举陆思采为书记,江鉴、李泉生、叶昌林、沈仁龙为委员,交通站负责人为姚醒吾。

1930年,撤往上海的湖州中心县委成员陆思采、叶昌林、姚醒吾参加了中央集训。集训结业后,姚醒吾由军委分配到红五军工作。是年8月,中共吴兴中心县委在湖州建立,书记为瞿乃臧,组织部长温永之,宣传部长杨思一。

在土地革命时期,湖州地区的党组织几经破坏,但百折不挠,在白色恐怖中不断发展壮大,并进一步健全。各级党组织积极开展工作,在土地革命和全面抗战时期发挥了重要作用。

首先，党组织领导湖州工人开展一系列斗争，使沉寂多时的湖州工人运动又复兴起来。国民党在湖州实行"清党"后，湖州工人运动受到沉重打击。为了复兴工人运动，中共湖州地方组织深入工厂宣传、发动，并成功领导了多次罢工斗争。影响较大的有1928年上半年湖州模范丝厂工人罢工斗争，安吉老石坎支部领导的撑筏工人罢工斗争和德清利农丝厂要求缩短工时、增加工资的斗争等。1929年9月，德清新市公利丝厂4名职工因闷热难忍跑出车间透气，被无理开除，全厂工人在党组织领导下举行罢工，高呼"反对无故开除工友"等口号，迫使资方召回被开除的职工。一系列的罢工斗争，提高了工人们的信心，增强了工人们的团结，扩大了共产党在工人中的影响。

其次，组织发动农民，推动农民运动广泛开展。中央"八七会议"以后，中共党员吴兴县升山村小学教师陆启宝、王慕舟受组织指派去前村、西山、计家湾等地农村活动，发展成立了36个党支部和多个农民协会，领导农民开展抗租减息、打击土豪劣绅等斗争，使农民运动迅速发展。1929年秋，中共湖州中心县委通过了《秋斗工作决议案》《秋斗工作大纲》《湖州农民运动决议（草案）》等文件，确定了领导农民运动的口号、组织形式和策略，把领导农民运动作为党组织的中心工作来抓。在湖州各级党组织的领导下，湖州农民运动蓬勃开展起来，有效地配合了全国的土地革命。其中较突出的有1929年秋中共长超区委、长兴夹浦独支领导的农民反对"土地陈报"（所谓"土地陈报"，即强迫农民对山、荡、田地自行陈报登记，政府借此收费）的斗争。

但由于在十年内战时期党内出现过3次"左"倾错误，中共湖州地方组织在1930年先后实施了几项过激行动，如策划德清农民暴动、筹建吴兴县赤色工会、召开长兴白带湾千人大会、确定武装攻打长兴县城等，致使大批地下党员和革命群众被军警抓捕，中共德清县委、吴兴中心县委、长兴夹浦独支等党组织也遭破坏。从1931年"九一八"事变开始至1936年西安事变期间的湖州抗日救亡运动失去了党的直接领导。

1937年7月7日，卢沟桥事变爆发，日军发动了全面侵华战争，中国进入全面抗战时期。

三、共产党对湖州抗战的引导和影响

1937 年 11 月 18 日，日寇侵占南浔镇；一个多月后，整个湖州地区先后陷入日寇的铁蹄之下。为了有效地领导人民进行抗日斗争，上级党组织十分重视恢复和发展湖州地区各级党组织。

1937 年 12 月，上海地下党员王文林、彭林来湖，介绍爱国青年郎玉麟入党，建立了全面抗战初期浙西第一个党支部——中共吴兴县抗日青年训练班支部，并在此基础上建立了吴兴县抗日游击大队，其成为中国共产党在浙西地区领导建立的第一支抗日武装。1938 年 6 月至 10 月，又先后在长超部队、朱希部队成立了党总支和特别支部，以加强对抗日武装的领导。1938 年 11 月，随着诸暨县长邓切调任安吉县长，萧山县自卫大队中的郑至平、史列青等 10 多位同志也随队到安吉。同年 12 月初，郑至平等在安吉县青龙乡毛竹山召开会议，成立中共安吉县工作委员会，郑至平为书记，这是全面抗战初期浙西第一个县级党组织。

1938 年下半年，中共中央东南局和新四军第一支队先后派民运干部吴林枫、唐民和军事干部孙秉夫、陈祖猛等党员来湖州开展工作。至 1938 年底，湖州地区的共产党员已有四五十人了。

为了统一领导浙西的抗日斗争，1939 年 2 月，经浙江省委批准，成立了中共浙西特委。

顾玉良与张之华一起来到安吉，与安吉县工委书记郑至平会合，在青松乡（今递铺镇）召开了浙西特委第一次会议。浙西特委由顾玉良、彭林、徐洁身和张之华 4 人组成，顾玉良为书记。浙西特委因靠近皖南，受东南局和浙江省委的双重领导。

在这次会议上，浙西特委确定了今后的主要工作任务：第一，宣传党的抗日民族统一战线政策，独立自主地建立抗日武装，开辟抗日游击根据地；第二，动员各阶层人士参加抗日救亡工作；第三，广泛深入地发动群众，组织各种抗日群众团体；第四，发展党员，建立党的组织。[①]

为了开展工作的方便，浙西特委机关移至郎玉麟部队所在地，即安吉小溪口。

---

① 中共湖州市委党史研究室：《中共湖州党史》（第一卷），中共党史出版社2002年版，第90页。

后因郎部调防，特委机关先后移至於潜县鹤村、武康县庾村，最后移至莫干山。

浙西特委成立后，首要任务是发展和壮大各地的党组织及建立武装。

1938 年冬，省政工 2 队工作组到达武康县，积极开展抗日救亡宣传，并积极发现和培养入党积极分子。

在浙西特委的努力下，1939 年 4 月，安吉工作委员会扩建为安吉县委，并在递铺、晓墅、梅溪、南湖等地发展了一批共产党员，建立了党的基层组织。到 1940 年底，安吉县有 240 多名党员、16 个党支部。

1939 年夏天，中共吴兴县工委在双林镇成立。同年秋天，吴兴县工委扩建为吴兴县委，下设菱湖、双林、塘北、城区、练市等区委。

1939 年，浙西特委从安吉选派陈天明、单洁和谢霖到长兴开展建党工作，经过努力，在长兴县政工队建立了党支部。1940 年 3 月，为了适应新的形势，浙西特委建立了中共武（康）德（清）县工委；同年 9 月，更名为中共武德县委，下辖 16 个党支部，有党员 213 名。1940 年 4 月，中共长兴县委建立，县委建立后，加强了党对长兴工作的统一领导，发展和壮大了各级党组织。至年底，长兴县委下属的党组织已有泗安、合溪 2 个区委，15 个党支部，100 多名党员。

除了上述县级党组织外，浙西特委还建立了临余、嘉崇乡和海北 3 个工委，并在抗日游击武装、省政工大队、《民族日报》社和《浙西导报》社先后建立了8 个特支，当时的党员总数增加到 1177 人。

这一时期，浙西地区党的力量得到了很大的发展，有力推动了浙西地区抗日救亡运动的开展和抗日武装的建立。

中国共产党在湖州地区抗战局面的开展中，起到了不可估量的作用。

第一，宣传组织群众开展抗日救亡运动。湖州是沦陷区，广大人民在日本侵略者的奴役和压迫下，深受亡国之苦。为了激发民众的强烈爱国热情和民族仇恨，团结一致，共同抗日，广大党员和各级党组织积极参与并领导了抗日救亡运动。早在 1937 年夏，中共党员吴林枫从上海回故乡吴兴荻港，通过组织苕流文艺社、出版《苕流文艺》刊物、演出《松花江上》和《放下你的鞭子》等剧目，以振奋人心，鼓动抗日爱国情绪。1938 年初，一些爱国青年出于民族义愤，在菱湖成立抗日救亡团体"国魂社"，开展抗日救亡活动。中共湖州地方组织派党员黄继武、陆鲁一、王若谷等去"国魂社"工作，发展国魂社成员 10 多人人党，并建立了党支部，使"国魂社"成为党领导下的抗日救亡团体。在党的领导下，散发简报，组织巡回演出，开展支前活动，抗日救亡活动搞得有声有色。"国魂社"为唤醒民众，激励民众爱国热情，支援前线抗日，作出了重要贡献，在当时影响很大。

1939年春，中共党员贺友镕、王家聪在吴兴塘北组织了青年救国团等抗日群众团体，开展宣传活动，激励人民的抗日斗志。同年11月，德清洛舍镇成立了群众救亡团体"抗日反汪大同盟"，该同盟于1940年7月在大佛寺召开大会，会上共产党员发表演说，张贴标语，高呼口号，宣传抗日救亡。

在党组织的积极引导下，1939年2月省政工2队进驻双林后，发动群众建立青年救国会、妇女救国会、店员救国会、农民救国会等团体，出墙报，上街演讲，教唱抗战歌曲，救亡运动开展得轰轰烈烈。

由于地方党组织加强了对各县政工队的领导，各县政工队的抗日救亡运动也开展得有声有色。如吴兴县政工队去农村，用门板搭台演出"流亡三部曲"等抗战戏剧，组织青年联合会、救国会、妇女识字班等团体，宣传抗日。安吉县政工队通过开办夜校，组织青年抗日俱乐部，成立抗日前线战地服务团、战地医疗室进行抗日宣传和支前活动。长兴县政工队积极开展除奸防特斗争，并深入没有被日军直接占领的地区，宣传前线将士英勇杀敌的动人事迹。同时，去各地发表演讲，举办图片展，揭露日寇暴行，激发民众的民族仇恨和抗战热情。抗战必须宣传，宣传为了抗战。为此，各地党组织通过抗日团体，出版形式多样的刊物，报道前线抗战消息，鼓舞群众抗日救亡。影响较大的，在吴兴有《战地大众》《铁血周刊》《战生报》《自强》《雪耻》等，在德清有《战时快报》《怒火》《吼声日报》等，在安吉有《动员旬刊》《抗日简札》《抗战吼声》等。此外还有省政工1队创办的《中华儿女》，2队创办的《青读》（后改名为《战工生活》），3队创办的《进攻》半月刊等。这些刊物都高举抗日救亡旗帜，在动员民众、宣传抗日方面发挥了积极作用。

第二，反击国民党顽固派的反共逆流，坚持敌后斗争。1938年10月，抗日战争进入战略相持阶段。在日军的诱降下，国民政府实行消极抗日、积极反共政策，掀起了一股反共逆流。从1939年冬开始，国民党浙西行署采取整顿游击队、集训政工队等手段与共产党争夺地方武装和政工队的领导权。"吴兴县抗日游击大队"等地方抗日武装被逼迫到天目山、义乌等地集训整编。为了回击国民党的反共逆流,中共浙西特委开展了针锋相对的斗争,继续组建抗日武装。

1940年3月,在吴兴县塘北建立了一支由特委和吴兴县委双重领导的"抗日反汪军",其成员一半是共产党员,他们活跃在敌后,惩办汉奸,打击日伪势力,群众称它为"湖州的新四军"。

1941年夏至1942年底,国民党顽固派在浙西的反共活动更加猖獗,敌后人民的抗战进入了最困难时期,中共浙西特委莫干山联络站,安吉、长兴县委相继被破坏,长兴县委书记史之华等一批党的干部被捕被杀。为了保存革命力量,中共浙西特委根据中共中央和东南局"长期隐蔽,积蓄力量,等待时机"的指示,一方面撤退了部分干部,另一方面留下部分干部坚持开展隐蔽斗争。

1941年秋,浙西北特委在湖州北街建立了中心联络站,负责特委和苏南太滆特委的交通联络工作。不久,浙西北特委书记朱辉、吴兴县委赵金城抵湖,并在城区区委负责人金国源处设立联络点,护送敌占区青年去苏南参加抗日反顽斗争和参加新四军。1942年2月,浙西特委、浙西北特委奉命与太滆地委合并,但浙西党的活动并未中断。浙西特委派长兴县委负责人刘旦在长兴坚持斗争。浙西北特委留赵金城以特派员身份在湖州城内,领导吴兴、嘉兴等地的秘密工作。1942年8月,太滆地委为做好反敌伪清乡工作,派顾玉良重返浙西,在吴兴东部水乡和太湖南岸一带活动。1943年初,赵金城调往苏皖区党委后,又派江苏武进县委书记罗希明来湖,领导浙西党的工作。

第三,建立抗日武装,开展敌后游击战争。1939年1月,中共浙江省委在金华召开会议,讨论了建立中共浙西特委和开辟浙西沦陷区工作问题,并提醒特委必须开展武装工作,建立抗日武装。浙西特委成立后,根据省委确定的"依靠郎玉麟部队,团结李泉生部队,争取朱希部队,建立一支强有力的抗日武装,开辟浙西游击根据地"的方针,把武装抗日作为中心工作来抓。

"郎玉麟部队"即"吴兴抗日游击大队",到1938年8月已发展到200多人,成为"太湖走廊"一支抗日劲旅。在彭林和王文林两位党员干部的指导下,部队中发展了多名共产党员,并建立了特支。

郎玉麟部队在全面抗战初期运用游击战术,在吴兴南埠、妙西、龙溪及长兴至杨家埠公路上,多次截击日军,打击了日军的嚣张气焰。

"李泉生部队"即"人民抗日义勇军",因经常在长超一带活动,群众称为"长超部队",队伍共有 800 多人。为了加强党的领导,特委在长超部队设立党总支。李泉生部队先后发动了罗田漾、升山、八里店等战役,与国民党第 59 师配合,击毙日军数百人,击沉击毁敌艇和军用卡车多辆,打得日军闻风丧胆,被称为"老虎部队"。

"朱希部队"即"吴兴军游击队",该部最盛时有 4000 多人,开辟了以乌镇为中心,包括双林、练市、嘉兴新塍、吴江严墓等地在内的游击区,浙西特委在该部设立了特支以加强领导。该部先后发起白马塘、德清三山、严墓南浔、震泽等战役,战绩辉煌,仅震泽一战就毙伤伪军 1000 多人。

这 3 支武装能积极抗日,其实都与党的影响和引导密切相关。这里要介绍的是湖州早期的 3 名共产党员,他们对湖州的抗日队伍的成长、对湖州的抗战具有一定的影响。

贵诵芬,湖州人,是郎玉麟读小学时关系最好的同学。应该说,贵诵芬就是郎玉麟的革命向导。贵诵芬的父亲是上海一家织绸厂的会计,因此小学毕业后,贵诵芬就离开湖州到上海当学徒。在上海,贵诵芬要求进步,并参加了共产党。后来郎玉麟要参加共产党,到上海找贵诵芬商量,当时贵诵芬出于党的纪律,没有把自己的真实身份告诉郎玉麟,但心中已经知道了郎玉麟的想法,因此才有了后来把共产党员王文林和彭林带到潘店介绍给郎玉麟相识的事情。可惜的是,1940 年,贵诵芬感染鼠疫而去世,年仅 30 岁。

史之华,也是郎玉麟的引路人之一。史之华是长兴人,是郎玉麟读湖州省立第三师范学校的同学。师范毕业后,史之华在长兴夹浦当小学教师,他思想进步,积极参加社会活动。2 年后,去吴兴县立民众教育馆任通俗讲演员。"九一八"事变后,史之华利用本职工作,写标语、上街演讲,进行抗日爱国宣传。1938 年初,史之华经陈向平(陈曾善)介绍,任云和县战时政治工作队队长。同年 4 月,史之华由陈向平介绍加入中国共产党。在此期间,政工队正式建立了党支部,史之华任支部书记。1941 年皖南事变爆发,史之华时任长兴县委书记,曾多次深入敌占区湖州城了解敌情。同年秋天,史之华在湖州西门被捕,身受酷刑,坚贞不屈,壮烈牺牲,年仅 28 岁。

温永之,湖州南浔人,毕业于浙江省立第三中学(今湖州中学)。温永之在学生时代就追求进步，选择了救倾扶危的革命道路，成为吴兴最早的中共党员之一。

1926 年，温永之与国民党员沈渭琛在南浔成立国民党（左派）分部。国民党清党后，金鼎等介绍温永之加入共产党。1927 年 4 月，中共湖州支部成立后，金鼎任书记，温永之任宣传委员。温永之曾因参加革命活动，被国民党抓捕，1934 年获释回南浔。全面抗战爆发后，"吴兴抗日青年训练班"成立，郎玉麟为游击组长，温永之为民运组长。温永之与彭林等一起协助郎玉麟部开展抗日斗争。此后，根据中共党员徐洁身的意见，温永之率部编入江南第一挺进队，即朱希部队独立大队，并任第一路指挥部的政治部主任。在 1938 年的钟家墩战役中，温永之与朱希共同抗击日军。在突围中，朱希在当地农民的帮助下，用菱桶渡河脱险，温永之为日军所俘。被释放后，温永之加入国民政府军，1945 年曾任国民政府军第 28 军第 62 师政治部主任。其间收集和整理了大量抗战资料，并撰写、出版了《浙西初期抗战史话》。

在安吉和武德地区，地方党组织也十分重视建立抗日武装。1939 年 4 月，省政工 3 队党支部书记何坚白在安吉晓墅三社村发动农民收集国民党军队溃退时丢弃的枪支弹药，组成了一支 70 多人的抗日自卫土枪队。土枪队清晨操练，晚上巡逻，在抗日防匪中发挥了重要作用。武德一带由党领导的土枪队有洛舍、三支头、砂村 3 支，他们拦截敌方物资，打击下乡村"扫荡"的小股日伪军，鼓舞了当地百姓的抗日热情。

总之，中共湖州地方党组织在全面抗战前期斗争中的贡献是很大的。虽然未能实现浙江省委提出的开辟浙西游击根据地的目标，但党组织的恢复和发展，党的政治影响的扩大，抗日武装的建立和各抗日游击活动的开展，为以后浙西抗日根据地的开辟创造了条件。

第四章

国民政府军在湖州的抵抗

抗战时期，湖州的地理位置十分重要。湖州位于太湖南走廊与京杭国道交会处，与苏锡常一带的北太湖走廊遥相呼应，共同构成上海通往南京与苏浙皖腹地的重要通道。当时日军意识到很难攻下南京，因此采取了打通太湖南走廊，从嘉兴、湖州、宜兴一带西进对南京进行战略迂回的战备。于是，平静富裕的湖州顿时成了血与火的战场。

一、湖州保卫战

1937年11月5日，震惊中外的淞沪会战已经持续了近3个月。

在这段时间内，中国军队虽处于被动地位，一再后撤，但军队主力仍控制着上海，这无疑是与日本当初的判断和盘算背道而驰的。日本是个岛国，资源匮乏，同中国这个庞然大国比拼耐力和韧劲，是万万消耗不起的。日军原来打算是速战速决，因此日本统帅部对日军经数次增兵后依旧无法取得决定性胜利，甚至没能根本改变会战态势，感到极为恼怒，同时也大为焦急。

大本营经过审慎研究商讨后，认为中国军队已调动全国兵力之五分之三云集上海，摆出决战架势；而此前日军一直把主力放在华北，淞沪会战寻求决战无异于战略部署的浪费，因而提出了“目前刻不容缓的是迅速结束上海战役”的方针，并决定将战略重点转向华中、华东。为此，决定成立华中方面军。日军统帅部于10月20日下令从华北和国内抽调第6、18、114师团，国崎支队（第5师团9旅团），独立山炮第2团，野战重炮第6旅，第1、2后备步兵团等部队共约12万人，组成第10军，由柳川平助中将担任司令官，准备实施登陆作战以打开僵持的战局。

就在日军大兵压境之际，蒋介石却企盼西方列强出面，对日本侵略加以干涉、制止。因此，淞沪会战是国民党被日本人逼迫太甚不得已而为之的反抗，“打”的目的是将来可以更好地“谈”。

因此，当蒋介石听说国际联盟要于 11 月 3 日在布鲁塞尔召开"九国公约"会议，讨论中日之战时，心中大喜。本来，蒋介石已听取了白崇禧、陈诚等人建议，决定采取持久战策略，放弃上海，全军退至上海外围的工事固守，抗击消耗日军。这个决定，在当时的情势下是明智的可行之举。但一听说"国联"要开会，蒋介石又有了新的计划。他在撤退命令下达的第二天，11 月 1 日晚10 时与白崇禧、顾祝同等人冒雨来到国民党淞沪前线中央军总部驻地南翔，召开了由师长以上将领参加的紧急军事会议。在会上，蒋介石要求各部队在上海战场再支撑 10 天到 14 天，以便在国际上获得有力的同情和支援。会后，蒋介石便宣布撤销撤退命令，各部队坚守原先阵地。新命令传到阵地上，部队一片哗然，短短时间内命令两次反复，使得中国守军秩序开始出现混乱，士气大受影响。

11 月 5 日拂晓，日本新组建的第 10 军在柳川平助指挥下，由舰队护送在杭州湾金山卫附近的漕泾镇、全公亭、金丝娘桥等处突然登陆，直扑枫泾、平望、嘉兴，企图截断上海方面中国守军的退路。

防守这里的，原来是张发奎第 8 集团军所属的 4 个师 1 个旅，共有数万人的兵力。蒋介石错误估计了形势，一直认为日军会全力进攻上海正面，不可能有从杭州湾登陆；因此，在战事趋于激烈、兵源枯竭之时，将防守杭州湾的部队一一投入上海战场。等到日军登陆时，在杭州湾北岸从全公亭至乍浦几十公里长的海岸线上，仅有陶广第 62 师的 2 个步兵连、炮兵 2 旅 2 团 6 连及少数地方武装防守。在这个阵地上，既无重型武器，也无像样工事，区区几个连的兵力，面对装备精良的 10 万日本生力军，失败的结果可想而知。

日军登陆成功后，南京最高当局察觉到了侵略者对南京进行战略迂回的图谋，蒋介石这才着了急。蒋介石一边下令淞沪部队加紧由浙皖赣边境及常州两个方向退往后方；一边急调刚刚开抵连云港驻守的第 21 集团军第 7 军的 2 个师星夜进军浙江，抢先占据吴兴布防，掩护大军西撤。

第 7 军是桂系李宗仁的老部队，素有"钢军"之誉。在国民政府北伐战争、军阀混战时几乎从没吃过败仗，北伐时期曾与叶挺独立团联手，取得了贺胜桥大捷。因此，蒋介石派这支部队前往浙江湖州，也算是下了血本。

七七事变发生后，李宗仁在广西率先实行全省抗战总动员，爱国青年纷纷入伍，第7军因此补充了大批兵员，全军共辖3个"乙种师"（每师2个旅4个团），一色的捷克式扁平钢盔、德式步枪、黄军装，着草鞋或光脚。

第7军于11月16日接到蒋介石手令，李宗仁不敢耽搁，立刻挥师南下。第170师为先头部队，由副军长徐启明亲自率领，取道津浦线火速过江，于17日凌晨抵达吴兴城郊。稍后，第172师师长程树芬也率部赶到。军长周祖晃马上召集参谋会议，做了布防安排。根据地形勘察，决定将部队依沪宁公路横向展开，在南浔、升山、吴兴县城，以及吴兴侧后方的李家巷，分别设置4道防线，阻击日军；由第170师主守公路和右翼之水田、湖沼区域，第172师担负公路左翼丘陵地带的防御。

然而，第7军刚进行布阵，日寇第6师团的前锋就气势汹汹地扫过嘉兴，进逼至南浔附近。

11月20日，日军第6师团所属的国崎支队向驻守南浔附近的桂军第7军第170师1044团发起猛烈进攻。

此时的国民政府军第7军只有一部分到达湖州附近，大部队尚在行军途中。由于双方兵力相差悬殊，1044团伤亡惨重，当晚便撤至湖州升山附近与日军对峙。

蒋介石对湖州的得失非常重视，为了确保南京东南的门户，当天零时电令刘建绪，派右翼作战军总司令张发奎，亲临前方担任指挥，在张总司令未到前，第7军暂归刘建绪指挥；右翼军必须死守马牧港（海宁以西约7公里）、崇德、青镇、南浔镇之线。张发奎接到命令后，立即赶到湖州，并根据蒋的意图，命令第7军军长周祖晃放弃其原本准备发挥桂军山地战的特长，在湖州外围高地布防的部署，改为向前推进阵地。周不得不于当晚11时急令522旅旅长夏国璋指挥1044团坚守升山附近，第172师1028团在其右翼，并已占领菱湖镇、长超一线，亦归夏国璋统一指挥，第170师1027团则在左翼占领戴山、大钱一线。日军主力第18师团和第114师团在推进过程中发生了混乱，使国民政府军守军有了充分时间调整部署。

日军国崎支队所属的第6师团被称为"野兽军团"，是日军17个常设师团之一，是日本陆军中最强悍、最有战斗力的两支部队之一，战斗作风野蛮彪悍。在侵占湖州后，第6师团实行惨无人道的"三光"政策，奸淫掳掠，杀人放火，无恶不作。

第二天，国崎支队为等待第 10 军主力到达，白天只与第 170 师在升山发生小规模战斗。当天傍晚，第 114 师团 128 旅团到达南浔镇，第 18 师团进至平望、南浔之间的震泽镇。双方对峙，大战一触即发。此时，蒋介石特地向第 7 军发来专文手令，勉励守军——全军将士，努力奋勉，坚忍果决，不惜任何牺牲，死守阵地，杀敌致果，完成抗战之使命，奠定复兴之基础，是为至要。由此可见国民党军队高层对湖州保卫战之重视。

11 月 22 日清晨，第 6 师团仗着飞机、重炮、坦克的优势，从进攻一开始便狂轰滥炸，成吨的炸弹像雨点一样砸到第 7 军阵地上。

弹片呼啸，烟柱冲天，整个防线顿成一片火海。第 7 军虽然英勇善战，但还从未遇见过如此野蛮、疯狂的敌人。经过日军的狂轰滥炸，阵地上的掩体被轰坍了，战壕被炸烂了。

第 7 军仅有的少量山炮、迫击炮，根本压制不了日军的强大火力。然而，尽管手中大半是步枪、手榴弹等轻武器，第 7 军的战士依然毫无畏惧，顽强抵抗，迎头痛击日寇的一波又一波冲锋。

双方激战至黄昏，第 170 师的一个团伤亡严重。第 170 师原准备转入南浔镇区，以夜战、巷战继续与敌周旋，但担心一旦交火，民房尽毁，不得已放弃计划而后撤至升山、大钱一线。

第 6 师团的配属部队国崎支队向升山发起猛攻，飞机在低空穿梭扫射、俯冲投弹。整座山丘地动山摇，完全笼罩在炸弹掀起的浓烈烟云中。由于山势低矮平缓，加上来不及对国道进行彻底破坏，日军的坦克、装甲车差不多直接碾向山腰，甚至冲到第 7 军的阵地前沿开炮，对国民政府军造成极大的损伤；日军步兵的平射炮，也可以推近轰击，摧毁第 7 军的重机枪工事。

夏国璋率部奋起抵抗，激战至下午 2 时，守军在日军立体火力的进攻下伤亡惨重，第 170 师的指挥所也被日军飞机炸毁。国崎支队又派其第 1 大队秘密从水田中涉水前进，向守军侧后迂回，第 2 大队从正面架桥强攻。守军向后撤至八里店，日军第 1 大队企图切断守军退路，遂以一部抢先占领八里店高地，高地上的国民政府军一个连在日军围攻下全部阵亡。夏国璋见状亲率预备队向八里店高地反攻，双方反复争夺，战斗异常惨烈，他身先士卒，数次带领敢死队从敌人手里夺回阵地，高地上的日军被歼灭殆尽。然而，夏国璋不幸被日机空袭击中，饮恨阵亡。

第7军军长周祖晃又令刚刚到达湖州附近的第172师1056团向八里店攻击，与国崎支队迎面展开激战。日本海军航空队及炮兵向1056团狂轰滥炸，此时日军第114师团128旅团也已到达战场，并投入战斗。战至傍晚，因日军后续兵力源源不断，1056团无力收复八里店阵地，团长张权被迫率部退守五里桥附近。第170师师长徐启明命令升山左右两翼的1027、1028团也撤至湖州外围的二线阵地。

日军指挥官柳川平助了解战场情况后，决定以第114师团主力向湖州以北迂回，第18师团则以水路先遣队向湖州以南迂回，其第1大队当晚在袁家汇附近与守军展开激烈巷战，双方战死战伤多人。

23日晨，日军128旅团主力开始向湖州以东1056团五里店、郭家埭一线阵地发起进攻。野战重炮兵第6旅团集中24门150毫米榴弹炮向国民政府军阵地猛轰，双方反复争夺五里店附近阵地，张权指挥全团兵力与日军奋战至傍晚，终因伤亡过大，于晚7时左右撤入湖州城内，其余部由1043团团长韦健森一并指挥担任城防。第114师团主力在向湖州以北迂回时，由于四处河流阻碍，又遭守军激烈抵抗，因此进展甚缓。但第18师团和国崎支队则通过水路向湖州南面的1053团阵地猛攻，企图强渡碧浪湖。1053团坚守阵地，从早至晚，多次打退日军进攻，但自身也伤亡惨重，2营营长龙斌在战斗中阵亡。晚7时许，1053团奉命转移占领金盖山附近高地，又与日军彻夜激战。

当天午夜，日军66联队以一个中队和一个重机枪小队编成一支突击队，利用夜色掩护，偷袭湖州西南高地，企图扰乱守军防御体系，并切断守军退路。结果在通过湖州西面的一座桥梁时被警戒部队发觉，遭到猛烈射击，于第二天凌晨2时50分向湖州东北角撤退，就地配合102联队作战。

24日凌晨3时，负责攻击湖州北门的第114师团150联队在工兵帮助下实施渡河，清晨5时30分进入朱吴村以西的进攻位置。上午8时，日军数十门150毫米榴弹炮和75毫米野炮开始实施火力准备，猛轰湖州北面城墙。20分钟后，联队长山本重不等炮火延伸射击，即命令部队发起冲锋。然而待靠近守军阵地时，立刻遭到城墙上和北门外无名村落方向的猛烈射击，攻击顿时陷于停顿。150 联队又以 8 挺重机枪向前方发电站所在村庄实施猛烈的火力压制，9 时 30 分，其第 2 大队向北门外小学据点进攻，一个中队向发电站进攻。守军 1043 团的火力仍然十分猛烈，山本重虽亲临一线奋力督战，战况仍毫无进展。日军第 2 大队在守军正射和侧射火力点的协同打击下，直到下午 2 时才终于突入小学据点。但要想靠近北门城墙仍然十分困难，基本被守军压制在北门外的村庄内。115 联队也同时遭遇守军抗击，对湖州东门的进攻在守军拼死抵抗下受阻。

在对湖州北面、东面的进攻均遭失败的情况下，从南面迂回的国崎支队和第 18 师团主力却最终打开了局面。当天凌晨 2 时，国崎支队向宝塔山高地发起进攻。宝塔山高地因一座高达 13 层的宝塔而得名，国民政府军 1053 团一部据守此地，他们将宝塔化为一座巨大的碉堡工事，在每层楼上均架设机枪，向日军猛烈扫射。日军从塔底向上发起强攻，每一层都经过反复殊死的战斗，塔内空间狭小，步枪基本派不上用场，守军就用大刀冲向日军展开惨烈白刃战，最终守塔的国民政府军全部战死在塔内，最后一名伤员在临死前还从背后开枪打死日军一名中队长。日军占领宝塔后，1053 团立刻发起反攻，激战至早上 6 时，经反复争夺，又将宝塔山高地夺回。

上午 8 时，日军对湖州全线发起进攻，然而虽然日军以数十架飞机和数十门重炮将湖州城炸成一片火海瓦砾，第 7 军各部仍然坚守阵地，继续抵抗。国崎支队的战史记载称："城内的敌军拼死抵抗，东门的敌军毫无退却的迹象，我军遭受了自杭州湾登陆以来最大的一次伤亡。"但守军也同样死伤惨重，1053 团金盖山阵地在日军炮火下被完全摧毁，激战至下午 2 时，全团伤亡殆尽，被迫向湖州南门撤退。

国崎支队和第 18 师团乘机向南门突进，并占领南门。由于城内兵力薄弱，军、师均无预备队，周祖晃无力对日军组织反攻，而各部又伤亡过大，1043 团团长韦健森也在南门中炮阵亡。下午 3 时 30 分，周祖晃下令放弃湖州撤退，随即部署 1027 团在湖州西北的楼山、仁皇山与杨家埠山地，掩护主力撤退。于是湖州战斗的重点就转向西北方向，国民政府军掩护部队能否阻止日军迂回，粉碎其切断湖州守军退路的企图，成为战役的关键。

果然，日军在发觉国民政府军撤退企图后，末松茂治立即以 66 联队向湖州西北高地发起进攻。66 联队以第一大队为先头，于下午 3 时 10 分开始渡河，守军射击十分炽烈，日军步兵也殊死进攻，冒着弹雨不断向以家坝高地攀爬，在 10 余挺重机枪的掩护下，激战至下午 4 时 30 分攻占以家坝高地。随后，联队长山田常太又继续率部向以家坝以北高地进攻，守军利用各个高地的机枪掩体和既设工事顽强抗击，战斗趋于白热化。

为了增强突击力量，山田常太甚至将联队军旗护卫中队（第 4 中队）也投入战斗，从左翼包围攻击。守军 1027 团以迫击炮和侧射机枪向该中队集中射击，使进攻的日军死伤惨重。日军士兵在以一列纵队通过一座桥梁时，遭到猛烈火力封锁，后续部队无法前进。由于迂回行动受阻，正面的进攻也陷于胶着，日军直到天黑仍不能突破守军掩护阵地，山田常太又决定利用夜色掩护，令官兵轻装潜至高地下方埋伏，但仍被守军发觉，遭到机枪、手榴弹的集中打击。至此，1027 团出色地完成了掩护任务，使第 7 军部队当晚得以顺利撤出战斗。

25 日上午 9 时，第 18 师团在炮兵协同下终于完全占领了湖州。

国民政府军第 7 军这些不畏强敌的广西硬汉，一直在吴兴环城地带坚持抵抗到 27 日日落，方才趁着夜色，撤向李家巷。据如今犹健在的老人们回忆，当初，广西守军撤离城西后，周边一些乡民上山掩埋将士的尸体，但见那一具具血迹斑驳的年轻身躯，大多是在战壕前朝前倒下的；阵地上的树木，被弹片削得只剩下光秃秃的半截树干，到处散落的黄澄澄的子弹壳，捡了多少畚箕还没捡完。

此时的第 7 军，实际上已经成了一个"空架子"。这些天，他们以 7 团之众（第 170 师 1 个团及 171 师，此前已奉调淞沪参战），堵击日寇的 1 个满员师团，兵力不及敌人二分之一，武器、火力之强弱更为悬殊。但第 7 军的士兵奋勇杀敌，一直打到弹尽粮绝也决不投降。周军长给南京发报告急，但久久未获确复。

此时，第 7 军料定日军急于西进，一两天内"必有大举之行动"，作出了继续打下去的决定。第 7 军的部队一面抢占公路左右山丘的制高点，准备迎敌；一面破坏后方路桥，堵塞日军炮队、坦克的通道。

果然，29 日，天刚放亮，敌人的飞机就沿着公路向西侦察、轰炸，骤密的炮火也开始朝李家巷延伸。未几，枪尖上挑着膏药旗的日兵，在坦克、装甲车的掩护下，蝗虫一样往第 7 军的防线漫过来。战斗很快形成胶着状态。有好几辆坦克攻入国民政府军阵地，横冲直撞，频频开炮，情势极其危险。第 7 军的百多名战士挺身上前，团团围住坦克，前赴后继地冒死爬上车身，将集束手榴弹塞进炮塔，当场炸翻了2辆坦克。其余的坦克纷纷后缩，再也不敢前进了。双方恶战至下午2时，日军又来了增援部队，加紧猛攻第7军的中央阵线，同时向两翼包抄。第7军三面受敌，势将被围，只得且战且退，临时决计往西南的泗安方向转移。

当天傍晚时分，这支满身硝烟、伤残累累的队伍行至半途，突然发现前方火光冲天，似有中国军人在举火烧桥。查问后，知道是从淞沪撤退的殿后部队，为了阻止日军追赶而放火烧桥。他们还告诉第7军士兵：淞沪守军的大部，已经由杭州、安吉，通过泗安，转道皖南之郎（溪）宣（城），撤向南京。第7军由此肯定，自己堵击敌人、掩护国民政府军转移的任务已经完成，于是折向孝丰，与驻防浙西的广西第48军（同属第21集团军）会合。到达孝丰后，清点士兵人数，第7军的第170、172师，每师仅余2个团，每团不足2个营，将士伤亡过半……

第7军的八桂子弟，包括刚上战场的新兵，在日军的进攻面前，个个做好了牺牲的准备。他们誓死坚守阵地、尺地不让，寸土必争！不少士兵被炸得埋进壕沟，血肉模糊，折臂断腿，然而只要还有一口气，就忍痛咬牙爬起来，端起枪，朝日军射击。第172师据守八里店的一个连，遭到兵力数倍于己的日寇的包围，子弹打完了，就冲出战壕拼刺刀，最后全部殉国。

发生在浙北大地上的这场惨烈的吴兴阻击战，无疑在整个中国抗日战争史上有着重要的位置。当淞沪风云危急之际，广西一支弱师肩负使命，抵死抗拼，苦守吴兴十昼夜，凭借数千血肉之躯堵击兵力两倍于己的暴寇，为大军安全西撤，摆脱险境，赢得了殊为宝贵的时间。如此卓绝贡献，人们自不能轻忘。1946年4月，何应钦以中国陆军总司令的名义，发表了长达10余万言的《八年抗战之经过》一文，以回眸中华民族战胜日寇的艰巨历程，在文中他特别提到了"抢占升山"的作战。原任国民政府国防部作战厅厅长的郭汝瑰将军，对自己昔日参与过的升山、泗安阻击，晚年仍记忆犹新："（当初）大本营要求我们在升山挡住日军的进攻，由于我们的实力和日军相差太大，没有挡住，还牺牲了一位高级将领……"

国民政府军第7军奉命参加淞沪会战，给日军以重创。第170、172师于

11 月中旬开赴吴兴、南浔布防，掩护上海友军，与日寇血战旬余，第 172 师副师长夏国璋于吴兴阻击战中阵亡，1043 团团长韦健森阵亡，1016 团代团长谢志恒阵亡，兵员伤亡逾十分之七八。

然而，在三年内战时期，第 7 军为策应苏中作战，配合主力向淮北解放区进攻，先后参加了泰蒙战役、孟良崮战役，又参加了津浦路战役和对刘邓野战军挺进大别山的追击作战，以及对大别山区的"围攻"与"清剿"作战。最后，第 7 军被中国人民解放军第 4 野战军在衡宝战役中全部歼灭。

二、泗安广德战役

1937 年 8 月 13 日，淞沪会战爆发，战火开始波及长兴。国民政府军空军第 2 大队自次日起参战，从长兴机场出发空袭上海的日军舰船。同年 9 月 19 日，日本战机偷袭长兴县，炸毁长兴机场油库。11 月上旬，淞沪会战结束。日军第 10 军辖第 6、18、114 师团长驱直入，向长兴奔袭而来。23 日，川军第 23 集团军抵达长兴，准备阻击日寇向南京进攻。24 日，第 76 师在李家巷阻击由湖州来犯日军；24 日晚，日军乘汽艇由太湖登岸攻占新塘、夹浦；25 日凌晨，长兴县城沦陷。

11 月 26 日始，川军第 144 师郭勋祺部、第 145 师饶国华部、第 146 师潘寅久团分别在夹浦香山、泗安、广德与长兴交界的界牌等地与日军发生激战，无奈不敌装备先进、战斗力强的敌人，在殊死抵抗后败退，郭勋祺受伤，饶国华牺牲，史称泗安广德战役。

泗安镇由西而东分为上泗安、中泗安、下泗安三镇，地形十分平坦，南北有浅山，公路从镇中通过，东距长兴约 30 公里，西距广德约 20 公里。奉命防守泗安的是饶国华的第 145 师，这时他只有 2 个团陆续到达泗安，部队因防空袭，正在夜间行军，向泗安赶进。

11 月 23 日，敌第 18 师团（牛岛师团）一部由太湖乘汽轮和橡皮艇百余艘，窜抵宜兴、长兴一带，同时沿太湖南岸西进之敌主力分兵进犯泗安、广德。

国民政府军第 144 师首先在金村与敌激战，师长郭勋祺亲临指挥，士气振奋。国民政府军官兵目睹国土遭敌机轰炸，千家万户走死逃生，房屋被烧毁，人民被蹂躏，激发起对敌人的无比愤恨，广大官兵不怕牺牲，英勇奋战，击

退敌人多次进攻。进犯泗安之敌约一个旅团，步骑兵 5000 多人，很快增加到
1 万余人，在 30 余辆坦克和装甲车、20 余架飞机的掩护下，向国民政府军守备
泗安的第 145 师猛烈攻击，在敌机和大炮的不断轰击下，工事尽毁，城舍为墟。
全师官兵激战一昼夜，伤亡惨重，在后续增援部队陆续到达后，又修复工事，
坚守两日。

然而，部队初到前线，情况不明，哪里有枪声就往哪里跑，加之地形不熟，
仓促应战，未能集结兵力，给敌人以有力的反击，始终未改变被动不利的局面。
守备泗安的国民政府军第 145 师孤军奋战，伤亡惨重，泗安失守，师长饶国华
深感对不起国家，对不起人民，也对不起刘湘，最后以手枪自戕而亡。临死前
写下绝命书，略云：团长刘汝斋不听指挥，以致大军失败，不惜一死，以报甫
公。第 144 师师长郭勋祺腿部负伤，该部后奉命向宁国撤退。敌人占领泗安后，
除留一部扼守泗安要点外，其主力继续向广德推进，加强对广德的攻势。骆周
能在《简记广德、泗安战役》一文中写道：

> 负责指挥此役的指挥官是副司令长官陈诚，他秉承蒋介石的旨
> 意，（越过刘湘）直接指挥一切。他的命令一日数改，一时手令，一时
> 电令，并且不通过军、师长，直接下达到旅、团长。由于部队运转不
> 及，到一旅用一旅，到一团用一团，常常造成军、师长不知自己的部
> 队在哪里。[1]

国民政府军第 146 师在芜湖登陆后，连夜急行军，奔赴前线增援。时值初
冬，天气寒冷，但川军官兵仍身着夏装，脚蹬草鞋，在崎岖的山路上急行军。
加之连日阴雨，草鞋磨穿而没有更换，不少官兵脚裂出血，休息时，用麻线将
裂开处缝合，继续赶路。第 146 师奉命以第 436 旅直接增援广德，与友军协同
固守广德。师长刘兆藜率第 438 旅和师直属部队由左侧直趋泗安，截断敌后交
通联络线，阻击由长兴、吴兴进犯之敌，策应广德方面的作战。

第 438 旅旅长梁泽民率该旅第 875 团于 11 月 26 日午夜到达泗安西南约

① 骆周能：《简记广德、泗安战役》，文闻：《我所亲历的南京保卫战》，中国文史出版社2005年
版，第121页。

5 里的地方，得知情况如下：泗安已陷敌手，守军已向宁国转移；目前占据泗安之敌，仅两个步兵中队和一个骑兵队约 500 余人。第 438 旅官兵不顾长途行军的疲劳，决定趁夜向泗安之敌发起夜袭。官兵们以大刀、手榴弹为前锋，奋勇冲杀，激战到天明，最后收复了泗安，共歼灭敌骑 40 人，夺获三八式步枪 40 余支，焚烧汽油 100 余箱，缴获军用物资及文件等千余件。随后，立即破坏泗安公路桥梁以及一切军事设施，残敌向东溃逃。师长刘兆藜令第 438 旅以一部扼守泗安要点，其主力向广德靠拢。第 438 旅旅长梁泽民率部前进至界牌附近与日军遭遇，发生了激战。敌装甲车 5 辆、卡车 10 余辆，约 800 余人遭国民政府军猛烈袭击，双方短兵相接，展开肉搏厮杀。

国民政府军第 146 师自开赴广德、泗安前线后，亲见敌军对被俘和负伤的国民政府军官兵，绑住手足，浇上煤油，就地烧死；对公路两侧五六里附近逃离不及的平民百姓，无论男女老幼，全部枪杀，无一幸免，所有房屋，纵火焚毁，凄风遍野，尸体横陈，其惨痛之状，不忍目睹。国民政府军官兵无不咬牙切齿，悲愤交集，突遇敌军，怒不可遏，不顾一切，冒死冲杀，人人争先恐后，以手刃敌兵为快。激战中击毁敌装甲车 5 辆，汽车 10 余辆，日军四处逃窜，国民政府军乘胜追歼残敌。这时，忽然收到副司令长官陈诚电令："广德失守，已令后撤，该旅即向宁国转移，另有部署，切勿迟误。"接到军令后，国民政府军只能撤离。因此，日军打开了进军南京的必经之路，顺利地通过了广德防线，这也意味着南京外围保卫圈被撕开。此后日军一部分从陆地通过，一部分从太湖香山处乘汽艇登陆，直逼南京。

泗安广德战役沉重打击了日军的嚣张气焰，有效地迟滞了日军速占南京的企图，保障了南京国民政府的安全撤离，为参加南京保卫战的国民党中央军主力完成战略集结创造了有利条件。泗安广德战役是国民党军队正面抗日战场以弱胜强的英勇战例之一。

三、李家巷阻击战

1937 年 11 月 25 日，长兴沦陷，中国守军的兵力受到重创。然而，中国广大军民的抗战决心并没有被杀戮吓倒，抵抗日寇的战斗时有发生。1938 年发生在长兴李家巷的战斗，就是其中之一。

1937 年 12 月，侵略华东的日军侵占南京后，第 13 师团北渡长江，进至安徽池河东岸的藕塘、明光一线；侵略华北的日军第 10 师团从山东青城、济阳间南渡黄河，占领济南后，进至济宁、蒙阴、青岛一线。

日本大本营为打通津浦铁路（天津—浦口），使南北战场连成一片，先后调集 8 个师另 3 个旅、2 个支队（相当于旅团）约 24 万人，分别由华中派遣军司令官畑俊六和华北方面军司令官寺内寿一指挥，实行南北对进，首先攻占华东战略要地徐州，然后沿陇海铁路（兰州—连云港）西取郑州，沿平汉铁路（北京—汉口）南夺武汉。国民政府军由第五战区司令长官李宗仁指挥，先后调集 64 个师另 3 个旅约 60 万人，以主力集中于徐州以北地区，抗击北线日军南犯，一部兵力部署于津浦铁路南段，阻止南线日军北进，以稳住徐州。

1938 年初，徐州会战拉开帷幕。

为了阻止杭嘉湖地区的日军第 6、18 师团向北移动，中国第三战区第 19 集团军司令薛岳，下令第 79 军第 76 师王凌云部由天目山麓向李家巷、杨家埠一线移动，破坏京杭公路及其桥梁，进攻日军据点，以策应台儿庄战役。

长兴李家巷地理位置十分重要，谢文柏的《李家巷阻击战》一文写道：

> 长兴李家巷至青草坞、戚家山一带，位于弁山西麓，地势险要，是京杭国道（长吴线）进入长兴境内之第一"屏障"，尤其戁家山（今戚家山）与金牛山之间，为长吴新线之"隘口"，能攻能守，是军事要地。日军为保障京杭国道之畅通，派一分队固守李家巷杨家山（古称夏驾山）。[1]

国民政府军第 76 师 228 旅 456 团在团长李芳率领下于 1938 年 4 月 1 日到达长兴城外，并采取了两个措施：一是引诱城内日军到城外加以歼灭；二是破坏长兴到吴兴的公路，以防日军的增援。

日军驻守在吴兴的岗田部队，共有步兵 3000 多人，骑兵 600 多人，战车 12 辆，野炮 9 门。闻知李家巷被围，岗田派日军 1000 余人，骑兵 200 多人，

---

[1] 谢文柏：《李家巷阻击战》，中共长兴县委党史研究室：《抗战在长兴》，中央文献出版社2016年版，第667页。

战车 10 多辆，向李家巷增援。国民政府军第 455 团早在青草坞附近设伏。中午 12 时许，敌我双方激战。战斗进行了 5 小时，击毙击伤日军 250 多人。国民政府军 456 团在戚家山与日军作战，并将其击退。

4 月 5 日，国民政府军 228 旅奉命驱逐李家巷青草坞的日军，455 团为主攻部队，在团长李堃的率领下，向日军发起猛攻，6 时将戚家山、白龙山高地的日军驱逐，10 时又将青草坞的日军赶走。中午 12 时，日军从吴兴调兵 1000 多人向白龙山发起进攻，晚上 10 时与日军发生肉搏，国民政府军多次击退日军。据守戚家山的国民政府军 456 团也冒雨战斗。在这场战斗中，日军死伤 150 多人，国民政府军也有 40 多人伤亡。

4 月 19 日晨 6 时，国民政府军 456 团在长兴五里桥与 500 多名日军发生战斗，经 3 小时的激战，双方均有 200 多人伤亡。

国民政府军第 76 师负有阻滞日军北移的任务，为了便于指挥，师指挥所移到长兴吕山乡，并下令让各团加强工事，破坏公路，做好战斗准备。此时，李家巷到长兴的大洋灰桥，李家巷至青草坞的公路均被破坏，人车无法通过。4 月 19 日，日军乘装甲车由吴兴前往增援，都被 456 团击溃，日军官木繁太郎被击毙。在朱家埠一带，456 团也与日军发生激战，共毙敌军官 14 人，士兵 150 多人，击毁日军汽车多辆。

4 月 22 日、23 日，日军向青草坞、李家巷部队反攻了五六次，但均未成功。国民政府军伤敌 500 多人，毙敌 300 多人，其中有日军第 18 师团的大佐滕森茂之，还有其他军官多人。国民政府军阵亡 300 多人。

4 月 1 日至 23 日，国民政府军第 76 师在长兴李家巷一带作战 20 多天，毙敌数百，缴获甚众，沉重打击了日军的气焰。第 76 师达到了阻滞日军北移的战略目的，起到了支持台儿庄战役的作用。

四、合溪争夺战

1941 年 1 月 20 日的合溪争夺战，是长兴县抗日战争史上以少胜多的一次胜利。

合溪镇位于长兴县城西北 10 公里之处，南临合溪（古称箸溪），北靠黄泥山冈、汤家山，西南有长煤铁路和古驿道，直通煤山镇与长兴县城，东有乡村道路，通牛埠墩、车渚里、士林头和县城。水路从光耀里以竹筏直通合溪，山货、煤、缸甏等物资可从煤山、光耀里起运，经合溪运往长兴、湖州。可以说，合溪镇处于煤山地区的水陆交通枢纽，在军事上是控制进出煤山、槐坎的"咽喉"。

当时，驻守合溪镇的是国民政府军23集团军第88军新编第21师61团。原来的国民政府军第52师因奉命去皖南围歼新四军，致使长兴地区防守空虚。于是，日军蠢蠢欲动，出动步兵1800余人、炮8门、骑兵170余人，由日军第22师团84联队长能崎指挥，分三路向煤山（含合溪）进攻，另有骑兵50余人向水口进犯。

驻守合溪的是国民政府军61团，团长徐有成。该团隶属的国民政府军第88军，是在四川组建的川军。这支川军的军长是范绍曾，下辖1个师、2个旅，新编第21师师长为罗君彤。第88军到达苏浙前线后，范绍曾与罗君彤曾在江苏溧阳的新四军江南抗日指挥部学习"三大纪律八项注意"和游击战术。范绍曾与新四军军长叶挺、1支队队长陈毅关系甚好。在皖南事变发生后，范绍曾急电第三战区司令长官顾祝同："大敌当前，团结第一，内部大动干戈，无疑对日有利！"同时，交代下属："如有新四军失散人员，可暗自收容，将来交给江北陈仲弘（即陈毅）。"

谢文柏在《合溪争夺战》一文中对61团做了介绍：

> 第六十一团的士兵都是四川人，全军足穿草鞋，身背长烟管，生活艰苦朴素，军纪严明，作战灵活，勇敢顽强，受到驻军所在地老百姓的赞扬，被誉为"能战之师草鞋兵"。团长徐有成是位多谋善断的年轻军官。为了防止日军的突然袭击，徐有成在合溪至汤家山一线，及至光耀里纵深都作了周密的防御部署。同时，与左翼驻防宜兴的第六十二团、六十三团，右翼的国民政府军独立第三十三旅及地方政府浙西行署二区长兴县政府建立协同，取得地方武装和当地民众的积极支援。国民党长兴县政府从仓库拨出军用物资紫铜电话线，架通了从县政府（八都芥）至团部（光耀里）至水口镇的通信线路，以防日军从北路包抄其后。同时，县政府抽调地方武装县大队、自卫队，负责

战地弹药等物资的补给工作。①

61 团共有 2000 多人，下设 3 个步兵营、1 个炮连和 1 个机枪连。团长徐有成下令让 3 营和机枪连负责守卫合溪及其西侧阵地，由营长廖起指挥；1 营 2 个连和炮连布防于合溪左翼高地、汤家山阵地，并派出小分队分别在五庄、士林头为前哨阵地；3 营为预备队，在团部附近布防。

煤山合溪的地形，易守难攻。合溪前有河流和开阔地，后有起伏的群山。徐有成充分利用了这一优势，进行军事布防。守军们利用长煤铁路的轻轨，修筑了掩体和堑壕。在掩体前的开阔地带和路边，埋设竹桩，设置竹墙；在合溪后方构筑机枪掩体。由于防御工事完成得早，并做好了伪装工作，致使日军无法侦察到 61 团的火力配备和防御工事体系。

　　1 月 20 日晨 6 时，日军派出尖兵，分东西两路向士林头、五庄袭击。我士林头前哨排急速返回汤家山防守阵地。五庄守军与日军激战，日军急攻不下，指挥部恼羞成怒，将集结于长兴的日军一个联队加一个大队及附属炮兵 1000 余人，倾巢出动，分三路向汤家山、合溪镇、摇头山我军阵地进攻。

　　骄横的日军一向轻视中国军队的战斗力，自恃有精良的武器装备，以密集的队形和火力向汤家山、合溪镇进犯。我军伏于坚固的工事内不发一枪。日军见中国守军阵地毫无动静，以为我军已撤走，竟以密集的梯形纵队大摇大摆地向我军前沿阵地进逼。第六十一团采取"以逸待劳"的战术，待日军进入有效射程以内，才以密集的火力向敌军猛烈射击，打得日军退却不及，一批批地倒下，所以日军"伤亡奇重，攻势顿挫"；有的敌人伏在田坎里，待我军停止射击欲起身逃走时，我军则以交叉火力予以压制。设伏在汤家山的炮兵连，以密集的炮火向退却之敌纵深射击；重机枪则从容扫射退却之敌，歼敌甚众，仅以少数日军逃回。进攻汤家山和进攻合溪镇之敌，自清晨战至午后

① 谢文柏：《合溪争夺战》，中共长兴县委党史研究室：《抗战在长兴》，中央文献出版社2016年版，第665页。

2时，敌我双方的枪声才沉寂下来。此时，守卫在汤家山的一营预备队三连少尉排长程培式，率一个班，带一挺轻机枪，向日军左后方迂回，袭击敌人的侧后，以动摇敌人的大部队。当完成任务折回时，发现在田埂上卧伏着一批敌人，仔细一看，竟是被我军打死之敌。程排长率众去卸敌人尸体上的枪支弹药时，突然遭到未死日军之顽抗，打伤我军三名战士，程排长缴获了日军一挺轻机枪、五支"三八"大盖等战利品。

另一路进攻摇头山之日军，因遭到我三营的顽强抵抗，毫无进展。日军欲改道偷渡合溪涧，企图攻占合溪镇。当敌人渡河时遭我守军重机枪连的猛烈扫射，而未达目的。尽管日军南北移动攻击，由于廖营所部的沉着应战，使日军终未得逞。战至18时，日军复增步骑炮联合之敌1000余人，为宫岛大队，连同原有日军共2500余人，战车3辆，继续向我士林头、车渚里阵地猛攻。日军在长兴境内作战，调来坦克尚属首次。敌人以坦克为前导，来势汹汹，向合溪镇冲击。三营为避敌锋芒只好退入合溪镇街市，与敌巷战，相持竟夜。敌占据街东破屋，我军则坚守街口，时已黄昏，我军退至街中，敌则在街口，相距只有二三百米，巷战十分激烈。日军见急攻不下，便于21日拂晓，另派100多人去占领司屋岭（汤家山一带）以南高地。团长徐有成发现敌人欲占据制高点的企图，意识到一旦制高点被敌人控制，将对我守军造成极大威胁。于是，果断下令3营长放弃合溪，以预备队伏于光耀里西端，伺机逆袭；并命汤家山守军派出小分队，先敌抢占制高点，将敌逐出。这是合溪争夺战一得一失的第一个回合。①

合溪战的第二回合发生在21日下午。当时日军坦克从合溪镇冲至洋桥头北塊，由于桥已被毁，坦克无法过河，只得返回合溪。日军集中兵力，向西北方向直趋光耀里团部。此时，敌已陷入国民政府军预定聚歼之地。下午4时，徐有成团长率第2营，在光耀里向敌发起进攻。同时，下令1营与3营向日军全

---

① 谢文柏：《合溪争夺战》，中共长兴县委党史研究室：《抗战在长兴》，中央文献出版社2016年版，第665—666页。

围。战斗打得十分激烈，日军死伤惨重，国民政府军奋勇追击。黄昏时，日军撤退前在合溪镇东纵起大火，镇上火光烛天，浓烟滚滚。国民政府军判断，这是日军溃逃的征兆。于是，61团趁日军逃窜之际，发起进攻，全歼窜入国民政府军阵地的日军。当晚10时，国民政府军收复合溪镇，日军退至牛埠墩、士林头。国民政府军紧追不放，与日军相持于士林头。半天后，日军退至夹浦、长兴城。

这场合溪战役，"历时两天两夜，日军死302人，军官6人，伤218人。我军阵亡28人，伤54人。适为10：1。据目击者称，日军死伤人员运往长兴城9卡车，运往夹浦十多卡车"[1]。

合溪战役的胜利，大长了中国人志气。国民政府军61团认真总结了这次胜利的经验，主要的经验有5条。

　　第一，官兵都有坚决的抗战意识，沉着应战，不慌不乱，没有命令，绝不撤退。如当敌枪炮密集向我射击，我守军伏于工事内不发一枪，做到"以逸待劳"的地步；而在射程有效距离时，又能以猛烈火力扫射，使敌气为之馁。第二，我战术机动，当退即退，当攻即攻，不失时机，不失主动。第三，合溪三失而不肯放弃，在第一次失守，已立定决心，击敌溃退。第四，党政军民密切配合。故徐团长虽成孤军，但能有恃无恐，终获得胜利。第五，由于士气激励民气，军运、慰劳不绝；复有民气鼓励士气，争夺冲杀愈益猛勇，两者相辅相成，而得光荣胜利。此外，徐团长对阵地的工事，构筑得坚强而扼要，更为主因。这个工事，完全合乎要求，对左右中的目标距离，都有精确的计算，能进则可攻，退则可守，有效的准备，尤值得钦佩。所以这一次战役的胜利，绝不是偶然的。[2]

国民政府军61团取得的胜利，鼓舞了当地百姓的抗日热情。到了春节，长

---

① 　谢文柏：《合溪争夺战》，中共长兴县委党史研究室：《抗战在长兴》，中央文献出版社2016年版，第666页。
② 　郦时言：《浙西天北的反流窜战》，浙西民族文化馆1942年版，第52页。

兴县政府组织地方各界人士慰问 61 团官兵，在合溪镇举办了"缴获日军战利品展览会"，看到缴获的战利品，合溪百姓更加坚定了抗战的决心。百姓们也十分感谢 61 团官兵，纷纷杀鸡宰羊慰劳 61 团的官兵。

五、夹浦和周吴大岕的激战

国民政府军第 52 师共有 3 个步兵团、1 个补充团和特务连、骑兵连、通信连、工兵营，共有战斗人员 6900 多名，主要阵地在长兴的龙山、山门口、合溪、汤家山、士林头、车渚里等地。第 52 师原属于中央军旁系部队、半嫡系部队，1931 年第 4 次重建该师，陈诚兼任师长，该师开始属于中央军嫡系部队，之后为顾祝同苏北派，属于蒋军何应钦系。

在抗战期间，第 52 师参加过著名的武汉会战、南昌会战，以及浙赣会战、第三战区冬季攻势作战等战役。在长兴期间，第 52 师与日军发生过多次战斗，为抗日战争胜利作出了一定的贡献。然而，1940 年至 1945 年，第 52 师也多次或单独参加对江南新四军作战。1946 年至 1949 年，第 52 师多次参加对人民解放军作战。在这方面，有人将该师称为"顽军"。

1. 夹浦、香山战斗

长兴的夹浦和香山是日军的重要据点，对于守卫长宜公路至关重要。日军不仅在据点前设置了多道铁丝网，构筑了坚固的防御工事，还配备了火炮，以保据点的万无一失。

为了攻克这 2 个日军据点，国民政府军第 52 师作出如下安排：156 团负责进攻夹浦日军据点；154 团担负攻占水口，进而攻克香山据点；155 团负责打援，在城北攻占磨盘山，继而佯攻西、北二门，逼敌不敢出战。

1941 年 2 月 1 日，国民政府军 156 团 1 营攻占了环沉村、沙巷浜；3 营进攻香山金村。夹浦据点内的日军退居在茧厂内，并调来步兵、骑兵数百人，还有 2 门大炮，凭工事顽强抵抗。上午 11 时，154 团 3 营进攻香山，在距香山400 米处，与日军呈胶着对峙状态。154 团 2 营一部分士兵向长大村前进。156团 3 连在夹浦与日军相遇，双方展开激烈的战斗。香山的敌炮向夹浦国民政府军发射，附近据点的日军也向 3 连迂回，3 连士兵奋勇抵抗，许多战士因此献身。下午 4 时半，经过激战，156 团终于冲入夹浦，一部分日军仍在抵抗，一部分向北逃窜。下午 6 时半左右，154 团左翼营占领南山，并派部分士兵佯攻新桥村，而主力开始攻打香山。然而，由于日军步骑 200 名士兵向夹浦增援，并窜犯喜鹊斗，国民政府军只好转而攻打喜鹊斗日军。

2 月 3 日，156 团在夹浦乘胜追击日军，与敌据点隔河对峙。日军的据点是原来的茧厂，日军在厂内设置了铁丝网，配备了重武器。为了在进攻时避免伤亡，国民政府军决心进行缜密的侦察，根据日军的武力配备，制订作战计划，以便夜间攻击。当天晚上，师部命 155 团于原地构筑工事，156 团在得胜桥、鼎家桥、观音山、鸡笼、乌山构筑主阵地，杨家村、牧斗村、南山为前进阵地。

正当一切安排就绪时，晚上 11 时，师部接到战区上官部参谋长电："敌二十二师团有打通京杭国道之企图，五二师应在水口以南构筑工事，兵力宜集结，与敌避免正面冲突。而后该师主力应向北进出。"接到电令后，第 52 师虽然切断了京杭国道夹浦到香山的交通，但攻克夹浦、香山日军据点的目的未能实现。

2. 激战周吴大岕

1941 年 3 月 20 日至 26 日，驻守在长兴的国民政府军第 52 师在长兴周吴大岕一带与日军激战，给日军以沉重打击。

1941 年 3 月 20 日凌晨，日军第 22 师团开始进犯林城午山冈。国民政府军第 52 师 156 团 1 营被日军击溃，胥营长随即退守周吴大岕青狮山门口设防。上午 9 时，林城桥的日军进犯青狮山门口的国民政府军 1 营。1 营战士奋勇抵抗。日军不断增兵，兵力达 1000 多人，并在山门口用山炮轰击周吴大岕。国民政府军第 52 师师部设在六都岕，周吴大岕是师部的天然屏障。如日军占领周吴大岕，翻过仙峰岭就可直扑位于六都岕的第 52 师师部。此外，长兴县国民政府设在八都岕，与周吴大岕近在咫尺。如周吴大岕失守，县政府也就危险了。

上午 11 时，日军占领了周吴大岕的石岕口，国民政府军退守至龙泉寺，与日军隔涧相峙。龙泉寺历史上曾名乌龙寺，当地人也叫周吴庙。日军多次进攻，妄图攻占周吴庙，但均被国民政府军击退。日军援兵多至两三千人，并派一大队抢占了青狮山，形势十分危急。

为了守围六都岕师部，21日，师部令154团张团长率2个营，向周吴大岕发起反攻。这天晚上，长兴县长于树峦派出向导，张团长亲率1个营进入周吴大岕，增援胥营长，又派1个营从侧面攻击日军后卫部队，以夺取山门口，切断日军的后路。第52师师长刘秉哲又调派155团的1个营，攻击日军的炮兵阵地，再向西侧击林城桥的日军。那天晚上，大雨倾盆，国民政府军战士冒雨向日军发起进攻。至凌晨2点，张团长克复石岕口阵地。至5时左右，周吴大岕的日军被国民政府军逐走。刘师长又集中兵力包围青狮山的日军，并发起猛烈进攻。日军败退，向西突围，抢占了长潮岕外狮子山。

狮子山是控制长潮岕口的制高点，一旦失守，不仅长潮岕无法守御，也威胁到八都岕、六都岕、周吴大岕部队和地方政府的安危。刘师长下令，155团1营在合溪、车渚里、水口担任警戒，主力在八都岕附近集结。下午3时，狮子山最高峰被日军占领，国民政府军156团两次发起冲击，终于收复了东西山头，但由于日军炮火猛烈，国民政府军伤亡惨重。此时，日军派出步兵、骑兵400多人在炮火的掩护下，攻打东西山头，但均被国民政府军击退。下午4时到5时，日军再次增加步骑400多人发起进攻，又被击退。看到正面进攻无法奏效，一部分日军向大山及羊头山方向迂回，另一部分日军用迫击炮向岕口猛射，并向154团指挥所发起进攻。154团张团长率部向长潮山转移，155团凭九子岭、长岭的有利地形，堵敌北窜。

日军占领狮子山后，在重炮的掩护下，相继占领泗安、林城、澄心寺、张家桥等地。随后日军又趁黑向长潮岕摸索前进，一支日军冲入长潮岕，占领了张岭（磨盘岭），距六都岕仅6里，距八都岕县政府仅8里。

第二天（23日）拂晓，日军翻过九子岭，开始包围六都岕；占领长潮岕的日军也翻过张岭，合围六都岕。面对日军的包围之势，刘师长决定避开正面的日军，撤出六都岕、八都岕地带，向合溪、江牌头转移，浙保特务团、长兴县大队等地方部队隐蔽在附近的山林中，县政府的于县长到八都岕东的杨林涧与刘师长告别，县政府也潜入乌川岕一带活动。国民政府军第52师主力到达合溪，又翻过司屋岭，最后在江牌头八角庙集中。24日，第52师的1个连在前进中遭遇日军，展开激战，歼敌三四十人。第52师主力边打边撤，最后到达广德杭村，经集结整顿，于27日返回长兴防地。

这次战役，由于国民政府军第 52 师的英勇抗击，经过多天激战，彻底粉碎了日军企图消灭国民政府军第 52 师、破坏军事设施、掠夺物资的阴谋，给日军以沉重打击。

六、梅溪钱坑桥之战

钱坑桥村位于安吉县梅溪镇南面，是一个不大的村子，但在军事上十分重要。国民政府军第 62 师在钱坑桥给来犯之敌沉重打击，极大地鼓舞了军民的抗战决心。

1941 年 9 月 1 日，日军由林城桥进犯梅溪，国民政府军第 62 师 184 团 1 营据守梅溪山地予以阻击。日军虽然仗着优势兵力，终无法前进。后来，日军用飞机助战，国民政府军 1 营为了避免伤亡过多，主动退至离梅溪西南 3 里的万石桥，准备相机出击。当天下午，日军侵占梅溪。2 日早上，日军兵分两路，一路向东南进犯，与窜入小溪口的日军在晓墅会合，一路经青山庙猛攻钱坑桥。第 62 师再度阻击，给日军以痛击。次日，国民政府军第 192 师赶到，与第 62 师合力夹击日军，日军伤亡惨重。此时，武康日军出动侵犯簰头，企图进犯安吉的递铺镇。国民政府军为了防备腹背受敌，做了战略上的转移，暂时放弃了钱坑桥。第二天，国民政府军第 192 师前来援助，钱坑桥即为国民政府军收复，日军向武康方向退去。

日军这次出兵，目的是攻击钱坑桥，消灭国民政府军第 62 师主力，但最后日军的企图没有得逞。郦时言总结说：

> 从战略上看，敌人这次的行动，是一个很大的冒险，如果我们的援军 192 师早一点赶到，可以一面挡住由武康出动应援的敌人，一面紧缩包围，进犯钱坑桥的敌人，就像洞中之龟，一定被我们消灭。然而事实上，因一时的松懈，没有成功，颇有遗憾。但这次战役中，进步的地方很多：第一，军民合作，奏效很多。当战事紧张的时候，安孝两县的军民合作站里，日夜都准备着民夫一百名以上，临时供应军事人员的帮助。第二，军政配合，非常密切，安吉县政府最危险时距离敌人不过十二里，始终镇定不动，××师×营曾一度与师部失去

联络，经过安吉县政府的关系，师部的命令，方才到达 × 营，并拖住进犯钱坑桥的敌人的尾巴，在军事上收到很大的效果。第三，地方自卫武力增强。这次安吉孝丰两县的自卫队，尽了很大的努力，并县配布阵地，准备抵抗，虽然并无接触，而精神上英勇坚强的表现，是很可贵的。第四，民众忠勇表现。这次敌人流窜所过，强迫我民众挑担领路，不从被暗杀的很多，尤其是梅溪渡河到晓墅的时候，对岸尚有渡船一艘，敌人要他靠到北岸边去，供敌人渡河之用，可是渡河的船夫，置之不理，敌人用机枪扫射，船夫逃脱，儿子不幸被击毙。这一种大义凛然的表现，是可敬佩的。因此这次战役，纵使敌人一个不死，我也已有伟大的成绩表现，何况敌寇遭我痛击，伤亡得很多呢！ [①]

七、国民政府军"笠帽兵"在浙西的抗战事迹

抗日战争时期，有一支"笠帽兵"活动在浙西一带，这支部队就是国民政府军陆军第 28 军，士兵多为三湘子弟，作战英勇。部队装备简陋，官兵没有钢盔，每人发一顶笠帽，挡不了子弹，却可以遮阳避雨，被老百姓称为"笠帽兵"。

1939 年 1 月，一支军容整齐、一式背挂笠帽的部队开进新市，这是国民政府军第 28 军第 62 师 368 团的士兵。他们曾在三桥埠实施了一次爆破，炸毁了一座公路桥，切断了日寇从杭州至南京的交通线。

到新市后，368 团立即开展了一系列的抗日宣传活动，出版油印刊物《驱虏周刊》，发往杭嘉湖各地，并在新市镇刘王堂举行了声势浩大的抗日宣传活动。白天，召开群众大会，由 368 团团长谢明强发表鼓舞人心的演说。晚上，举办军民联欢大会，学校师生都演出了文艺节目。其中有一出独角戏，主演者是该团政治指导员沈少巽。他头戴高帽，身穿白大褂，帽子上写着"国难当头"，脸上是"全面抗战"，胸前是"前方杀敌""全国支援"，左、右臂分别写上"有钱出钱""有力出力"，鞋底上贴着"抗战到底"4 字，背后"最后胜利必属于我"8

---

① 郦时言：《浙西天北的反流窜战》，浙西民族文化馆，1942年，第57—58页。

个大字特别醒目。整场表演，生动活泼、内容深刻，鼓舞抗战热情，激励镇上爱国青年投入抗日洪流。

1939年春，日寇大举进攻新市并盘踞在新市西栅公利丝厂内。这期间，368团虽撤离新市，也曾多次夜袭敌据点。一天晚上，368团来到公利丝厂附近，公利丝厂外铁丝网密布，一碰响铃，稍有响动，机枪即扫。1营主攻，2、3两营任外围，初次进攻失利。后来，国民政府军用湿布掩铃，剪断围网，三次强攻，越过西城桥。因丝厂围墙高固，投入油棉，使墙内多处燃烧，日寇顾此失彼，不再恋战坐等援兵，天将晓，国民政府军主动撤退。

1943年6月22日，第28军1纵队3支队突破南栅伪军据点，逼令日伪独立中队长于志昌率伪军100余人，向国民政府军缴械投降，并烧了日军密侦科组长"麻子阿士"在蔡家弄新建的住房。

1943年9月21日，第28军1纵队3支队奉命围攻据守新市的日军。战斗自晚上一直进行至凌晨，因西栅工事坚固，未能突破主阵地。后因湖州、塘栖、菱湖三地的日寇600余人赶来增援，国民政府军奉命撤退。3支队1大队转移至青墩杨泰时，与日军相遇，经1小时激战，3支队退守青墩。战斗中，中队队长廖安生重伤，其余有20多人伤亡，国民政府军只能退至横塘长桥。此时，驻新市日伪尾追而来，塘栖援兵赶来参战。国民政府军副支队长刘英果断指挥，命1大队死守长桥阻挡日军，双方展开激战。2、3大队突围至风车桥，过洋溪港。此时，大批日军追上来，双方在桑树地开展白刃战，鲜血把桑叶都染红了。后来，3支队撤至后窑、蔡家荡、青墩以东，在洋溪港南岸与新市来敌在稻田肉搏。及至天黑，敌已占领蔡家荡、横塘长桥等地。国民政府军凭借地形熟悉，深夜转移，终于脱离包围。这次战役中，3支队伤亡120余人。后奉命转移下舍，在雷甸整休，阵亡官兵安葬在潋山之麓。

在天目山区，笠帽兵打得最惨烈的一仗就是第二次天目山保卫战。1943年10月，日军第70师团61旅团105联队，配备骑兵、炮兵、便衣等4000余人，兵分三路，19日向西天目山羊角岭、告岭进攻。北路日军700余人，经上张坞迂回冰坑，进犯羊角岭。另一股日军600余人，从景溪向告岭进发。28军62师、192师等迎战日军。

62 师黄仲球团奉命坚守右翼，利用有利地形予以阻击。三天下来，歼敌 400 余人，并缴获许多重要文件。日军恼羞成怒，增大兵力，包围黄团，黄团突围而出。21 日 10 时，在飞机持续轰炸后，日军从景溪坞窜至告岭头，192 师王堉师长亲率卫士，以重机枪加步枪，与敌人周旋。从冰坑进羊角岭和告岭的日军，也被 192 师刘团等并力击退。

23 日，日军凭借精良装备再次进犯，192 师部队正面迎战，与之争夺大塘村和柏坑一带，双方展开拉锯式战斗。24 日，日军倾巢出动，62 师师长刘勋浩亲临战场，在茅草山和高尖两个制高点设阵，在田青塘设重炮，又占据独山头、泥坞山等高地，切断日军迂回东尖路线，并在太子庙布兵阻击日军，使日军处在一个包围圈之中。日军集结精锐猛攻，192 师由太子庙、茶叶坪一带包抄日军背后，又在高尖山向日军猛力攻击，战斗到傍晚，守军机枪步枪对天扫射，击落一架日军飞机，日军见势不妙，仓皇撤退。

24 日晚，日军回到峰岭，抄小路将高尖山团团围住，但正逢下雨，飞机不能起飞，火炮也无法测定目标，日军无法突入高地，天助我军，192 师居高临下，用手榴弹、机枪等一次次击退日军的进攻。在白沙、市岭的部队也向敌背后进击，使日军困于凹地，伤亡惨重。26 日拂晓，日军残部分两股从市岭、董岭、统里溃退至孝丰，一路还点燃山林，施放毒气，防笠帽兵乘胜追击。27 日，28 军连克统里、报福、老石坎。28 日，炮轰孝丰城，歼敌 1200，残敌北向泗安溃退。笠帽兵以他们的智慧和勇敢战胜了武装到牙齿的日军，第二次天目山保卫战取得完全胜利。①

1942 年 4 月 12 日的《浙西日报》刊登了周和的《笠帽兵考》，文中说：

由于士兵作战的勇敢，天生就的一副湖南独特的坚毅性格，使

---

① 王建华：《"笠帽兵"转战天目山》，《钱江晚报》2015年9月11日。

敌人一看到身背或头戴斗笠的健儿不战自逃。据被俘去的老百姓逃回说:"日本佬问我们,中国兵头上戴的,身上背的那圆圆的大帽子是什么?我们回答说是笠帽……他们又问我那中国兵是什么部队?这我哪里知道呢?后来又说笠帽兵厉害得很。"这就是我们在打游击时,第一次听到的那个新鲜名词——"笠帽兵"。以后便时常听见老百姓讲"笠帽兵",甚至连自己也自称"笠帽兵"。

第五章

湖州的文化抗战活动

　　湖州是鱼米之乡、文化之邦。在抗战时期，湖州的军民奋起抗击日本侵略者，书写了可歌可泣的英雄事迹。当地的文化人，也利用手中的文化武器，进行抗日宣传。他们组建了抗日文化团体，创办抗日报刊，书写抗日诗文，以此鼓舞民众的抗战热情，在湖州的抗日斗争中发挥了独特的作用。

一、菱湖国魂社

　　菱湖国魂社是湖州地区著名的抗日文化团体，创办人是湖州荻港人吴林枫等。

　　1937年11月24日，湖州被日军占领。此后，在日寇扶持下，伪政府成立，并创办了《新吴兴公报》，进行文化宣传，以麻痹敌后人民的抗日意志。然而，湖州人民并没有屈服，各界人士纷纷投入抗战救亡的爱国运动中。

　　菱湖，在湖州城东南20公里左右，是一座因水成市、粉墙黛瓦、酒肆茶楼的江南水镇。日寇占领湖州后，这里有一群抗日热血青年用独特的文化方式进行抗日活动，其中有杨文虎、倪英杰、王洗、孙汝梅、沈裕闻、陆子高、潘卓谊、顾雷、朱顺春等人。他们将每日收听的后方抗战新闻记载下来，以《国魂》为油印小报的名称，出版快报，并在镇上张贴，以鼓舞民众的抗日斗志，颇得当地人民的喜爱。稍后，篇幅扩大，逐日出版，分销于附近各乡镇。

　　1937年12月中下旬，国民政府军第4军第59师游击司令部（简称第4军游击司令部）挺进敌后，见到了《国魂》小报，认为报纸虽小，但有利于鼓舞民众的抗战热情，就立即派人与杨文虎、倪英杰等取得了联系。司令部司令唐连、政治部主任何海若、副司令陆金鳌等人一起会见了他们，希望他们正式成立抗日团体，名称就定为"国魂"。国魂社因此在1938年1月21日正式成立，杨文虎为社长，王洗为副社长，并在荻港设立分社，由丁永海、章树德负责。

　　国魂社成立之初，成员不过十几人，除了经常出版小报外，还协助第4军游击司令部做通信联络工作，对外甚是保密。2月，第4军游击司令部撤返后方（浙西）时，政治部主任何海若号召当地青年参加该部战地服务团（又称宣传队）。因此，国魂社社员杨文虎、王洗、吴林枫、沈裕闻、陆子高、孙汝梅、倪英杰等都参加了战地服务团工作。在菱湖只剩潘卓谊、陆梦九等人继续出版油印小报。这段时间内，因菱湖有一个叫钱辛寿的报贩，在推销报纸时，被敌伪人员在菱湖抓捕，并拷问至死，使报纸发行直接受到来自敌伪组织的威胁和阻碍，《国魂》小报曾一度停刊。

同年4月，第4军游击司令部副司令陆金鳌率部分士兵重新回到菱湖，社员杨文虎、王洗、沈裕闻等也一同返回。回到菱湖后，杨文虎等人首先想到要恢复《国魂》小报。为了集中力量，办好《国魂》小报，他们决定取消荻港分社，所有分社成员全部集中到菱湖总社工作。在第4军游击司令部的全力支持和帮助下，国魂社很快恢复了工作，并受到当地广大民众的欢迎和支持。为此，国魂社利用当地青年抗日情绪的高涨，鼓励他们加入国魂社，并在各市镇相继成立了游击队。

在第4军游击司令部的支持下，国魂社成员继续秘密收听后方电台的抗日消息，并将各类消息印刷成册，分发给当地群众阅读。国魂社通过这种方式，揭露了日军的丑恶罪行，传播了抗日的胜利消息，极大激发了民众的抗日爱国热情，坚定了民众的抗日决心。

国魂社曾为抗日部队提供了重要的军事情报，赵微坚《从凤鸣桥到安澜桥》一文中有如下描述：

> ……郎玉麟接到国魂社情报，知道日本鬼子的汽艇即将经过安澜桥，郎玉麟就率领一个中队在沿岸设伏，在桥顶架上重机枪，待日军汽艇进入射程，郎玉麟大喊一声"打"，子弹像雨点般泻向日军。战斗只进行十来分钟，郎玉麟没等日军反扑就撤出了阵地，此役毙伤日军20多人，致使日寇在龙溪港的通行停顿了3个多月。[1]

---

① 赵微坚：《从凤鸣桥到安澜桥》，"南浔档案"微信公众号，2018年12月28日。

除办理《国魂》油印小报外，国魂社还在菱湖镇青树小学、启秀小学创办"战时小学"，并设立施诊所，积极发动地方青年男女参加各种抗日宣传，国魂社成员也发展到四五十人。

国魂社编印小报，开办小学，设立诊所，需要经费。国魂社的活动经费主要有 4 个来源。第一，国魂社少数成员如杨文虎、邱高第等人的资助。第二，以平民施诊所名义，由当时菱湖商会每月补助 15 元。第三，以第三总队部菱湖镇青年服务队名义，由该总队部每月拨助 30 元。第三总队总队长是副司令陆金鳌，他从浙西来菱湖时，所认识的就是国魂社的人，所以他对国魂社各项工作很支持。在他的支持下，国魂社这一时期的工作开展得非常顺利，发展也很快。第四，平民施诊所内所需药品由地方绅士孙慎三向上海旅沪菱湖同乡会劝募而来。

国魂社这样平稳发展了 5 个月，充分发挥了宣传抗战、激励人心的作用。然而，到了 9 月，吴兴日军时常到各地"扫荡"，烧杀抢掠，无恶不作。菱湖镇也遭到了日寇的大肆焚掠，损失惨重。各地游击队也受到日寇的围剿，有的因此而溃散瓦解。在日寇的屠刀下，部分民众对抗日工作产生了一定的惧怕心理。为了避祸，多数青年躲避在家，国魂社也呈解体态势，少数外埠成员亦因无法维持生活，返回老家，国魂社的工作因此处于停顿状态。

在国魂社存亡的关键时刻，中国共产党向它伸出了援助之手。1938 年 12 月，筹建之中的中共浙西特委（1939 年 2 月成立）派陆鲁一，由吴际虞陪同从后方来到菱湖，跟国魂社骨干商量如何深入开展抗日救亡运动。他们还带来不少书报，鼓励大家继续开展工作，并答应介绍有经验的人来社进行指导。几天后，吴际虞、陆鲁一返回浙西。同时，国魂社派出章增培、姜乃惇两位成员随他俩赴皖南新四军教导总队受训，不久，吴际虞陪同中共浙西特委黄继武来到菱湖，指导国魂社工作。

吴际虞到达菱湖后着重做了三方面的工作。第一，立即恢复国魂社各项社务工作，恢复了报纸的编辑、油印、散发；重新组织了读书会，恢复了教育（小学），平民施诊所开门接诊等。第二，完善了国魂社的组织形式，实行会员大会制，下设总务、宣传、组织、救护、特务等股，分别由潘卓谊、黄继武、章树德、方月、赵逸仁任股长。第三，宣传、鼓励地方青年加入国魂社，增加新鲜血液，以增加社团的后生力量。

不久，国魂社迅速恢复了社内各项事务工作，成员也得到了发展，国魂社整个面貌焕然一新。更重要的是，国魂社内党建工作也在秘密进行，经吴际虞的培养、教育，章树德、杨文虎、王惟洪被定为首批建党对象。2个月后，三人加入了中国共产党。

1939年2月，浙江省政府直属战时政治工作第1大队2队（简称省政工2队）从武康挺进吴兴，队部驻双林镇，并分别向各地派出工作组。因为菱湖已有国魂社，条件较好，省政工2队派出由王若谷、谢勃、王听涛、许斐文、王月秋等人组成的菱湖工作组，配合黄继武在各地开展工作。

正当国魂社蓬勃开展工作之时，国民党吴兴县党部方面却对国魂社产生了猜疑与敌视。党部书记员温兰馨公开指责国魂社有共产党人指导，并不时威吓国魂社成员。为了减少国魂社的影响，国民党还在菱湖镇上另外组织了一个所谓"民励社"来与国魂社对抗。菱湖镇的国民党有关人员也怀疑国魂社成员思想有问题，时常派人来社察看情形，并要国魂社成员参加国民党的工作。此外，国民党第28军军部也怀疑国魂社倾向共产党，要求军部通讯员时常监视国魂社动向，还用威吓等手段来分散社员。

为了应付复杂的政治局面，避免受到国民党的敌视，经大家讨论，决定以王洗、洪静芳参加国民党区署工作来平衡关系，以掩人耳目。同时，为了在恶劣环境下生存，国魂社读书会原先公开设在青树小学内的所有书籍收回社内，只供在场阅读。此外，国魂社将原有的组织形式进行了更改，将原设有的组织股改为组训股，由章树德负责；特务股改称侦察股，由赵逸仁负责；其他总务、宣传、救护由赵逸仁负责。

那时，由于日寇的不时"扫荡"和国民政府军第62师某部在菱湖的抗击，菱湖处于战火之中，一定程度上引起了当地民众的恐慌，不少商店因此关门休业，这也造成了国魂社经费的困难，所幸由国魂社成员邱高第给予经费赞助，让国魂社熬过了最困难的时期。

1939年5月，浙西特委的黄继武因工作需要被调回浙西。离开时，国魂社许多成员依依不舍，为之流泪。不久，国魂社派往皖南新四军受训的社员章增培、姜乃悼回到菱湖，这给国魂社增添了新的领导力量。5月下旬，国魂社社员沈良元、查慧智、潘蕴章、吴斌华入党，随即成立国魂社菱湖党支部，书记为章树德。已经回到浙西的黄继武得知这些消息，心里感到非常高兴，为了进一步鼓舞士气，他特意写了《国魂社社歌》托人带到菱湖，歌云：

　　　　我们在太湖之南，

　　　　游击区里一群热血的青年，

　　　　饱受着苦难，

　　　　尝尽了辛酸。

　　　　为了祖国，

　　　　为了可爱的家园，

　　　　我们在敌人铁蹄下，

　　　　我们要杀尽敌探汉奸鬼子们！

　　　　奋斗，争取胜利的明天！

　　熬过了最困难时期，国魂社工作再次有了起色。除了开展抗日工作外，又成立了国魂剧团，深入农村巡回演出，有话剧、歌咏、街头剧等。其中，《放下你的鞭子》《复活》《保险箱》等节目的演出，极大地激励了当地民众的抗日激情。国魂社还成立了以国魂社社员为主、由省政工2队菱湖工作组直接指导的少年突击队等组织。

　　7月7日，省政工2队领导国魂社，在菱湖镇举办大规模的抗日宣传活动，队长姚旦亲自指挥战时中小学生和国魂社少年突击队员、国魂剧社，开展四五十人的晨呼活动，唱抗战歌曲，演抗战戏剧，召开纪念抗战两周年大会。此外，为了提高民众的政治、思想水平，国魂社还开办青年学习班，讲授政治经济学、统一战线、民运工作和群众运动等课程。

　　由于抗日救亡工作出色，沈良元、费腾、李百冠、查慧智、顾福安、蔡志贤等被评为少年突击队代表，赴双林参加省政工2队年会，受到表扬。

　　1939年夏，中共吴兴县工委在双林镇成立；同年秋，经浙西特委批准，中共吴兴县工委改建为吴兴县委。中共吴兴县委成立后，各地基层党组织有了进一步发展。12月底，中共菱湖区委成立，菱湖区委直属中共吴兴县委。第一次区委会议，讨论加强青年工作和扩建少年突击队等问题。10月，许斐文发展姜乃惇入党。不久，姜乃惇发展曹爱文、张富之入党。后又有沈玉莲、章引宝入党。11月，王若谷在国魂社组织青年劳动服务团，并成立菱湖镇手工业联合会，在工人和店员中发展党员，成立店员党支部。经过发展壮大，国魂社支部党员共有 20 多人。

国魂社在共产党的领导下，和国民党顽固派及日寇开展了一系列斗争，牢牢掌握了菱湖地区抗日救亡运动的领导权。

1940 年 3 月 8 日，在国魂社组织下，菱湖妇女救国会举行纪念"三八"国际劳动妇女节报告会，全镇共有六七十人参加，省政工 2 队做了演讲。妇女救国会由姜乃惇、洪静芳、沈惠芬、查慧智负责。妇女歌咏队教唱抗战歌曲，在菱湖乡镇进行救亡宣传。3 月 29 日，日伪在杭嘉湖进行大"扫荡"，所有东路敌后游击队及机关团队全部撤至浙西，各市镇均为敌伪占领。国魂社少数社员与若干地方青年也都撤往泉溪、裕溪一带，所有省政工队人员亦全部撤至后方，坚持工作。

5 月 4 日，国魂社成员联络部分地方青年，在各乡散发抗日标语、传单，遭到国民党势力的疑忌。他们对国魂社成员及地方青年进行威吓，导致多数人重返菱湖敌占区，而国魂社仅留章树德、杨文虎、王洗、章增培、洪静芳、姜乃惇、王英、王维洪等 10 余人，坚持在泉溪乡的沿村及前垍等地经办小学，以等待时机。

这一年冬天，国魂社最终被国民党吴兴县党部勒令解散。不久，发生了震惊中外的皖南事变，抗日民族统一战线遭到彻底破坏，反共高潮再次兴起。国魂社大多数党员根据中共中央东南局"长期埋伏，隐蔽精干，积蓄力量，等待时机"的指示精神，转入地下活动。

二、戈亭诗派

戈亭诗派以《戈亭风雨集》得名。《戈亭风雨集》出版于 1944 年 12 月，选录了 35 位诗人的 303 首诗，《戈亭风雨集》是一部抗日的爱国诗集，主编为朱希，责任编辑为朱渭深。

戈亭是浙江德清东北部的一个村镇。30 余位诗人中有许多人当时在德清工作，编者也在德清。因此，张天方在《戈亭风雨集·序》中说"冠以戈亭，系地望也"。其中也有不少人既不是德清人而且从来没有在德清工作过，例如张天方、王养之、汪文妹、施叔范、曹天风、凌以安、楼大风、陆熙鑫等人当时都在德清境外的浙西地区活动。所以，张天方在序文里又说"集为浙西同人战时感怀兴念之作"。戈亭诗派是抗日战争时期浙西敌后的一个文学流派。

这个诗派中，有的是共产党员，有的是国民党系统的中下层军政工作人员，他们的阶级立场和艺术态度各有差异，因此后来所走的政治道路也不相同，但是当时他们毫无例外地响应了中国共产党关于建立抗日民族统一战线的号召，团结抗日，并因此走到了一起，至少在矢志不当汉奸这一基本点上是全部一致的。这就不妨碍他们在抗战文学史上作出不可磨灭的贡献。

> 歌颂伟大的抗日斗争，表现杀敌救国的雄心壮志，这始终是戈亭诗派的基本主题。他们在硝烟弥漫和血腥遍染中登场，呼吸着浓厚的时代气息，唱出了豪迈的时代强音。强烈的爱国主义精神成了他们全部作品的主旋律。雪耻御侮，收复失地，保卫祖国领土的完整和人民的安全，实现祖国的独立、自由和富强，这是广大人民的迫切愿望，他们素志，不是仅仅做一个诗人，而是为实现人民的共同愿望在抗日的实际斗争中做一名战士。[1]

诗集收录了朱希的《展盼》3首，诗歌洋溢着忠于祖国的豪情，具有高昂的战斗性。照录于下：

> 一
> 展盼荆襄意每摧，三春幽愤浪成堆。
> 胡蹄踏破江乡草，鼓角惊残午夜雷。
> 誓伴头颅宁碎玉，忍教心事付余杯！
> 中流我有澄清志，击楫何时奏凯回？

---

[1] 朱郭：《论戈亭诗派：爱国的强音》，《湖州师专学报》1988年第2期。

二

云山遥望若为情，历乱烽烟岁月更。
又听杜鹃春已去，未歼胡马气难平。
欲凭只手回天地，那有余情问死生！
久惯长征经万里，讵缘轻易戍三城？

三

抛却家山事镫鞯，不知问舍鄙求田。
每逢醉后思吞海，一到穷时欲卖天。
壮志未偿元草草，狂名尽负岂年年！
东皇莫倩垂杨系，快马还当走北燕。

作者朱希立马三吴，回首故乡"荆襄"，眼看"胡马""胡蹄"到处践踏祖国河山，面对弥天的"烽烟"和雷声般的"鼓角"，满腔的"幽愤"是永远"难平"的。朱希的壮志是"清中流""回天地""走北燕"，驱日寇。为了实现这一抱负，可以"誓伴头颅宁碎玉"，当然更鄙弃"求田问舍"、担心"死生"之辈。诗中直抒胸臆，充分显示了作者的人格魅力。

温永之的《钟家墩战役》描写了钟家墩战役的激烈残酷：

二十七年十一月，随朱司令在钟家墩，为敌所围，血战五小时围始解。
弹雨惊开野色昏，钟家怒月跃荒墩。
有金难买万忠骨，付与栖鸦老树村。

温永之笔下所呈现的，是死难烈士的群像。他的《钟家墩战役》是一个可歌可泣的英雄故事的艺术概括，根据自身亲历记载了 1938 年 11 月湖州市郊练市钟家墩的一场浴血战斗，可说字字是血。这场血战历时 5 小时，"万忠骨"是可惊的代价，极尽悲壮苍郁之意。

冯子鸣是一位风格豪迈、气势磅礴的诗人。他在淞沪保卫战中受伤致残，截除左腿，但保国雄心不减。在《负伤家居》中，他深感"易夺战场功，难享家庭福"；再次踏上抗日岗位，他写下《感事》："镇日南风作怒鸣，愁怀疑雨又疑兵。烽烟万里无家信，旷野孤城有炮声。几度国疡凋旧侣，遍山杜宇哭苍生。残躯昨夜光荣梦，依旧冲风事远征。"虽然离开家乡已远，周围环境又非常险恶，只要想起牺牲了的"旧侣"和灾难中的"苍生"，尽管拖着历经艰难困苦的"残躯"，唯一的愿望还是为国作战。

对祖国的热爱和对侵略者的仇恨，必然决定了对民族败类、"傀儡"、"沐猴"的斗争。许多诗篇对公开的和隐蔽的投降派作了揭露和指斥。"雪后江山如梦醒，眼前傀儡为谁忙"（蔡岫青《五年》），"多生牌肉悲戎马，一样衣冠笑沐猴"（冯默存《偶感》），这些诗句画出了为虎作伥、弹冠相庆的汉奸嘴脸。

在表达爱国热情的同时，诗人炽热的爱国主义思想感情，凝聚到一系列人物形象的描述中。这是戈亭诗派的又一个重要特点。

这些人物有长离故土、远戍天涯的征人，有英姿飒爽、与男子并驾齐驱的女战士，尤其有许多为保卫祖国而流尽了最后一滴血的先烈。

冯攒仁以富有悲壮色彩的《征人》为远征的战士作了写照："深闺夜夜离人梦，野幕年年战士家。"长年累月爱国恋乡之情时时撞击征人的心灵。更为鲜明生动的形象来自曹天风的《间关》，寥寥数语写活了一位活跃在山间的女游击队员："戎装肯复礼倾城？买醉溪楼送夕曛。绛雪满山缨系马，间关偏遇女终军。"身着戎装的诗人，在酒店举杯畅饮，然后踏着夕阳归队，经过开遍红白杜鹃花的山径，遇到一位查路条、问口令的女战士。诗中陪衬的话语很多，正面描述却只用最小限度的笔墨取得了最大可能的容量，使人一读难忘。

朱渭深的《灿棠辞》痛切地悼念一位由于"抗日有罪"而牺牲于国民党当局屠刀之下的爱国志士。史灿棠是江苏溧阳人，在湖州中学的师资训练班结业，任湖州师范附属小学教师，参加东北援马团，投身抗日救亡斗争。援马团被当局解散后，史灿棠在1934年因行刺日本大臣被南京国民政府捕杀。作者从报纸电讯中看到史灿棠被处决的消息，非常震惊。作者热烈歌颂了史灿棠不惜以身殉国的爱国主义精神，着重指出"不死沙场死法场，故教闻者感悲凉"，再次批判对外屈膝、对内镇压的顽固行径，预示了这种导致人心背向的反动政策的恶果。结尾表示无数后来人前仆后继地力抵于成的决心："最后胜利终属我，当有无数灿棠君！"这里明确表示史灿棠是杀不死、杀不完的，充分反映了广大爱国人民的呼声，同时也是对国民政府当局针锋相对的抗议。

戈亭诗派在发出战斗怒吼的同时，也广泛地展现出社会现实的图卷，主要是多灾多难的乡土的风景画、风俗画，艺术上大都言简意赅，凝练生动。

冯子鸣的《杂感四律》之一再现了农村的图景："水国风光长夏好，桑田万顷午风清。阳花满港疑无路，柳线牵蝉树有声。一棹烟波谁击楫？四郊狐鼠各谈兵。江南草长莺飞乱，忍听萧萧寇马鸣！"前半首完全是地道的水乡风光，后半首突然在宁静优美的画面上刮出了不和谐的音响，成了对前半首的否定。"狐鼠"，即打着抗日旗号的各种游杂部队甚至变相土匪的骚扰；"寇马"，即日本侵略军不时"扫荡"和践踏。诗中表现的鲜明反差，形成了艺术结构上的完满。由此可见，和平的生活秩序完全被破坏了，在富裕美好土地上生活的农家，随时都会出现家破人亡的惨剧。

在诗人的笔下，日常所见的农村，就只是"满目疮痍悲故垒"（冯默存《九日次渭深韵》）。正因为侵略者所经之处，破坏无遗，剩下的是"寥落人烟哀万劫，连绵兵火哭千家"（方幼壮《重九偶感》之一）、"四野可闻哭"（王养之《培心主任录示近作，献和元韵》），哪怕平常安谧的秋夜，不仅"凉宵呼吸有兵尘""不定萤如乱后情"，甚至到了虫声也在哭诉的地步，"虫声杂乱忧危重，亦似苍生不择言"（施叔范《秋夜三绝》）。

从艺术上说，《戈亭风雨集》所收的诗都是旧体诗，但它们在继承传统的基础上有所创新。这些诗是合乎规范的五律、七律、五绝、七绝以及古风和乐府，同时又流动着新的血液，散播着新的气息。它们已不是原来意义上的阳春白雪，而是属于贴近生活、深入浅出的新一类诗歌。

有的诗以含蓄取胜，有的诗以明朗见长。他们的诗一般属于后者，普遍具有鲜明的题旨和易于使人接受的外形，具有较丰富的内涵，又力求说深说透，淋漓尽致。风格上刚劲清新，疏朗晓畅，不太追求言外之意、弦外之音。这主要是由于瞬息万变的现实要求他们作出迅速的反应，随着民族抗战的爆发，高亢的时代洪音代替了浅吟低唱，诗意也就往往由朦胧走向明朗。这些诗常以议论入诗，在形象思维居于领先地位的前提下，不排斥说理，使说理增加抒情的深度，同时能注意到理念溶化在抒情之中，避免了质木无文的枯燥感。在表现手法上很少采用比兴，往往直陈其事，直抒己见，直接抒情。[①]

在语言上，这些诗注重通俗易懂、明白晓畅、意境鲜明，诗中大量吸收当时的口语，如"活力""热情""光荣""独立""热血"等新潮流词。有的诗适当吸收了新诗中较好的句子，如《灿棠辞》中"死文字赞不了不死汉"一句，出自胡适的《四烈士冢上的没字碑歌》。这些诗还往往有支撑全篇的警句，如"扬鞭怒马瞰中原"（冯默存）、"乾坤难闭户，家国莫凭栏"（王养之）、"每饭岂能忘国难"（江岳钟）等，这些诗句犹如百炼精金，闪烁有光，又如人的血脉贯通，全貌为之一振。

三、姚维新与《先锋报》

1938年3月，姚维新在新市创办了《先锋报》。

姚维新曾在创刊回忆中记述了报纸的诞生故事。1938年3月，年仅25岁的姚维新在新市天一布店当职工，经常与抗日义士褚元恺、吴辞炎见面。他们建议姚为救亡运动尽些国民责任，在新市镇创办一份秘密报纸，做些抗日宣传工作。于是，姚维新与同店职工高明扬、正锠布店失业职工陈剑鸣商量之后，决定办一份石印小报，取名《先锋报》，《先锋报》的地址就在新市镇的药王庙内。同时在新市创办的抗日小报还有《醒狮报》《抵抗报》《大无畏报》《无线电日报》《正言报》《吼声日报》等。

姚维新负责收听中央电台电讯，编撰标题并抄写，每天凌晨三四点就要收录，不熟悉北方语言的姚维新碰到战地地名需要一一查核地图，十分困难。高明扬协助办《手榴弹》副刊和绘制漫画；陈剑鸣借来了全套石印工具，包揽印刷和销售业务。

三人分工明确，编印事务进展有序。对开的报纸虽小却内容齐全，有电讯、新闻、诗歌、漫画、短评和从后方书报上摘录来的文章等。每天的销量有两三百份。然而，好景不长，布店的几个股东有些恐惧，姚维新考虑再三，为了

---

① 朱郭：《论戈亭诗派：乡土画及其他》，《湖州师专学报》1988年第8期。

不连累布店忍痛停刊。至此,《先锋报》仅出刊了 20 多期。

当年 4 月上旬,政局稍微安定,国民党第 79 师团长冯宗毅希望恢复出版《先锋报》,于是《先锋报》改名《抵抗》继续出版。但随着冯宗毅突然调到后方,陈剑鸣找到了工作,高明扬想去后方参加集训,《抵抗》最终被迫停办,出报也未满 30 期。

姚维新在回忆中专门提到,两报曾刊载过一些有影响的新闻,比如《八路军挺进平型关歼灭板垣师团》这一电讯曾使得报纸销量激增,其中也不乏《崇德县击毙汉奸》这样的自采新闻。有一次,国民党县长张友才从洛舍转道赴后方,押解一名日俘,洛舍女青年朱为先(著名作家张抗抗的母亲)采访后将稿件寄到新市登载。

当时还有多份抗日报纸在新市编辑出版。《战时快讯报》由新市青年范雨村、魏芝卿自费出版,社址在斗富弄。该报内容主要是摘抄上海、武汉等地广播电台播发的抗战消息,每日下午更新,张贴于新市东大街,围观者甚众。

《浙西日报》于 1938 年 2 月创刊,4 开 2 版。社长吴辞炎,主编张龙骧,新市青年李俊、钱慕潜等任编辑。该报主要编发社论、要闻及杭嘉湖游击区各部抗击日伪军消息,日发行量达 4000 份,主要销往吴兴、德清、桐乡、余杭等地。

这一时期,湖州地区的群众自发创办的抗战进步刊物还有不少。

> 在吴兴县,除《国魂》《雪耻》《自强》《新青年》以外,还有《战报》《铁血》《民舌报》《呼声》《大无畏》《抗敌五日刊》《新报》《战士大众五日刊》等。在德清县,有《先锋日报》、《浙西日报》、《浙西时报》、《怒火》半月刊、《烽火》周刊、《无线电日报》、《正言报》、《吼声日报》等。在长兴县有《抗建日报》《煤山呼声》等。水口镇出版的《抗战消息》,除了在本地发行外,还发行到外地,发行量达 900 多份。安吉县出版的抗日报刊有《动员旬刊》《政工导报周刊》《抗战吼声》《抗日简礼》《小溪口半月刊》等。[①]

---

① 中共湖州市委党史研究室:《中共湖州党史》(第一卷),中央党史出版社 2002 年版,第 87 页。

这些刊物及时报道了抗战消息，揭露了侵华日军的暴行，对激励人民群众的抗日热情起到了积极作用。可惜的是这些报刊缺乏坚实的领导，也缺乏稳定经费来源，大多不能正常出版，有的刊物只出了几期就停刊了。

除办报以外，湖州的新市人还以多种形式宣传抗日。新市人至今还记得在刘王庙内举办的抗日剧演出，有三四百人观看，场面十分热闹。

学生更是为了民族尊严积极投身到抗日救亡的洪流之中。当时湖州有一所美国人办的教会学校，名为湖州三余中学。湖州沦陷后，师生在校内发表演讲，声讨揭露日军的罪行，表现了极大的爱国救亡热情。许多学生投笔从戎，去天目山参加新四军和游击队。与此同时，德清县武康镇塘泾小学的教师白天教书，晚上誊写刻印抗日歌曲，装订成册，派人送到德清县城日军据点，同时在城内散发传单，张贴标语，宣传抗日。这些宣传大大激发了群众的抗日热情，坚定了当地民众的抗日决心。

四、《苏南报》和《整风》半月刊

《苏南报》是苏皖区党委的机关报，1944年10月10日正式创刊。

《苏南报》的前身是新四军16旅政治部主办的《火线报》。《火线报》由红三军团在福建创刊，在国共第二次合作时期，由新四军2支队接办，皖南事变后，2支队改编为16旅，继续出版发行《火线报》。1941年，《火线报》社成立。1943年冬，新四军16旅追敌南下，年底旅部进驻长兴槐坎仰峰岕，《火线报》也跟随部队来到了长兴。随着战斗形势的发展，中共苏皖区党委决定在16旅政治部《火线报》编辑部的基础上，成立《苏南报》社，作为中共苏皖区党委的机关报。《苏南报》的读者主要是区乡以上干部、小学教师和一般知识分子。

> 《苏南报》的任务主要是及时报道国内外时局动向和敌区斗争形势，宣传和解释党政军民各方面的工作方针、政策，教育干部群众，提高抗日政治觉悟，及时报道根据地的军事、政治、经济、文化、社会各方面的情况和实际工作经验，反映根据地群众的抗日民主要求，紧紧围绕每个时期的中心任务，积极动员与指导根据地全体军民，团

结一致，为此中心任务而奋斗。[1]

《苏南报》在长兴出版仅一年时间；但是，它在根据地人民当中有着广泛的影响，发挥了重要的战斗作用。1944 年 10 月，苏南行署召开各界人民代表座谈会和追悼邓仲铭副主任及抗战阵亡将士大会，《苏南报》及时报道了这两个会议的消息，公布了 7 年来新四军在苏南敌后抗战的战绩，揭露了国民党"消极抗战、积极反共"的错误政策，在群众中引起了巨大的反响；同年 10 月 28 日，《苏南报》发表了 16 旅政委兼苏南行署主任江渭清对记者的谈话，严正揭露了国民党假抗日、真反共的投降政策，江渭清列举了国民党在苏南派遣大批军政人员投降日伪，不断武装进攻苏南新四军等事实，呼吁各界人士一致奋起，制止这种亲痛仇快行动的发生，得到各界人士的有力支持。1945 年 1 月，《苏南报》及时报道了新四军苏浙军区的成立，发表了粟裕同志答记者问的谈话，阐明了抗战形势与苏浙皖边区党的今后任务，对巩固苏南抗日根据地和向浙西敌后进军，起到了积极作用。

1945 年 5 月，苏南和浙西区党委分别建立，内定《苏南报》改名为《苏浙报》，然而由于天目山第三次反顽战役开始，改名计划暂时中止。抗战胜利后，华中局把苏南、浙西两区党委合并为苏浙区党委，《苏南报》更名为《苏浙日报》。

为了反映整风学习的情况，苏皖区党委还创办了理论刊物《整风》半月刊，发表了新四军 16 旅政委江渭清的《直属队八个星期整风学习的经验教训》一文，此外还刊发了地委书记李广的《打破整风第一关——立下决心》、独立 2 团政委林胜国的《进一步开展我国整风运动》等理论文章。刊物上还开辟了《名词解释》栏目，对文化水平较低的党员干部进行辅导。

新四军进驻长兴后，开展了部队与地方的文艺活动交流。16 旅政治部创作的《山乡曲》反映了浙西人民踊跃参加抗日队伍的情景，受到当地军民的热烈欢迎。苏浙军区成立后，大多数支队都建立了部队文工队，在基层开展文艺演出活动，既丰富了部队生活，又密切了军民关系。与此同时，根据地各级党组织

---

[1] 欧阳惠林：《从〈苏南报〉到〈苏浙日报〉》，中共浙江省委党史研究室、中共湖州市委等：《浙西抗日根据地》，浙江人民出版社1992年版，第336页。

和抗日民主政府的文工队和歌咏队也纷纷建立，安吉县文工队由县长兼队长，有队员 30 多人。这些文艺团体，丰富了根据地军民文化生活，提高了抗日宣传效果，鼓舞了军民的抗日决心。

第六章 湖州地区的三支抗战队伍

1937 年 7 月 7 日，日军炮轰卢沟桥，发动了全面侵华战争，中国革命进入全面抗战时期。1937 年 11 月 18 日，日寇侵占南浔镇。一个多月后，整个湖州地区先后陷入日寇的铁蹄之下。日寇在湖州地区烧杀抢掠，无恶不作，湖州本是江南水乡，顿时成为人间地狱。

然而，湖州人民并没有被吓倒，他们奋起反抗。除了当地民众的自发斗争外，湖州地区出现了几十支抗日武装。这些部队人数多寡不同，武器装备各异，其中政治素质好、影响大的主要有 3 支队伍，分别是郎玉麟的"吴兴县抗日游击大队"、李泉生的"人民抗日义勇军"、朱希的"'孝武安长吴'吴兴军游击队"。这 3 支武装在共产党的影响和指导下，一次次给日本侵略者迎头痛击，成为湖州地区开展敌后抗日武装斗争的中坚力量。

一、郎玉麟的吴兴县抗日游击大队

郎玉麟（1911—2006），1911 年出生于湖州弁南潘店村，早年就读于浙江省立第三师范学校。1930 年，他在陶行知"以学校为中心改造社会"的教育思想指导下，回到家乡潘店村任教。

当时的郎玉麟颇有忧国忧民的思想，对陶行知奉行的教育理论十分钦佩。回到潘店村后，制订了改造和建设新农村的计划。在当时的吴兴县县长李公侠的支持下，郎玉麟实施了为农村做好事的计划。

郎玉麟

第一，帮助农民增加收入。郎玉麟与县养蚕指导所取得联系，办起了养蚕合作社，大力推广改良蚕种，采用新方法养蚕，提高了蚕茧的产量，增加了农家的收入，受到了农民的欢迎。

第二，减轻农民受剥削的程度。郎玉麟针对当地高利贷"借五还六"以及农民卖"青稻谷"的现象，在当地办起了"粮食储押仓库"。秋收后，农民不必把口粮低价出售，而是拿到"粮食储押仓库"来抵押。这就减少了农民的损失。

第三，举办成人教育。针对当时农民缺少文化的现象，郎玉麟办起了农民夜校，组织农民识字认理，开化民智，破除迷信，在当时产生了很大的影响。

郎玉麟的这几个举措除了受到当地农民的欢迎外，也得到了当时浙江省教育厅的欣赏。但此后，由于在经费使用上的失误，郎玉麟被判刑10个月。不久无罪释放，但郎玉麟因此失业。

在失业期间，郎玉麟与同学贵诵芬、史之华来往较多，他们给郎玉麟介绍了《大众哲学》等进步书籍，郎玉麟的思想受到极大启发，政治思想上跳出了陶行知的理论体系，逐渐倾向于共产主义。于是，郎玉麟决定去上海与贵诵芬见面，想通过他找到共产党。

郎玉麟在上海找到了同学贵诵芬，把自己在湖州的一切经历告诉了他，明确表示了想找到共产党的想法。出于地下斗争的严酷，当时贵诵芬只是表示同情，并没有答应，但表示一定替郎玉麟想办法。

"一二·八"事变后，贵诵芬回到湖州，并来到了潘店，住在郎玉麟的家里。当时，郎玉麟和贵诵芬在潘店收听新闻，并记录下来，再用钢板刻印出来，以油印的《战时消息》的名义广为散发。当时的农村，信息闭塞，因此《战时消息》起到了宣传抗战、鼓舞人心的作用，很受大家的欢迎。

这时，有两个人的到来，让郎玉麟的人生历程发生了重大变化。这两个人就是王文林和彭林。1937年11月，王文林和彭林原计划去青浦领导抗日救亡运动，但由于青浦已经沦陷，无法前往，他们便经杭州来到湖州。通过共产党员贵诵芬再来到潘店，与郎玉麟见了面。王文林和彭林对郎玉麟宣讲了延安党中央发布的《抗日救国十大纲领》和其他政策，让郎玉麟大开眼界，村上的其他进步青年也都来听讲。王文林和彭林提出要组织成立"流亡抗日工作团"，村上的许多青年人都报了名，郎玉麟是第一个报名的。

"流亡抗日工作团"在安吉梅溪时，遇上了当时的吴兴县长王崇熙，王、彭、郎三人向县长晓以民族大义，希望他能在民族危亡之际，组织民众就地抗战，此举得到了王崇熙的同意。王文林、彭林和郎玉麟三人决定就地招收两三名有志青年，在梅溪开设一个抗战训练班。训练班分成两个组，游击组和民运组。游击组由彭林和郎玉麟负责，民运组由王文林和温永之负责。后来训练班撤到递铺。在这段时间里，郎玉麟经常与王文林、彭林接触，初步了解了共产党的基本理论、方针和政策，也学到了不少实用的军事知识和技能。郎玉麟的思想觉悟不断提高，他深深感到，中国只有走俄国的革命道路才有出路。郎玉麟多次提出加入共产党的希望，后来，1937年12月16日，在王文林、彭林的介绍下，郎玉麟光荣地加入了中国共产党，入党仪式是在递铺的一家小饭馆里举行的。

入党后，郎玉麟抗日的意志更坚决了。他回到潘店，在抗战训练班的基础上，成立了吴兴县抗日游击大队。离潘店不远的何家埠南面的山里有一个叫同盟寺的古庙，地势隐蔽，一般人不易觉察。抗日游击大队的成立大会就是在这座古庙里举行的。郎玉麟任大队长，王文林任政训员，彭林任参谋，温永之任民运组长，陈文霞任文化教员，周少兰、徐锋任中队长，吴忠任通讯员，全队共有58位战士。这是在共产党直接领导下的浙西第一支抗日武装。这支队伍建立后，打击了日军的嚣张气焰，鼓舞了当地民众的抗战斗志，虽几经挫折，但在浙西地区留下了威名。

1. 初战传捷报

吴兴县抗日游击大队建立之初，就打了几个漂亮仗。游击队成立不久，接到日寇出来"扫荡"，驻在妙西南埠的情报。郎玉麟想，队伍成立起来了，一定要让战士练练兵，打他一家伙，借以提高士气。当时，郎玉麟与彭林、王文林商量，决定好好教训日寇一番。他们认真部署了战斗细节，制定了扬长避短的作战方针。这里的"长"是指地形熟悉，能乘敌不备；"短"是指人少、武器差，缺乏作战经验。抗日游击大队分成三组，分别由王文林、彭林和郎玉麟带领，由熟悉地形的战士带路，悄悄接近日寇的驻地。他们从三个不同的地方同时向日寇驻地扔了手榴弹。日寇被炸得晕头转向，死的死，伤的伤。在日寇慌乱之中，郎玉麟部队安全地撤出了阵地，所有战士无一伤亡。

过了几天，日寇又出来"扫荡"，抗日游击大队选择了一个有退路、容易隐蔽的有利地形设伏。一等日寇进入伏击圈，战士们就用步枪和手榴弹痛击，打得日寇丈二和尚摸不着头脑，日寇连游击队战士在哪里都不知道，就已经伤亡不少了。最后，日寇只好落荒而逃。

这两战两胜的战斗，扑灭了日寇不可战胜的嚣张气焰。他们从上海入侵，把国民政府军打得狼狈不堪，原以为所向披靡，没想到在妙西这个小乡村被打得落花流水。这两次战斗虽小，但提高了抗日游击大队在当地的威信，坚定了大家抗战的决心。接下来，战士们的"胃口"也大了，都希望打一次像样的战斗。在这样的胜利形势下，郎玉麟便发动了潘店打击日寇汽艇的战斗。

从湖州到安吉梅溪有一条水道，即西苕溪河。河上常有日军的汽艇来回巡逻，而郎玉麟部队所在的潘店是必经之处。潘店所处的地理位置非常有利于打伏击战，苕溪的南岸和北岸都有斗埭，犹如天然的战壕。南岸背靠金斗山，北岸有大片树林和坟墓，有利于队伍的隐蔽和撤退。如果日军的汽艇经过潘店，南北两岸一齐开火，必可置日军于死地。但考虑到部队战斗力不足，郎玉麟一时下不了决心。正在这时，有一支溃退下来的国民政府军驻扎在潘店附近，郎玉麟觉得这是一个好机会。于是，他和王文林就与这支部队协商。一方面帮助他们解决粮食问题，另一方面动员他们参加打日军汽艇的战斗。最后，这支国民政府军同意参战协助。于是，郎玉麟没有顾虑了，决定设伏，打击日军汽艇。

那天，11艘日军的汽艇大摇大摆开进苕溪，一等汽艇进入潘店附近，郎玉麟一声令下，埋伏在苕溪河两岸的游击队员向日艇猛烈开火。步枪声、机枪声和手榴弹声响成一片。日军的汽艇顿时被炸沉了8艘，其余3艘掉头就逃。不到1小时，战斗胜利结束。等到日军援兵赶来时，郎玉麟率部早已安全转移。日军什么也没找到，恼羞成怒，放火烧毁了潘店和附近村子的房子。

这次汽艇伏击战，大获全胜，打响了郎玉麟部队的声誉。日军吃了大亏，断定潘店附近有抗日队伍，可又摸不清郎玉麟部队的底细。1938年2月5日，《新湖州报》登载了一条日军自吹自擂的消息："抗日分子郎玉麟，率领残部，图扰杭州，经皇军迎头痛击，已仓皇溃逃。"谁知这条假消息替郎玉麟部队免费做了宣传，让湖州百姓知道，湖州地区有一支郎玉麟部队正在积极抗日。湖州地区的不少百姓送子弟前来参军，亲切地称这支部队为"郎部"。

2. 红枪会脱险

1938年春，在浙西地区，红枪会应运而生。红枪会是利用民间的迷信而发展起来的武装团体。红枪会标榜"治匪安民"，也主张攻打日军。这符合当时百姓的心理，红枪会因此发展较快。郎玉麟等认为，红枪会中大多数成员是贫苦农民，只要加以一定的引导，就可以成为有用的抗日力量。因此，郎玉麟对他们一直以礼相待，努力做他们的统战工作。当然，其间也发生了令人惊心动魄的事件。

1938年3月中下旬，为了扩大队伍，郎玉麟与彭林率领五六十个战士向吴兴东乡进发，并驻扎在织里附近的瑞祥兜。此时，来自长兴的红枪会也到了路东，而且住在离瑞祥兜不远的东桥村。郎玉麟一看对方是红枪会，未多加防备。一天晚上，红枪会也来到了瑞祥兜，意想不到的事发生了。郎玉麟在《我的回忆》中写道：

> 当晚，他们也到瑞祥兜来，我们还排了队去欢迎他们。谁知道，就在我们列队欢迎的时候，他们人多势大，趁我不备，一下子就把我们的武器全部缴去，人员全部被俘，徐锋同志的大腿上被戳了一枪。彭林同志也负了轻伤。等我知道这个消息后，预感到很麻烦。我们游击队的所有家当叫他们一下子全弄去了，而且彭林也被抓去，事态十分严重。但又不能鲁莽。怎么办？我想来想去，只有去同他们讲理，晓以民族大义这一办法。根据我在西乡和红枪会打交道的经验，我深信红枪会里的广大成员都是痛恨日本鬼子的，是愿意和我们部队友善的，只要工作做到家，冲突是不难解决的。当然，这股从长兴来的红枪会，其头头如何，背景如何，尚不清楚。因此，也应该做好最坏的准备。在思考和研究再三之后，我卸下了自己的木壳枪，同温永之夫妇和郑鑫煜，徒手到东桥村去找他们的头头谈判。他们知道我亲自徒手去谈判的消息以后，在东桥村中的大街两旁都布满了队伍，剑拔弩张，杀气腾腾。一眼看去，一个个头包红布，手持红缨枪，威风凛凛。我们四个人就从由红缨枪尖所拼成的弄堂里进村的。
>
> 我们一进村，就被领到一个大厅里。我说，我要找你们红枪会的头头讲话，但坐在一旁的那个姓范的头头一句话也没有说，满脸杀气。这时，只见坐在大厅中的那个汉子，猛然把衣服一脱，又蹦又跳，喝

了一大盆水，"菩萨上身"了。他用一种令人毛骨悚然的奇腔怪调大声叫喊："大土匪来了，郎玉麟来了！要把他抓起来，杀他的头，要他把全部枪支都交出来。他还有枪！要杀他的头……"我一听就明白了，这帮家伙并不以已拿去的几十支枪为满足，认为我们还有枪，要诈出来；拿不出来，我的命就难保！这比我们来谈判时设想的情况更棘手，也为这次谈判的进行打上了黑暗的阴影。但是，不管情况如何坏，也要尽力按预想的计划施行，尽自己的一分力量。我正要对"巫师"的话进行答辩，没想到，他们一下子上来了几个人，把我反绑了起来，一下子场面更为紧张。①

郎玉麟原本设想的和谈一下子成了僵局。在被绑后，郎玉麟没有冲动，而是冷静地对红枪会讲道理。他说，红枪会是抗日的队伍，我们也是抗日的队伍，我们要一致对外，不要自己人打自己人。郎玉麟发自内心的话，虽然感动了不少红枪会会员。但是，红枪会的首领还是坚持要武器，不交出武器就要杀头。红枪会的首领见郎玉麟压不服，就真的把他拖到了大厅外的刑场上，还把彭林也押到了刑场。在这样的情况下，郎玉麟意识到自己的生命快要走到尽头了。然而，郎玉麟并没有灰心。他想，自己是一名共产党员，为了抗战而死也是死得其所。他决定在临死前，再一次对红枪会晓以民族大义。他大声说：你们杀了我，对你们没有任何好处。我是抗日游击队队长，这一带老百姓都知道我们是抗日的队伍。你们如杀了我们，抢走了我们的枪，你们如何面对百姓？你们只会留下杀害抗日战士的恶名？郎玉麟声泪俱下，越说越激动。此时，彭林也向红枪会慷慨陈词，向红枪会说明枪是用来打日本人的，是不能随便交出来的。没有了枪就削弱了抗日的力量，我们绝不能做破坏抗日事业的事情。

郎玉麟和彭林的刑场演说感动了不少红枪会会员。最后，红枪会决定推迟行刑的日子。正在这时，传来了汽船的声音，日军来进攻了。顿时，红枪会乱成一团，其首领手足无措。看到这个情况，郎玉麟高喊一声，告诉大家不要乱跑，要镇定，日军离这里还远；并告诉红枪会会员，要有秩序地撤离这个村子。

---

① 郎玉麟：《我的回忆》，湖州新四军学会，2011年，第35—36页。

红枪会首领看到郎玉麟镇定有主意，就为郎玉麟和彭林松了绑，向郎玉麟请教如何应对日军，郎玉麟指挥大家向南撤。这时，红枪会会员一看首领都听郎玉麟的，就消除了敌意，按照郎玉麟的指挥撤退。在撤退的路上，郎玉麟又耐心向红枪会首领宣传共产党的《抗日救国十大纲领》的内容，并介绍打仗作战的基本指挥要点。红枪会首领觉得郎玉麟是真心抗日的硬汉子，又帮助他们突围，就改变了对郎玉麟部队的看法。最后，红枪会同意把彭林等被俘同志全部释放，并发还了部分武器。

3. 整编不忘红心

1938 年夏天，浙西湖州一带各种武装力量经过大浪淘沙，最后剩下来的并不多。此时，郎玉麟的部队也面临着生存的危机。其一，原先与上级党组织联系的王文林同志已经牺牲，因此，郎部与共产党的联系中断。其二，部队的给养存在较大的困难。此时，吴兴县政府来了一个叫杨哲夫的县长。杨哲夫成立了"吴兴县行动委员会"，并把郎玉麟列为委员兼军事组长，目的是把郎部收编，并答应对郎部供给武器、弹药和给养。郎玉麟和彭林反复进行了考虑和商量。考虑到部队的给养量很大，如果自己筹募，存在着一定难度；如果答应收编，这一问题就迎刃而解。此外，郎玉麟觉得自己是军事组长，是带部队的，可以独立行动。最后，"郎部"决定接受整编。整编后，杨哲夫给了"郎部"一个番号——"浙江省吴兴县抗日自卫大队"，全大队共一百四十人，郎玉麟任大队长。

郎玉麟的部队被收编后，新四军和共产党浙西特委十分重视这支部队。1938 年 7 月，新四军军部派唐民和吴林枫两位同志与郎玉麟取得了联系，郎玉麟让他俩在自己的部队里工作了一段时间。后来，彭林去新四军汇报工作，回来时带来了孙秉夫和陈祖猛两名党员干部，充实了郎玉麟部队的干部队伍。

1939 年 2 月，中共浙西特委成立，并派顾玉良同志来浙西任特委书记，顾玉良把特委机关设在郎玉麟部队的驻地安吉小溪口，彭林同志兼任特委的组织部长。这时的郎玉麟部队实际上成了浙西特委的部队，各方面受到党的关怀和培养。1938 年底，抗日战场向武汉转移，浙西地区已成为日军的"后方"。当时的国民党浙江省政府和第三战区司令顾祝同，对江浙两省敌占区的自发抗日武装进行了整编，郎玉麟部队被编为"浙江省第一区抗日自卫总队"第 3 大队第 9 中队。其实，当时的郎玉麟部队人数已经不少，如加以补充，完全可以编成一个大队，但由于郎玉麟部队共产党色彩太浓了，国民党担心为共产党所利用，因此只把郎玉麟部队编为一个中队以便控制。

整编后，郎玉麟部队被调到小溪口集训，但郎玉麟为了保持共产党抗日部队的特色，在部队里建立了"文林室"，用文字和图片的形式传播共产党员王文林的事迹，对战士进行教育；并在部队成立一周年时，在浙西的《民族日报》上发表庆祝文章，扩大了部队的影响。

4. 路东、萧山的抗敌活动

1939 年春天，接替杨哲夫的吴兴县长方元民经浙西行署批准，借调郎玉麟部队，随他到吴兴路东，帮他开辟和恢复县政权的工作。这时，郎玉麟部队被改为"吴兴县抗日自卫大队"。到了路东，郎玉麟部队在一定程度上脱离了国民党的控制，战士们情绪十分高涨，他们打日寇、锄汉奸、清土匪，在当地扩大了影响。

有一次，彭林带了一个小队把从湖州出来扰民的一个伪军排包围歼灭，缴获了轻机枪 1 挺、步枪 10 多支。郎玉麟部队还在菱湖安润桥伏击了日军的汽艇，打沉 1 艘，击毙了不少日兵。

除了打击日伪，郎玉麟部队还清剿当地恶霸、土匪，为民除害。当时，太湖里有一个女匪首，30 多岁，年纪虽不大，但心狠手辣，杀人如麻，民愤极大。郎玉麟部队到路东不久，就想办法把她活捉了。女土匪为了活命，多次送钱求情。但郎玉麟部队不为所动，最后还是把这个作恶多端的女匪首枪毙了。消息一传开，当地百姓无不拍手称快，部队也因此提高了威望。

郎玉麟部队在吴兴活动了七八个月后，于 1938 年 11 月奉命回归浙江省第一区抗日自卫总队建制。1940 年 1 月，日军从杭州过江，偷袭萧山成功，并向临浦和绍兴进攻。此时，郎玉麟部队被调往前线，与国民政府军一起参加阻击战斗。郎玉麟部队奋勇杀敌，部队损失惨重，最后，挡不住日军的炮火，退守在临浦与柯桥之间布防。郎玉麟部队的驻地有一座大石桥，国民党军队溃逃时，在河里扔了不少武器，郎玉麟下令战士下河打捞，结果捞到了 2 挺轻机枪，20

多支中正式新步枪。但由于郎玉麟部队属于总队管辖，枪支必须上交。郎玉麟想用旧枪换新枪上交，把机枪留给家乡的弟弟使用，结果也被发现而没有实现。

5. 重返浙西，坚持抗战

萧山战役后，郎玉麟和彭林急于找到党组织，寻求新的发展方向。经过多次曲折的寻找与接头，终于见到了当时的省委书记刘英同志。刘英作出了如下指示：要长期隐蔽，积蓄力量，等待时机；在部队里不要公开进行党的活动，郎玉麟部队的组织关系，直接归省委管。刘英同志热情地鼓励郎玉麟和彭林，不要小看自己，应当重视自己的力量，为将来党的军事力量的发展打好基础。当时，郎玉麟向刘英表示了自己想回到浙西老家，重新发展部队的想法，而现有的部队由彭林一人负责就可以了。刘英表示可以视具体情况而定，如保证原来的部队不出问题，新发展部队是完全可以的。最后，郎玉麟和彭林决定回部队摸一下情况再定。

回到部队后，郎玉麟向浙西行署主任和专员分别写了信，表示愿回浙西重新组织武装攻打日军。在得到首肯后，郎玉麟就返回家乡，重新组织抗日武装。回到递铺后，郎玉麟首先与中共浙西特委接上了组织关系，他到莫干山下的庚村找到了特委书记顾玉良同志，向顾玉良递交了彭林的亲笔信。郎玉麟还向顾玉良汇报了国民政府拉他加入国民党的事，当时，国民政府专署也需要郎玉麟拉起队伍来协助他们对日寇占领区进行经济封锁。郎玉麟被分配在递铺的第二经济封锁处，部队的番号是"浙西第二经济游击大队"。国民政府专署还给郎玉麟发了大队长委任状，给了五六十支枪，并要求郎玉麟加入国民党。

顾玉良明确表示，为了革命工作需要，可以加入国民党。经浙西特委同意，郎玉麟回到递铺后，立即填写了国民党员登记表。加入了国民党后，郎玉麟开展工作、组织部队十分顺利。不久，队伍就拉起来了。为了保证把部队控制在共产党手中，郎玉麟采取了三条措施。第一，军事干部大多任用以前留在浙西的老战士。当时，郎玉麟接受国民党改编时，一部分人不愿意去，留在当地。现在，他们知道郎玉麟又回来了，又都归队了。因此，在短短的时间内，郎玉麟就组织起了一支200多人的队伍。第二，郎玉麟把部队的指挥权牢牢掌握在自己手中。他把部分队伍分到各个封锁站，表面上配合国民政府的工作，但在身边总是留有一半的队伍，为随时打击日军和伪军作准备。第三，思想教育上，郎玉麟在士兵中大力宣传共产党的抗日民族统一战线的方针和政策，所用的教材就是毛泽东的《论持久战》。因此，这支队伍表面上是国民政府的部队，其实成了共产党的一支有力武装力量。在浙西特委的领导下，打了几次漂亮仗，赢得了百姓的拥护。

郎玉麟在任"浙西第二经济游击大队"大队长时，有一个叫周少兰的同志在长兴虹溪区署当区队长，这个周少兰曾经是郎玉麟部队的中队长。当时，周少兰因廉价收买了国民党第 62 师逃兵偷出来的一挺轻机枪而遭到追捕。他向郎玉麟提出要假装投降日寇，随后再把一支伪军队伍拉出来。周少兰要郎玉麟把他家的房子烧了，造成背叛的假象，以迷惑日军。然而，日军始终怀疑周少兰的诚意，并没有把组织伪军的任务交给他。最后，郎玉麟觉得周少兰再在日军那里待下去已经没有意义了，就让他摸清湖州西门外伪军第 1 师特务连的情况，之后里应外合，把伪军消灭，为民除害。周少兰不负众望，很快就摸清楚了特务连的人员和武器配备情况。

1941 年 4 月 27 日晚上，郎玉麟率部和他的弟弟相季贤会合，共有 40 多人，带着短枪，趁着黑夜，秘密渡河，穿过麦地和蚕豆地，摸到伪军营房附近。郎玉麟让大队长李谟焯带人去攻打公路大桥上的碉堡，自己率领 20 多人攻打伪军营房。郎玉麟用木壳枪击毙了哨兵，带人冲进营房，20 多支短枪一齐开火，把尚在睡梦中的一连伪军全部消灭。随后，郎玉麟带领部队迅速撤出了战场。湖州城内的日军听到枪声，也不知道发生了什么，不敢贸然出来增援。这次战斗，共缴获轻机枪多挺，短枪六七支，步枪 40 多支，极大地鼓舞了部队的士气，只可惜周少兰同志光荣牺牲。战斗结束后，郎玉麟为周少兰召开了一场大规模的追悼会，并给他的家人重新盖了房子，以示抚恤。

郎玉麟部队还除掉了当时的一个汉奸头子余应山，为民除害，受到当地百姓的一致称颂。

余应山是长兴李家巷一个游手好闲之人，李家巷成了日伪据点后，余应山投靠了日军，当上了李家巷绥靖自卫军大队长。从此，他带了一帮地痞流氓，助纣为虐，枉杀无辜，把李家巷闹得鸡犬不宁。他甚至专门袭击在寺庙避难的普通百姓，抢劫财物，糟蹋姑娘，在当地民愤极大。由于他在日军面前像狗一样摇头摆尾，民间给他起了一个绰号——"小摆尾子"。余应山知道郎玉麟部队要除掉他，就加强了防守，郎玉麟一时难以下手。

后来，郎玉麟终于找到了机会。余应山有一个贴身勤务兵叫胡来宝，他有一个相好，是丁家村一个叫菁菁的寡妇。菁菁的丈夫原来也是余应山手下的土匪，后来因土匪火拼而死。由于菁菁住的丁家村离郎玉麟部队所在潘店村不远，有一次，胡来宝托人带信给郎玉麟，表示不想再当汉奸，愿意将功赎罪，但希望成全他与菁菁的姻缘。郎玉麟告诉胡来宝，希望他看清形势，把握自己的命运，弃暗投明，带游击队进李家巷据点，除掉余应山这个汉奸。

最后，郎玉麟设计了一条"美人计"，引诱余应山上钩。李家巷有一爿豆腐店，其实是郎部的联络站。为了捕杀余应山，菁菁在豆腐店里当起了伙计，并故意说，男人死了活不下去了，只好来卖豆腐了。"豆腐店来了一个俏寡妇"——风声一下子就传开了。余应山听到了这个消息，不由动了心。他时常带卫兵故意在豆腐店门前走来走去，见到菁菁打个招呼、抛个媚眼。菁菁也假意热情，有时还嫣然一笑，以引余应山上钩。过了几天，豆腐店作坊老板特意请余应山来店里喝酒，假托余应山为他在镇上物色一个好门面。菁菁打扮得漂漂亮亮的，替余应山烧菜倒酒，显得十分热情。

酒过三巡，余应山喝得有几分醉意。此时，作坊老板借故离开了一段时间。见店里只有菁菁一人，余应山就对菁菁动手动脚。菁菁故意说，白天不行，要等到夜里才行。

一天晚上，迫不及待的余应山偷偷来到豆腐店。店主阿吴及时从后门溜出，去向郎玉麟报告。菁菁装作没有办法，开了门。余应山进门后，要菁菁陪他喝酒。菁菁想机会来了，就假意殷勤，拿出了烧酒、花生米，煎了荷包蛋，陪余应山喝了起来。不一会儿，余应山喝得半醉，话也讲不清了。他脱光了衣裤，把手枪放到了床前的桌子上。此时，菁菁乘机吹灭了桌上的煤油灯。吹灭油灯，其实是菁菁向郎部发出的信号。店主阿吴向郎部通报余应山来的消息后，胡来宝和郎部的游击队员就埋伏在外面。看到菁菁发出的信号，郎部游击队员冲进房间，把余应山捆了起来。余应山拼死反抗，菁菁拿起榔头将他打昏。最后，余应山被郎部游击队员带到荒郊一枪毙命。

第二天，豆腐店照样开店做生意。李家巷的日伪却因大队长失踪陷入一片恐惧之中。汉奸余应山被击毙，灭了日伪的威风。李家巷的群众知道消息后，无不拍手称快。

6. 智取三里亭哨卡

湖州西门外有一个三里亭，这是日伪军的哨卡和税卡。这个哨卡的建立是"绥靖自卫大队"第 2 区队长殷银生和手下的一个排长刁占山的"杰作"。当时，为了防备和限制郎部的抗日活动，殷银生和刁占山商议，在三里亭盖几间房子，配备若干武器，作为进出湖州的哨卡。一方面，可以隔断郎部游击队与湖州和东乡的联系；另一方面，作为税卡，可向来往的行人和船只敲诈勒索。

日伪这一手果然毒辣。三里亭哨卡建立后，郎部的活动受到了极大的制约，只好暂时撤离苕溪，转移到妙西、和平一带活动。日伪对此十分高兴，刁占山升官当上了连长后，气焰更为嚣张。他召集了西乡苕溪两岸的保甲长前来训话，还颁发了抓获郎玉麟赏 2000 块大洋的告示。一次，游击队员沈大庆去湖州城南岳母家吊孝，在三里亭被认出而光荣牺牲。与沈大庆同行的一个修自行车的工人也无辜受累，惨遭酷刑。而刁占山更加猖狂，口出狂言，说要在 3 个月内提着郎玉麟的脑袋去见日军中佐。

为了打击日伪的嚣张气焰，经过周密安排，郎部决定铲除这颗毒瘤。郎部派副区队长陈祖猛带领 10 多名战士袭击三里亭哨卡。当陈祖猛带人进入哨卡附近时，三里亭的敌人从暗哨里向游击队员射来了密集的子弹。原来，刁占山诡计多端，在三里亭除了有明哨外，还布置了不少暗哨。激战中，陈祖猛寡不敌众，两名队员受伤，自己也在脖子上吃了一枪。最后，只能率部撤退。这一下，刁占山更加不可一世了。第二天的《新湖州报》，刊登了《三里亭哨卡全歼郎玉麟部》的快讯。刁占山受到日军的赏识，胆子越来越大，凭借着三里亭的有利地势，敲诈勒索，鱼肉乡里，无恶不作，成为当地一霸，当地群众对他恨之入骨。

郎部虽然第一次袭击三里亭哨卡没有成功，但闻知刁占山如此张狂，决定铲除三里亭哨卡。郎玉麟和彭林召集骨干商量消灭刁占山的办法，并提出了对敌斗争的不少疑点。

　　为什么三里亭哨卡就一下子能查获并杀害游击队员沈大庆？为什么陈祖猛副区队长带十几名游击队员，夜袭三里亭哨卡，会遭到敌人强有力反击，似乎敌人有所准备……这一系列的疑点，使大家联想到刁占山曾将西乡苕溪两岸的保甲长弄到哨卡训话，威胁谁晓得郎玉麟的活动不报告，以通匪论处。是否潘店一带、游击队周边也出了内奸，或是有仇视游击队的通敌分子？因此，大家一致认为，在游击队周边地带发动民众，开展一肃反除奸活动很有必要。[①]

　　郎部除奸活动开始后，目标锁定在了潘店的刘阿坤身上。刘阿坤是妙西大地主刘阿丙、刘阿柱兄弟的亲戚。日军入侵湖州时，刘阿坤在湖州维持会当差。三里亭哨卡建立后，刘阿坤潜回潘店，负责收集情报。了解到这一情况后，游击队员趁刘阿坤在茶馆喝茶之际，抓捕了他。经过审讯，了解到刘阿坤虽然负责打听游击队活动的情报，但实际上并没有干过大的坏事，也没有向刁占山提供过实质性的情报。刘阿坤说，他这样做也是迫于无奈，都是远亲刘阿丙、刘阿柱兄弟逼的。

　　郎部对刘阿坤进行了严肃的教育，讲明了利害关系，希望他改邪归正，站到人民一边。刘阿坤见郎部对他宽大处理，表示要将功赎罪，为抗日做点好事。于是郎玉麟设计了一条智取三里亭哨卡的妙计。

　　一天，三里亭哨卡前来了一艘航船，船里出来了一个身穿长衫的"乾昌酒厂沈二老板"。沈老板说，明天是他堂弟结婚的日子，新娘子是高中时的同学李小薇，只是李小薇的父母从小就把她许配给了杨家埠的王家，因此，明天送亲时，怕王家到三里亭抢亲。因此，劳驾刁连长派几个兄弟进行保护。说完，沈老板拿出来2根金条，放在刁占山的手里。刁占山见钱眼开，答应在三里亭前后百米之内打好招呼。

　　沈老板离开后，刁占山派刘阿坤到潘店打听虚实。其实，这位沈二老板就是郎玉麟假扮的，这一切都是郎玉麟的安排。这样，刘阿坤打听到的消息证实了确有沈二老板所说的婚事。

————————

①　沈鑫元：《湖州"郎部"抗日英雄传》，中国文史出版社2015年版，第248页。

第二天上午，沈老板的婚船来了，苕溪河里响起了送亲的鞭炮声。婚船上下来4个伙计，抬着2个装满了礼物的竹筐。刁占山把沈老板带进里屋。沈老板向刁占山亮明了身份，刁占山吓得不知所措。此时，外面的游击队员向伪军发起了袭击。刁占山见势企图向日军求助，被郎玉麟一枪击中手臂，瘫坐在地，乖乖就擒。

苕溪岸边还有一批来"抢亲"的人马，其实也是郎部的游击队员。此时，他们乘机向三里亭的巡逻艇发起进攻，船上1个班的伪军全部被歼。

等到日伪军闻讯赶来时，三里亭哨卡已经被烧成了断壁残垣，此时的郎部安全撤离。

7. 经历挫折，重新入党

郎玉麟率部在打击日伪的斗争中，取得了一个个胜利。此时的郎部仍然挂着"浙西第二经济游击大队"的名义，表面上是国民政府的部队。国民党浙西行署对郎玉麟进行了嘉奖，并提升郎玉麟为中校军衔。

时间已经到了1941年，其时正是国民党发动第二次反共高潮之际。为了应对白色恐怖，保存革命力量，中共浙西特委决定让郎玉麟率部向新四军苏南根据地转移。

有一天，特委书记顾玉良约郎玉麟做了一次极为重要的谈话。顾玉良分析了当时的抗日形势，阐述了国民党在浙西的种种倒行逆施。顾玉良指示："'浙西第二经济游击大队'的积极抗日活动，在部队中采取一系列不同于国民党部队的政策，已引起国民党顽固派的注意。为保存这支部队，特委要求郎玉麟以党的利益为重，迅速率部撤往苏南根据地。"[1] 然而，郎玉麟没有意识到当时的危险，认为国民党浙西行署并没有怀疑他，再加上自己是当地人，可以凭借地利和人脉优势开展工作，不同意率部向苏南撤离。随着浙西斗争形势的恶化，顾玉良于1942年初秘密撤往苏南，而郎玉麟仍坚持己见。从此郎部与中国共产党失去了联系，遭受了一系列挫折和失败。

由于浙西党组织撤往苏南，浙西的斗争转入低潮。国民党以郎玉麟不是正

---

[1] 杨友宝：《浙西第一支党领导的抗日武装》，郎玉麟：《我的回忆》，湖州新四军学会，2011年，第115页。

规军校毕业为由，调郎玉麟为浙西行署视察，郎玉麟手中的军权就这样被夺去了。与党组织失去了联系后，郎玉麟陷入深深的苦闷之中，但他没有忘记抗日救国之职，1943—1944年又两次组建部队，但是都没能成功。

郎玉麟在《我的回忆》一书中，对此做了回忆。郎玉麟有一个学生叫刘兴汉，其父是大地主刘藏斋。1943年上半年，刘藏斋也想搞武装了。此时，刘兴汉找到郎玉麟，告诉郎玉麟当地还有不少散落在民间的武器，他有办法搞到手，让郎玉麟帮助组织队伍。郎玉麟一想机会来了，向浙西行署主任贺扬灵作了汇报，并得到了贺扬灵的同意。很快，一支队伍就组织起来了，但是国民党对郎玉麟并不放心。一看部队成立了，就下令调这支部队到浙东集训，企图将之变成国民党的队伍。郎玉麟一看情况不对，就立刻解散了这支队伍。

这年10月，日军大举"扫荡"，国民党政府和军队全部躲进了深山之中。此时，贺扬灵建议郎玉麟出来，委任他为吴兴、长兴、安吉三县边区办事处主任，并给他一个中队的武装，以阻挡日军，帮助国民党恢复政权。郎玉麟想，建立武装的机会又来了，就爽快地答应了贺扬灵的要求。

郎玉麟回乡后，当天晚上就伏击了出来抢粮的伪军，缴获了10多支步枪，并获得了不少粮食。郎玉麟的部队主要在妙西与长兴和平一带活动，打击日伪，保护群众，队伍也不断壮大。此时，新四军16旅已经来到长兴槐坎一带。郎玉麟多次派人寻找新四军，希望与新四军接上头，随后把队伍拉过去。然而，几次寻找都没有成功。1944年10月，郎玉麟途经孝丰，去探望浙西行署二区专员于树峦时，竟被扣押。原来，彭林在1944年3月率部加入了新四军浙东纵队，并任金萧支队队长。由于郎玉麟与彭林共事过，国民党当局对郎玉麟也产生了怀疑，决定解除郎玉麟兵权。在扣押了郎玉麟后，于树峦下令让保安大队配合国民党第62师包围郎部，缴了战士们的武器。郎玉麟被关押了4个月后才被释放出来。

郎玉麟获得自由后，贺扬灵派他与戴文珍等去海北敌后考察。当时的海北，指的是国民党浙江第10区所辖的嘉兴、嘉善、海宁、海盐、平湖、桐乡、崇德等7县。当时的第10区的专员正是朱希。郎玉麟与朱希是老相识，朱希也曾组织队伍抗日，在浙西颇有名气，但后来也被剥夺了兵权。一次，朱希与郎玉麟在喝酒时，大骂于树峦不是人。原来于树峦给朱希发来了电报，要他将郎玉麟密捕处决。这下，郎玉麟彻底明白了，敌人搞的是借刀杀人，自己应该寻机会脱离险境，回到共产党的怀抱。

　　怎样才能脱离虎口呢？当时，国民党正在各地发动知识青年从军。郎一面向贺扬灵发了"请缨从军"的电报，一面请朱希制造"郎要从军"的舆论。这样，既能使朱希避嫌，又可去除贺扬灵、于树峦排除郎玉麟这块心病。电报发出不久，贺扬灵即复电批准郎从军，并委任郎为浙西青年军第二队长。受命后，郎即回浙西行署驻地昌化，领了安家费，经贺扬灵批准，请假回於潜安置家属。[①]

　　离开昌化后，郎玉麟一路奔波回到湖州。1945 年 3 月 7 日，终于在吴兴的妙西受到新四军浙西随军工作团团长朱辉、副团长顾玉良的欢迎。是年 3 月下旬，郎玉麟被任命为新四军吴兴县政办处主任；4 月上旬，吴兴县政府正式成立，郎玉麟担任县长之职。

　　担任县长后，郎玉麟面临着三大任务。首要任务是为新四军筹粮。当时新四军主力在孝丰与国民党顽固派进行殊死决战，筹粮是头等大事。接受任务后，郎玉麟利用熟悉家乡情况的优势，深入各产粮区，发动农民卖粮，支持新四军，圆满完成了筹粮任务，支援了前线的战斗。第二个任务是建立县政权的武装力量。郎玉麟着手建立警卫营，以前在郎部干过的战士闻讯都来参加警卫营。这支队伍不断壮大，不久就有 300 多人，编为 3 个连。郎玉麟的第三个任务是配合主力部队消灭日伪和国民党顽固派。警卫营在配合新四军主力解放菱湖、双林，歼灭伪军第 34 师，攻打天目山伪军据点，迫降湖州城等战役中，发挥了重要作用。

　　1945 年 10 月，浙西地区的党政军奉命北撤。北撤时，安吉县和吴兴县的武装合编为新四军浙西 12 支队，由郎玉麟任支队长。到达江苏宜兴后，组织上让郎玉麟重新填表加入共产党。重新入党后，郎玉麟率领部队渡过了长江，北撤至江苏，12 支队后编入华东野战军 1 纵队 1 旅 3 团，郎玉麟任副团长。从此，

---

① 杨友宝：《浙西第一支党领导的抗日武装》，郎玉麟：《我的回忆》，湖州新四军学会，2011年，第118页。

郎玉麟随我军主力南征北战，为中华人民共和国的诞生作出了积极贡献。

二、李泉生的人民抗日义勇军

李泉生（1899—1951），又名李哲人、李泉松。1899年出生在吴兴县长超镇北草田兜村的一个贫苦家庭。幼时入双林镇蓉湖小学就读，后毕业于国立劳动大学。21岁起，在袁家汇东泊小学任教。

1927年2月，李泉生和路村小学教师王慕舟等人，在成立不久的国民党左派吴兴县党部支持下，发起成立了"吴兴县第一区农民协会"，发动农民减租减息，打击封建势力，惩办土豪恶霸。仅半个月，自愿参加登记的就达三四百人。

李泉生

李泉生思想进步，1927年4月，经湖州小学教师温永之介绍，毅然秘密加入中国共产党，成了吴兴县最早的几名中共党员之一。第二年，李泉生被任命为中共袁家汇（长超）区委书记。此后，他奔波于湖州、菱湖、长超等地，积极发展党的组织。1929年6月，中共湖州中心县委在菱湖镇成立。10月，李泉生担任中心县委委员、团湖州中心县委书记，并兼任长超地区党的负责人。同年12月2日，国民党吴兴县政府的一个警察所从党的联络员身上搜出共青团中央浙东北巡视员吴云给李泉生的一封信函，李泉生身份暴露被捕。随后，李泉生被判为政治犯，判有期徒刑10年，押往杭州的陆军监狱，从此与共产党失去组织联系。

1937年全面抗战爆发，中国共产党向全国各党派、全国人民提出了《抗日救国十大纲领》，全国各地抗日救亡运动迅速展开。国民党反动派在抗日洪流的强烈驱使下，不得不接受中国共产党提出的《抗日救国十大纲领》。在这种国共两党联合抗战的形势下，李泉生于1937年秋被提前释放回家。之后，李泉生一度在交通机关就业，后到和孚镇群益村的一所小学以教书谋生。

1937年底，日本侵略军攻占湖州城后，李泉生失业回家。李泉生目睹了日寇占领湖州后烧杀抢掠的罪恶行为，激发起了内心的爱国热情。在中国共产党的抗日救亡运动号召下，李泉生四处联络有进步思想的青年人，秘密筹划建立武装，准备拿起武器抗击日寇。然而，李泉生的计划让"长超维持会"的汉奸夏金生得知，夏金生密遣爪牙向吴兴宪兵司令井上靖告密。李泉生得知这一消息后，决定采取先发制人的措施。李泉生率领武装自卫队以迅雷不及掩耳之势，逮捕了汉奸夏金生，并当即处决。李泉生的这一举动，受到当地百姓的赞扬，鼓舞了长超一带人民的抗日信心，也震慑了当地的大小汉奸。

关于李泉生长超部队的建立，沈慧烨在《全面抗战时期湖州地区三支抗日武装》中写道：

> 1938年1月15日，李泉生带着一批组织尚未就绪的知识青年和农民，在长超以北的草田兜伏击日军汽艇，当场击毙日伪军5名；不知虚实的日军慌忙逃往湖州。首战告捷，打破了"日本人不能惹"的恐惧心理，也鼓舞了当地民众的士气。四乡青年纷纷慕名前来，踊跃参加部队，长超部队就此宣告成立。[1]

当时，李泉生的队伍取名为"中国革命人民抗日义勇军"，由李泉生任大队长，周枝枚担任副大队长，当地群众亲切地称这支抗日武装部队为"长超部队"。

当初李泉生领导的长超部队，生活十分困难，为了壮大革命力量，打击日寇，李泉生竟毁家筹资，把祖产田地（田4亩、桑地1.8亩、房屋2间、宅基地3间）及家具全部卖掉，作为全队生活伙食及军费开支，解决暂时的经济困难。

> 在当地民众的支持下，长超部队很快发展到200人，分3个中队。由于李泉生曾加入中国共产党，因而更注重在政治上提高部队的整体素质。他根据《抗日救国十大纲领》，为部队制定了军事、政治、经济、教育等发展规则。部队设立政治宣传组，加强对部队的政治教育，并通过收听电台编油印《战生报》，及时报道战时新闻。建立侦察组，

---

① 沈慧烨：《全面抗战时期湖州地区三支抗日武装》，中共湖州市委党史研究室：《赓续历史 知往鉴来》，浙江人民出版社2018年版，第192页。

分别在吴兴、八里店、路村、升山、旧馆、和孚等地设情报员，以便及时掌握敌情。还派员沿河收集散落的各种武器，改善部队装备。在地方建设上，恢复长超等地的保甲制，以解决物资和后援等事宜；设立流动施教团，在和孚至重兆以西各地兴办初级小学15所。通过这些措施，鼓舞战士和民众的抗战热忱，提高部队自身的素质和战斗力。①

长超部队在成立后的一年多时间里，给了日寇沉重打击，最著名的是"血战罗田漾""升山袭击战"和"八里店伏击战"。

1938年2月下旬的一天，李泉生率部驻扎在长超村，突然接到常潞丁家桥农民积极分子的紧急报告：日寇出动6艘快艇，士兵数十人，由湖州出城来围攻长超。3艘汽艇从钱山漾开来，2艘往潞村方向开去，1艘开入罗田漾，很有可能到丁家桥靠岸。李泉生得到消息后，立即做了安排，一方面组织转移民众，另一方面进行了战斗部署。

他把部队分成4队，由李泉生率第1队50人，在罗田漾左侧的丁家桥，准备攻击敌寇的西南面；周枝枚率领第2队50余人，于罗田漾右侧的苕豪里，准备攻击敌寇的东西面；李志达率领第3队40余人，由东南向西南袭击；如果敌人在罗田漾登陆，由孙春江等率领第4队迎击；另有40余名战士担任运输救护工作。各队按照李泉生的部署，迅速进入预定战斗状态，等待敌人的到来。

中午1时，经过沿线抢掠之后，一艘汽艇驶入罗田漾丁家桥附近，处于第1队的包围之中。当汽艇接近靠岸时，李泉生命令战士开枪。在强大火力射击下，日兵的汽艇被打破，河水哗啦啦地往机舱里流。日兵见势不妙，一面躲在里面还击，一面大喊大叫地狼狈逃命。另两艘敌艇听到枪声，立即前来救援，当驶到苕豪里时，遭到了埋伏在苕豪里的周枝枚副队长率领的第2队的射击。

李泉生看日军想逃跑，即率领部队乘势追击，阻止敌寇会合。喊声、枪声，在广阔的漾面上凝成巨大的怒吼，敌寇大为惊恐，企图互相掩护退却。李泉生、周枝枚、李志达各率所部，像网鱼一样包围过去，经过25小时的激烈战斗，击毙日军6人，弃械落水企图逃跑而被淹死者45人，活捉日军5人，剩余的15

① 沈慧烨：《全面抗战时期湖州地区三支抗日武装》，中共湖州市委党史研究室：《赓续历史 知往鉴来》，浙江人民出版社2018年版，第192—193页。

个日兵狼狈而逃，最后也落入当地农民之手而被处死。这就是著名的"血战罗田漾"。

长超部队不仅自己积极开展游击战，击杀日军，还配合国民政府军袭击日军，"升山袭击战"就是其中之一。升山是日军驻吴兴东门外的大本营。1938年3月21日深夜，李泉生率领长超部队配合国民政府军第4军59师175旅9团2营冉争连长率领的全连士兵袭击了驻在湖平公路（湖州至平望）升山段的日军大本营，迫使日军大本营于翌日向吴兴县城撤退。此战还炸毁了敌军运输车1辆，毙敌6人，取得了"升山袭击战"的胜利。

在连续遭受到长超部队的伏击和重创后，日军报复心理陡增。

4月8日，1500余名驻吴兴日军分水陆两路进攻长超。为避敌锋芒，李泉生率部前往安全地区。丧心病狂的日军将长超及其沿途村庄焚为焦土。日军的暴行不但没有击垮长超部队的士气，反而激发起顽强的斗志。5月1日拂晓，长超部队联手国民政府军在八里店附近公路伏击日军3辆军用卡车，当场击毙7人，俘虏少尉1人。部队官兵带着战利品，押着俘虏，在双林镇召开大会祝捷游行。①

李泉生的长超部队还有一次非同寻常的战斗，这在温永之的记事本中有所记载：

塘南乡新兴港农民陈奎林气喘吁吁地找到长超部队的驻地，腿脚发软，一进门就倒在地上。门岗战士把他扶起，给他喝了几口水，他开始声泪俱下，诉说一群鬼子中午闯进家门，要他们烧饭吃，他和妻子在敌人刺刀威迫下，急忙杀鸡宰鸭，把饭菜烧好，让鬼子吃。谁知他们吃喝以后，把眼光盯紧他的妻子，鬼子们咕噜咕噜一通，为首一个就向他妻子动手动脚，妻子吓坏了，转身向屋里跑，鬼子追进去，随后就听到他妻子的尖声叫喊……陈奎林知道妻子遭难了，立刻向屋

---

① 沈慧烨：《全面抗战时期湖州地区三支抗日武装》，中共湖州市委党史研究室：《赓续历史 知往鉴来》，浙江人民出版社2018年版，第192—193页。

里冲，屋门口有一个站岗的鬼子，用刺刀把他逼出门外，情急之中他想到附近有李泉生部队，马上转身就跑，果然找到了副队长周枝枚。听了他的诉说，周枝枚命令马上准备几条小划船，带一个中队的战士，乘坐小划船直奔新兴港。下午三点多钟疯狂轮奸发泄兽欲后，十多个鬼子还在屋里休息睡觉，周枝枚命令战士先把门口站岗的几个鬼子击倒，把手榴弹掷向屋内，门外架起了轻机枪，企图冲出来的鬼子一个个倒下，最后有一个被活捉了。陈奎林进屋看到妻子满身是血，赤条条躺在地上不能动弹，心痛肺裂。他把妻子抱起放到床上，这时听到活捉一个鬼子，他拿起铁耙冲去，见到鬼子当头劈下，那鬼子头破血流翻倒在地……[1]

从 1938 年下半年到 1939 年春，李泉生的长超部队在短短的半年时间里，取得罗田漾、新兴港、张村、升山、八里店、白潭渡等战斗的胜利，歼敌 400余人，处决汉奸、恶霸 19 人，狠狠打击了日军的嚣张气焰。长超部队因而也被日军视为打不败的"老虎部队"。

李泉生的长超部队在湖州地区名气越来越大，引起了国民政府的关注。他们多次企图收编李泉生的部队，在遭到拒绝后，竟纠集游杂武装围攻长超部队。最后，为了保存实力，李泉生被迫接受收编。1939 年 6 月起，长超部队先后被改编为第 3 战区江南第 1 挺进队直属独立大队、浙西游击第 1 纵队第 5 支队和浙江省国民抗敌自卫团独立第 2 总队，李泉生分别任大队长、支队长、上校总队长。届时，李泉生的部队已有 1000 余人、800 多支枪（其中轻、重机枪 20余挺）、3 门炮。

李泉生的部队也受到共产党的重视。1938 年夏天，新四军派往太湖的吴林枫找到李泉生，向他讲述了党的抗日民族统一战线政策，并介绍了新四军的情况。李泉生虽然没有恢复党的组织关系，但十分赞同党的政策，并积极支持党的工作。

1940 年 2 月，长超部队被编入浙江省保安第 3 团，李泉生调任桐乡县长，

---

[1]　张自怀：《摇晃的天目山——天目钱塘抗战八年纪实》，浙江大学出版社2015年版，第52页。

大批政工干部和骨干被遣散，长超部队从此不复存在。

1945 年 3 月，李泉生应新四军吴兴县抗日民主政府县长郎玉麟之邀，出任吴兴县路东办事处主任，旋即任双林区区长。1945 年 8 月，日军无条件投降，新四军于 9 月 10 日派人将李泉生接出湖州城，不久随军北撤。1949 年春，因长期艰苦工作积劳成疾，李泉生病逝于山东省益寿县。1951 年，李泉生被追认为革命烈士。

三、朱希的吴兴军游击队

朱希（1908—1966），1908 年生于湖北麻城的一个工商业兼地主家庭，原名朱维礼，字又布。1992年出版的《麻城县志》载，朱希又名乐贡、王秀，乘马区王家凹人。

朱希从小就受到良好的教育，曾就读于麻城县立小学。毕业后又进入麻城县农民运动训练班学习，毕业后就在训练班工作。麻城县农民运动训练班是在共产党麻城县特别支部主导下创办的农民运动骨干培训组织，革命青年在这里学习革命知识，又从这里奔赴麻城的乡村，去点燃熊熊的革命火焰。

朱 希

麻城的农民运动开展得轰轰烈烈，当地的土豪劣绅对此恨之入骨，而朱希又是农训班的骨干，于是，土豪劣绅雇凶追杀朱希等骨干，扬言要"活捉朱希"。1927 年 3 月，朱希被反动势力抓获并关押。湖北省农协会十分重视，派人赴麻城进行交涉，不久，朱希等农训班骨干被释放。朱希获得自由后，更加积极地投入革命运动。很快，朱希参加了共青团，并担任麻城特支书记。在"四一二"反革命政变期间，面对白色恐怖，朱希毫不畏惧，在党组织的帮助下，朱希等人在麻城组建了农民自卫队，凭借梭镖等原始的武器，与国民党反动派进行斗争。

中共中央八七会议后，中共计划在黄安麻城起义，朱希负责联络工作。但在联络过程中被敌人识破身份，朱希等人以"炸油条"和布贩身份为掩护，逃到外地。为了躲避追捕，朱希于 1926 年入伍参加国民政府军，从此开始了他具有传奇色彩的军旅生涯。朱希文化基础好，聪明好学，为人正直，胆识过人，且善于与战友相处，颇得长官赏识，1930年被选送到黄埔军校武汉分校学习深造，成为黄埔军校第8期毕业生。军校毕业后，朱希即被任命为第25军少尉教官，不久又派往第13师75团1营2连任中尉连长。

1937年11月，日寇在金山卫登陆后，从侧翼进攻国民政府军的防线，导致坚持了3个月的淞沪会战失利。此后，国民政府军主力节节败退。此时的朱希已升任77团3营营长，朱希随部队开赴前线参战。朱希在上海大场阻击日军，在完成掩护任务后，根据"以师为单位组织游击队，发动民众开展游击战争"的命令，奉命撤退。此时朱希手下的士兵死伤大半，他们撤退到安徽郎溪一带。此时国民政府军的指挥系统已被日军的快速穿插打烂，数十万大军溃不成军，撤到郎溪的朱希残部无法与上级取得联系。在这样恶劣的情况下，朱希并不放弃抵抗，作为一个训练有素的军人依然保持清醒的头脑，他们招纳了原部队中的湖北麻城籍士兵，并吸收离开上海等地流亡在外的一批爱国青年，收集遗弃的枪支弹药，组建了一支抗日游击大队，士兵公推朱希为游击司令、汪鹤松为副司令，就地开展抗日活动，当地民众称这支部队为"朱希部队"。1937年底，朱希率部向西挺进，到达浙西天目山一带时接受了国民党第三战区"孝武安长吴"地区游击司令刘参的改编，成为"孝武安长吴"吴兴军游击队，主要活动范围在京杭国道两侧。

朱希的部队越战越勇，成为江浙交界一带实力最强的国民党抗日游击部队。1938年4月，朱希部队来到吴兴县的练市镇，当地日伪军误以为是国民政府军主力，害怕被包围而逃到乌镇。朱希率领部队乘胜追击，出其不意攻占乌镇。此后，朱希部队在浙西立足，接连攻克了吴兴的严墓、嘉兴的新塍等地，形成了以乌镇为中心，包括双林、练市、新塍在内的游击区域，队伍一度发展到4000余人，号称上万人，下辖有5个团、9个直属大队和1个迫击炮连，狠狠打击了日伪军的嚣张气焰。

关于朱希的抗日经历，有许多故事在民间流传。

1. 突袭南浔

南浔水陆交通便利，是嘉湖公路沿线日伪的重要据点。驻地的日伪常常四出"扫荡"，烧杀抢掠，鱼肉百姓。当地百姓对之深恶痛绝，但苦于手中没有武器，只能忍气吞声。

1938年8月，朱希得知南浔等据点的日伪军因抽兵参加武汉会战而兵力不足，据点内仅有100多人，决定乘虚袭击南浔，痛击日伪。8月17日晚，朱希率领一个营的兵力和少年先锋队首先在镇前的康王寺桥发起进攻，汪鹤松率部迅速策应，抄到敌人的背后，从北面猛攻南浔市中心。康王寺桥的日军经不住朱希部队的猛攻，落荒而逃，朱希率部猛追，沿途击毙敌军30多人。

此时，有一队伪警听见枪声，急忙赶回南浔市区援助，被严阵以待的汪部痛击，伪军狼狈逃窜。汉奸邱某吓得无处逃匿，被朱希部抓获处决。第二天，日军汽艇从吴兴赶来，但日军不知道南浔已被朱希部队控制，大模大样驶入南浔市河。朱希早在南浔市河两侧设伏，等敌艇一到，立即命令开火。船上日军措手不及，当场被打死七八人，余敌纷纷落水溺死，舱内物资都成为朱希部队的战利品。

朱希部队袭击南浔，引起周围日军的震动。日军纠集各据点兵力三四百人，分两路进行反扑。朱希闻讯主动撤出南浔，向东袭击震泽。镇守震泽的伪军被打得晕头转向，负隅顽抗的伪军都被消灭。朱希带头冲入敌伪司令部，正在震泽视察的日军顾问斋藤仓皇逃到平望，连眼镜和军刀都来不及拿。这次战役，朱希部队共缴获日军汽艇1艘，马达船11只，还有大量枪支弹药。不久，日军从平望调集兵力发起进攻，为了避免伤亡，朱希率部从震泽撤至乌镇。

2."三炮定三山"

在湖州地区流传着朱希"三炮定三山"的佳话。"三山"是指位于德清、武康边界的辉山、龙山、干山。这里山深林密，地势险要，是朱希部队与江南挺进总部之间的交通咽喉。1938年8月，日寇从杭州各据点派兵攻占了辉山、龙山、干山，企图隔绝朱希部队和后方的联系。江南挺进总部多次派部队攻击"三山"的日寇，都未成功。最后，江南挺进总部下令让朱希部队进攻"三山"。朱希决定由陈奇、王玉麟、刘昆分别率部攻打辉山、龙山、干山。

那天上午8时许，陈奇、刘昆率部队分别攻打辉山和干山，战士们动作神速，一会就杀入敌人碉堡，日寇向后山溃逃。同时，王玉麟率部迅速扑向龙山。龙山的日军拼命抵抗，凭借火力优势，阻挡了王玉麟部队进攻。此时，朱希带了几个人赶来，经过对地形和日军火力点的观察，决定调迫击炮摧毁敌人工事。朱希亲自瞄准，对敌人接连打了3炮，全部命中，日军死的死，伤的伤。战斗一直进行到深夜，日军眼看抵抗不住，趁着夜色仓皇出逃。朱希部队胜利地收复了"三山"。

关于这场战役，沈慧烨在文章中写道：

> 在中共的帮助下，朱希部队军事和政治素质得到提高，战斗力增强。1938年8月17日，朱希、汪鹤松趁日军从浙西抽调兵力参加武汉会战，兵力空虚之机，夜袭南浔镇，歼灭日军30余人。当月下旬，驻湖州日军纠集各据点兵力数百人，分西、北两路向南浔反扑，并袭击乌镇，企图截断朱希退路。朱希采取避实就虚战术，主动撤离南浔，向东袭击震泽据点，打得敌人措手不及。正在震泽视察的日军顾问斋藤吓得仓皇逃往平望。这一仗共缴获日军汽艇1艘、马达船11艘及大批枪支。
>
> 频频告捷的朱希部队震惊了杭嘉湖地区的日军。驻扎在杭州的日军司令部认为，要稳固浙西沦陷区，就要切断朱希部队与天目山后方的交通联系。于是，调派军队占领德清辉山、干山、龙山，构筑碉堡工事固守。为拔除这些"钉子"，朱希率3个团兵力前往攻打，以迫击炮轰击辉山等据点，日伪军落荒而逃。朱希部队一举收复"三山"，当时被誉为"三炮定三山"。[①]

3. 血战钟家墩

朱希部队的发展壮大，引起了敌人的警觉和忌惮，特别是朱希取得了"三炮定三山"的胜利，更是被日军视为"眼中钉"，必欲除之而后快。

1938年10月，抗日战争进入战略相持阶段，日军加强了对浙江东部沦陷区的兵力部署，对浙西地区的游击武装实施打击剿灭，朱希部队首当其冲。

张守刚在《满腔热血为革命》一文中写道：

[①] 沈慧烨：《全面抗战时期湖州地区三支抗日武装》，中共湖州市委党史研究室：《赓续历史 知往鉴来》，浙江人民出版社2018年版，第196—197页。

10月中旬，日军纠集杭州、嘉兴、湖州等地日伪军1万余人，在飞机的掩护下，进攻乌镇朱希部队驻地。面对敌众我寡的局面，部队的领导层发生激烈争论。以少数中共党员为代表的骨干力量提出敌人来势凶猛，且乌镇地理位置不易防守，因此要"避其锋芒"，而朱希等人因为前期取得了一系列胜利，骄傲自满情绪滋长，低估敌人的战斗力没有采纳上述意见，反而错误地做出了坚守乌镇、消灭来敌的决定。

战斗打响后，面对敌人优势兵力的围攻，朱希部队很快就陷入苦战，伤亡惨重。激战四昼夜后，朱希部队突出重围，离开乌镇。但因事先对撤退路线准备不足，部队撤至练市附近的钟家墩时，再度被围。钟家墩四面环水，仅有一座石桥可以通向村外，日军以重兵把守桥头，装甲汽艇配合飞机将钟家墩团团围住。在突围过程中，朱希部队两次遭遇惨重损失，殉难800余人。朱希让汪鹤松带领部队突围，自己断后，战斗中危殆至极，幸得当地村民陆阿采冒死用菱桶送过河方幸免于难。脱险后，朱希率部队200多人转移至安吉孝丰休整。[①]

在钟家墩战斗中，除副司令汪鹤松带领一部分队伍突出重围，其余部队均被打散，最后日军占领钟家墩，朱希部队阵亡800多人，其中有中共党员徐由整、徐泉生等。

温永之先生有《钟家墩战役》一诗，缅怀那场血战：

弹雨惊开野色昏，钟家怒月跃荒墩。

有金难买万忠骨，付与栖鸦老树村。

在这次战斗中，还流传着一个悲壮的故事。朱希部队中的19名少年先锋队队员被日军抓获，日军见他们年纪小，以为稚嫩可欺，就没有当场杀死，准备带回去加以训导，为其所用。日军在每个队员的手掌心戳了一个洞，用铁丝串起来，押解上路。由于失血过多，少年先锋队队员的步履越来越艰难。他们

---

① 张守刚：《满腔热血为革命》，中共湖州市委党史研究室：《赓续历史 知往鉴来》，浙江人民出版社2018年版，第230—231页。

想到，横竖都是一死，就在路中央停了下来，不肯再走。日军用刺刀威胁，枪托乱打，先锋队队员不为所动。日军队长就在路边开始劝诱，问道："你们是哪里的兵？"先锋队员响亮地回答："我们是朱希的少年先锋队！"日军队长又说："只要你们放弃抗日，赞成中日亲善，就可以马上释放回家。如果你们为皇军效劳，大大地欢迎。"先锋队队员听了没有搭理。日军以为有机可乘，就选了两个模样相似的小姑娘，劝她们放弃抗日。哪知道这两个小姑娘满腔怒火，大声高喊："打倒日本帝国主义！"在这两个小姑娘的影响下，其他 17 名队员也一起高喊口号。日军队长恼羞成怒，下令开枪，19 名少年先锋队队员全部壮烈牺牲。

4. 新塘之战

1941—1943 年，朱希任德清县长。朱希到德清之前，前两任县长都是带着政府机关东躲西藏，几乎无处安身。特别是朱希的前任县长杨云畏于日伪军势力强大，气焰嚣张，故而心存畏惧，借进省述职之名连夜进山，向浙西行署主任贺扬灵坚决辞去县长职务，未敢返回德清就任。

朱希当了县长仍不改自己的战将本色。他到任以后，收编了不少零散的抗日武装，充实了县抗日自卫队的力量，对保境安民、抵御外侮起到了积极作用。朱希率部在戈亭以北元村（也叫延村、沿村）、妙济桥等地阻击过日寇，并且在新塘对日寇展开过激烈战斗。冯子鸣遗作《记新塘之战》是在新塘战后一周年时作，据其记载，此战十分惨烈。书中写道："中华民国卅一年元月二十九日，县长布公以二百人与五倍敌大战于新塘，敌重创而北，我刘、尹十三烈士成仁。"[①]

根据冯子鸣和朱希本人对"新塘之战"的描述，具体战斗经过大致如下：

1942 年 1 月 27 日，朱希率保 2 大队陈奇部与县自卫 3 中队、1 中队刘汉民分队来到新塘。日军纠集了武康、德清、埭溪、菁山、菱湖、双林、塘栖的兵力对朱希进行合围。在此紧要关头，原本约好一起攻击日军的所谓友军不战而撤。朱希闻讯大怒，说："人之不臧，夫复何说，吾殆将独力以混战于斯！"朱希派陈奇部尹秀水及刘汉民扼守士林南罗安桥，又安排陈奇部当东路，自己亲

---

① 中国人民政治协商会议浙江省德清县委员会文史资料研究委员会：《德清文史资料（第二辑）：抗战、解放史料》，内部资料，1988年，第60页。

率满炳才队由下市西趋，穿插到敌人菱湖军、青埂军侧背而战，所向披靡。至高升桥后，朱希又把 1 分队交给大队长车成萱，至潋村又把 1 分队交给满炳才，让他们留在敌后，各自为战。朱希自己又亲率 1 个分队向南，绕茅山高桥向东打击塘栖、德清敌军的后背。朱希采用这种穿插作战的方法，如"狮子搏风"，打得日军摸不着头脑，不知道有多少中国士兵在作战。此战日军伤亡惨重，最后不得不撤退。

对于新塘之战，冯子鸣原文描写如下：

> 方尹秀水之受命也，敌已越太平桥而东，尹至罗安桥，适与敌先头遇，以行动迅捷，猝发弹毙其小队长一，士兵三，遂占先制之利。惟桥势童突，无险可守，仓促不能作业，因负石于桥，以为掩体。刘分队到后，沿桥左对敌占领斜形阵地，以施侧射，固守之势遂成。此路敌军为武、德、埭、临之混合编组，逾三百人，惕先头之受挫也，乃取"阵地攻击"部署，先以集团炮火对桥行"面积射击"，更以重机枪之"交叉火网"制压刘汉民，步兵则于此掩护下层层推进。尹部士兵至此已有伤亡，尹亦被弹，势稍却。敌遂乘隙冲入桥头，尹大呼而前，持炸弹挺身而掷，敌为气夺，倒走如潮。惟尹竟又胸部中弹不能再战矣，因左顾刘汉民而呼曰："我负司令，君好为之！在未奉后命以前，此桥不可失也。"刘为泣下，自挟轻机枪麾众而前，与敌反复肉搏，左臂为敌刀所断，右手仍执木壳以战，相持达三小时，桥失而复得者四。比及布公饬陈奇以"撤罗安桥守兵"之命令送达时，两君已与士兵十一名成仁，伤者也当此数。翌日大殓，检视忠骸，则两者均身被四伤，刘之左臂被斫断，且面目焦黑模糊，盖近距离格斗时，为敌掷弹筒所中也。噫嘻烈哉！敌之所以拥五倍之众而宵遁者，其以此欤！[1]

这次新塘之战共击毙日军军官 3 人、日兵 48 人，朱希部伤亡 26 人。这是朱希采用跳出包围圈到外线作战的游击战法的一次成功战例。

---

[1] 中国人民政治协商会议浙江省德清县委员会文史资料研究委员会：《德清文史资料（第二辑）：抗战、解放史料》，内部资料，1988年，第61页。

第七章

王文林、彭林在湖州的抗日活动

王文林和彭林是两位与湖州有着特殊关系的共产党员。王文林和彭林受中共江苏省委委派，到青浦县组建青浦中心县委，领导青浦和松江的抗日斗争。然而，由于青浦沦陷，交通阻隔，只能转道来湖州找到贵诵芬商议。最后，决定去湖州的潘店，找到郎玉麟，在湖州地区发动群众，建立抗日武装。由此，演绎出王文林和彭林在湖州抗战的生动故事。

一、王文林、彭林初到潘店

　　王文林和彭林来到湖州，指导了湖州抗日武装的发展，推动了湖州的抗日活动，在湖州的抗战史上留下了闪亮的印记。

　　对于王文林和彭林在湖州的初次露面，沈鑫元在《湖州"郎部"抗日英雄传》里有传神的记载：

　　　　在湖州沦陷前11月中旬的一天傍晚，太阳还挂在树梢头，血色的西边天空泛起片片彩霞，似乎使寒冷的冬天增加了几分暖意。那天，吴兴潘店的郎玉麟在家正张罗着吃简单的晚饭，忽然听到门口有沙沙的脚步声，郎玉麟开门看见，已一个来月断了音讯的老同学贵诵芬，竟鬼使神差地站在他家门口。贵诵芬的后面还跟着两个人，一个戴着近视眼镜，穿一身长袍，仪表和蔼可亲，特别易与人接近。另一个，身材中高，体貌英俊，目光炯炯有神，一股军人姿态。郎玉麟不觉眼前一亮，似乎十分结缘，是不是……? 郎玉麟正要询问，贵诵芬已非常热情地向郎做了介绍："那个戴眼镜、穿长袍的叫王文林；那个身体结实、个子中等的叫彭林，他们二位是我的朋友，也是热血青年，因家乡被日军占领，逃到湖州来找我了，现在湖州也难保，我们就到潘店来找你了。"贵诵芬又向他俩介绍了时任浙江省立三中农村部主任、小学老师联谊会会长的郎玉麟。郎玉麟虽然与这两人只是初次见面，但却有一见如故的感觉，同时又感到来者不同于一般，又不宜多问。于是他热情地与他们打招呼，主客寒暄后进了郎家，烧菜添饭地共进了晚餐。①

当时的郎玉麟并不知道王文林和彭林的来历，其实这两个人都是共产党的军事干部。

王文林是河北保定人，1913 年生，原姓郝，又名史为安。曾在上海同济大学读书。"九一八"事变后，即投身革命，加入中国共产党，参加东北抗日义勇军赵尚志部，并在南京、上海一带积极从事抗日救亡工作。王文林在一次执行任务时，遭国民党逮捕，全面抗战爆发后才从南京监狱中被解救出来。1937 年11 月 10 日，王文林奉命担任上海青浦中心县委书记。

彭林是江西吉安人，原名彭栋才，1914 年生于吉安官田乡举洲村一个贫苦农民家庭，1930 年参加红军，年龄只有 16 岁，1932 年加入共产党。彭林在湘赣边界根据地从事政工工作，先后担任湘赣边兵工厂政委、湘赣省工会委员长、湘赣军区卫生部政委、政治保卫局局长、红六军团师政委等职。参加了湘赣、湘鄂川黔苏区反"围剿"和红二、六军团长征。到达陕北后，进抗日红军大学学习。

全面抗战爆发后，中央委派以张爱萍为首的军事小组到上海，开办抗战干部训练班，指导和组织沪杭宁地区敌后抗日游击战，彭林即是其中的人员之一。彭林被任命为江苏省委军委上海分会第三科科长，负责举办军训班和组建抗战队伍。

上海沦陷前，江苏省委决定委派王文林和彭林前往青浦发动群众，组织抗日武装。王文林任青浦中心县委书记，彭林任组织部长和军事部长。在两人前往青浦的路途中，日军攻占了青浦，他俩无法安全进入青浦，便辗转到了杭州，再转道来到湖州。

到湖州后，他们先在湖州城金婆弄找到了从上海回湖的共产党员贵诵芬。

---

① 沈鑫元：《湖州"郎部"抗日英雄传》，中国文史出版社2015年版，第21—22页。

三人见面后，对抗战形势作了全面分析，认为青浦虽然进不去了，但可以在湖州当地坚持抗战。贵诵芬向王文林和彭林介绍了进步青年郎玉麟的情况，因为不久前郎玉麟刚去上海与贵诵芬见面，表示过要寻找共产党的愿望。王文林和彭林听了贵诵芬的介绍，觉得有条件在湖州坚持抗战，于是决定一起去潘店与郎玉麟接头。

王文林和彭林到潘店后，就由王文林对当地进步青年宣讲"抗日救国十大纲领"。当地青年第一次听到来自中共中央的声音。王文林又提出了组织"流亡抗日工作团"的建议，并解释说，参加这个组织的人流亡到哪里就在哪里抗日，这样更容易得到社会各界的支持。听了王文林的宣讲后，当地的进步青年都受到很大启发，组建"流亡抗日工作团"的工作也得到了大家支持，郎玉麟、彭林、陈学明、徐锋、温永之等人都积极报名参加。

二、建立革命武装和王文林牺牲

王文林和彭林到达潘店后，立即着手建立党支部和抗日武装。1937年12月16日，王文林和彭林对郎玉麟进行考察后，觉得郎玉麟思想进步，为人正派，就介绍郎玉麟加入了中国共产党。入党仪式是在安吉递铺一家饭馆的小房间里举行的。参加仪式的除了王文林和彭林，还有贵诵芬和卜明等人。接着就成立了全面抗战初期浙西第一个党支部，支部书记由王文林担任。

党组织建立后，王文林和彭林把发展党的武装当作头等大事。经过王文林和彭林的不断努力，1938年1月1日，浙西地区第一支由共产党领导的抗日武装"吴兴县抗日游击大队"正式成立。王文林任政训员，即支部书记，彭林任参谋，郎玉麟为队长。

为了筹建这支抗日队伍，王文林、彭林和郎玉麟先在安吉梅溪举办了一个月的"抗日青年训练班"，受训人员的思想觉悟和军事素质得到了很大提高。王文林和彭林原想在当地建立武装，但在梅溪人地生疏，行动不便。于是，听从了郎玉麟的建议，到郎玉麟的家乡潘店组建抗日武装。这支抗日武装的三位主要领导都是共产党员，这支队伍名副其实是共产党领导的革命武装。"党领导的抗日武装部队的成立，让苕溪河畔的红色火种变成了抗日熊熊火炬，这为湖州乃至浙西的抗战历史写下了凝重的一笔，其重大意义是不言而喻的。"[①]

在抗日武装成立大会上，郎玉麟做了动员，表示了保卫家乡，把日本强盗赶出中国的坚定决心。会上，彭林也做了重要讲话，他强调了在当时敌强我弱的情况下采用游击战术的必要性。彭林说：我们只有用游击战才能有效地打击敌人，由弱到强地发展壮大起来，最后打败日本侵略者。彭林还强调了人民抗日武装与国民党军队以及各种土匪部队的根本区别，要求全体战士严守部队纪律。

在共产党的部队里，只有"教导员"或"政委"的叫法，从没有"政训员"这个职务。王文林向战士们解释了他担任的"政训员"这个名称，是按"抗日统一战线"的需要而定的。因为，在国民党的部队里有政训员这个职务，为了让这支抗日队伍在敌后这个复杂的环境里周旋有余，就使用了"政训员"这个名称。战士们都认为王文林这样安排是非常妥当的，在浙西的敌后环境中，只有采用抗日民族统一战线的口号和名称，才能更好地调动各种抗日力量，党的抗日武装也才能站稳脚跟。

最后，由王文林向大家宣布，部队的番号为"吴兴抗日游击大队"。

队伍建立起来了，王文林和彭林分别负责思想教育和军事训练，队长郎玉麟负责对外联络和经费筹措。王文林向游击队员讲述了"三大纪律八项注意"，规定了大家应该注意的事项，强调军民的鱼水关系。彭林向战士们讲述了游击战的战术、武器的使用等。

游击大队成立后，"多次在湖州地区开展游击战。2月上旬，游击大队兵分三路，夜袭南埠日军驻地，初战告捷。此后又先后在妙西、黄子堂桥、严家坟、菱湖、织里等地袭扰日伪军，取得了一系列战果。队伍也很快发展到近百人，有数十条枪"[②]。

在王文林和彭林的指导下，郎玉麟的游击大队在当地名声越来越大。然而，当时地方上的武装鱼龙混杂，其中红枪会就是一支成员复杂的队伍。1938年3月，彭林、郎玉麟就遭遇过红枪会袭击。谁也没有想到，没过几天，又遇上了

① 沈鑫元：《湖州"郎部"抗日英雄传》，中国文史出版社2015年版，第27页。
② 廖钦：《开国中将彭林在浙江的抗日斗争》，中共湖州市委党史研究室：《赓续历史 知往鉴来》，浙江人民出版社2018年版，第216页。

一支红枪会队伍。

1938年3月26日一早，游击大队驻地又遭到了来自湖州龙溪乡薛家兜、严家坟、栖贤里等地数百红枪会会徒的袭击。这股红枪会仗着人多势众，在反动"台首"莫安仁、"祖师"莫安法兄弟俩的煽动操纵下，以抓"土匪"为名，气势汹汹地向游击大队扑来。为避免正面冲突，减少不必要的伤亡，大队领导紧急磋商决定，由郎玉麟、彭林率主力占领附近山头，伺机而动。由王文林率民运组和老弱病患先行转移，就近隐蔽。此时的王文林也因前几天率30多名队员赴天目山，向国民党吴兴县政府领取枪支弹药和给养，在返回途中遭遇日军袭击，腿部受伤，而身体不适。

原以为这样的安排可以避免与红枪会会徒的相遇，但意想不到的事情发生了：

> 当王文林率民运组许斐文、许斐然等同志刚撤出村子，就发现一股红枪会会徒包抄过来，情况万分危急。面对这急剧变化的形势，王文林当即命大家就近分散隐蔽。不一会儿，隐蔽在山沟里的许氏姐妹就被会徒们发现了，妹妹许斐然的腿上被戳了一枪，顿时鲜血直流，随着发出的"啊哟"声，会徒们才发现原来许氏姐妹是女扮男装，就大声嚷着今天碰上两个女的真倒霉透顶，"刀枪不入"的咒语失灵了，顿作鸟兽散，从而幸免于难。为了避免牺牲和减少伤亡，王文林全然不顾个人安危，毅然挺身而出，向受蒙蔽的大批红枪会会徒们大声疾呼："红枪会的兄弟们，我们是一支抗日武装，大敌当前，我们应该团结起来，枪口一致对外，决不能干一些使亲者痛、仇者快的蠢事……"话没喊完，就被反动会首挑唆的10多个会员，举着红缨枪向王文林身上猛戳一气，顿时血流如注，但他仍忍着剧痛，扶着树干，在命悬一线的危急时刻，仍然断断续续地说："中国人不打中国人，我们的枪口要对准入侵的日本鬼子……"①

---

① 杨友宝：《深切缅怀抗战英烈——纪念王文林牺牲80周年》，《湖州史志》2018年第4期，第62页。

王文林同志就这样牺牲了，年仅 25 岁。王文林同志牺牲后，由彭林接任党支部书记。

三、彭林重返新四军

彭林担任党支部书记，深感肩上担子之重。鉴于严峻的斗争形势，彭林迫切想与上级党组织取得联系。"他以经商的名义，给八路军驻武汉办事处的董必武写信。信中说：'我们已开张营业，有一定的基础，正在发展中，但朋友不多，与其他无来往。今后可能会遇到些困难，也未想起妥善办法。你若有高见，请予赐教。'在八路军驻武汉办事处的张爱萍接到信后回信：'彭林先生，来信敬悉。祝贺你们营业开张，一本万利，不断兴隆。希请加倍努力，如有机会着人来看你们。'接到党的来信后，彭林激动不已。当得知新四军军部在皖南云岭后，他更希望能与新四军取得直接联系。"[1]

1938 年 7 月，新四军军部派唐民和吴林枫来到郎部。11 月，彭林在唐民的陪同下，前往皖南新四军军部汇报。彭林全面汇报了浙西的抗战形势，分析了存在的问题，提出了今后的工作打算。新四军军部同意彭林的意见，考虑到王文林同志的牺牲、郎部领导力量薄弱、武器弹药缺乏等问题，调派了孙秉夫、陈祖猛两位党员军事干部随彭林一起返回浙西，同时调拨了一批枪支弹药给郎部，还送给郎部一张军用地图。

1939 年 2 月，中共浙西特委成立，顾玉良任书记，彭林任组织部长兼军事部长。彭林担任浙西特委的职务后，着力发展浙西党组织。在他担任组织部长的 3 个月内，建立了吴兴县委，把安吉县工委扩建为安吉县委，并在安吉和吴兴两县城乡建立了许多基层党组织，当地不少进步青年加入了共产党。1939 年 5 月后，彭林主要负责军事工作，他直接领导郎玉麟的吴兴县抗日游击大队开展武装斗争，同时在李泉生部队和朱希部队中筹建党组织，加强党的领导，开展抗日统一战线工作。在彭林的努力下，武康县庾村、安吉县三社村等地建立了农民土枪队，壮大了抗日力量。

1938 年以后，国民党浙江省政府开始整编和控制地方抗日武装。彭林所在

---

[1] 廖钦：《开国中将彭林在浙江的抗日斗争》，中共湖州市委党史研究室：《赓续历史 知往鉴来》，浙江人民出版社2018年版，第216页。

的吴兴县抗日游击大队也多次被改编，最终改编为浙保4团2大队，彭林任大队副。1940年，彭林乘在义乌、金华集训之机，从义乌出发，通过金衢特委，在丽水的乡下找到了省委书记刘英，杨友宝对当时刘英接见彭林和郎玉麟的情形有过详细的描写：

> 刘英见到来自浙西前线的彭、郎二人十分高兴，并详细听取了彭林关于浙西抗战形势和郎部的组建、发展、被编、调防浙东等情况的汇报。听了汇报，刘英语重心长地对二人说："在目前形势下，不要在部队里公开党的活动，要长期隐蔽、积蓄力量、等待时机；今后你部的党组织直属省委领导；你们要把部队牢牢地掌握在我党手中。"当听郎说这支武装还小时，刘英又说："不要以为我们现在只掌握一个连，便轻视自己，要重视这支武装。你们要充分认识到，隐藏在国民党肚子里的一个连，等于一个团，甚至作用还会更大。你们一定要把这个连带好，为我党今后军事力量的发展、壮大，打好扎实的基础。"①

此后，彭林根据浙江省委书记刘英"现在掌握一个连，等于将来的一个团"的指示，利用当时合法的身份，长期隐蔽、积蓄力量。不久，日军发动浙赣战役。浙江保安团溃不成军，彭林的2中队被打散。彭林率浙保4团2大队的40多人到永康下溪，沿途收容了从前线溃退的散兵，重新以浙保4团2中队名义拉起了一支共有300多人的队伍。

时任义乌县长兼四专区保安总队长的是吕师扬，此人是辛亥革命时期浙江省督军吕公望之子。彭林通过好友俞幕耕向吕师扬推荐自己，取得暂时栖身喘息的机会。吕师扬也知彭林是个人才，向浙江保安处长宣铁吾连发3次电报请求调人。经宣铁吾批准，彭林来到义乌，担任县独立大队大队长。

在彭林的率领下，独立大队在1940年10月和11月取得了全歼义乌尧山据点日军，打击窜扰廿三里镇200名日伪军的胜利，在义乌金华一带名声大振。

不久，他们获悉义乌有2支部队——义（乌）东北的坚勇大队、义（乌）西的8大队，抗日很英勇，爱护百姓，猜想可能是共产党领导的队伍。彭林派

---

① 杨友宝：《彭林抗战时期在湖州的活动》，《大江南北》2017年第1期。

人前往坚勇大队联系，对方果然是党领导的部队，是何克希、谭启龙领导的浙东游击纵队。11月，此事由金萧地委、浙东游击纵队转报华中局、新四军军部。重建的新四军军部干部多来自南方游击队和红一、四方面军，没人知道彭林。新四军军部再转报党中央。彭林当年的红二方面军改编为八路军后，主要在晋西北和延安作战，许多战友一直不知彭林的下落，现在知道彭林还活着，不少人含泪相告："彭政委没有牺牲，他在千里之外的浙江省，当上了国民党的连长！

1943年12月，在中共中央的明确指示下，金萧支队正式与彭林接上了组织关系。

1944年3月23日，彭林率300多人在义乌县大畈村与金萧支队会合，改编为金萧支队独立大队，彭林任独立大队大队长，不久任金萧支队参谋长、支队长，率部在浙东地区开展抗日游击战，给日伪以沉重打击。

1945年10月，彭林奉命率金萧支队北撤，并与苏浙军区4纵队、苏中军区教导旅合并编为新四军1纵队，彭林任1纵队2旅政委。

> 从1937年到吴兴开展抗日活动，至1945年10月率领金萧支队胜利北撤，彭林在浙江度过了长达8年的抗日烽火岁月。他曾说："浙江是我的第二故乡，我对浙江有着特别的感情。"诚如彭林所言，他在浙江期间，既与日寇进行浴血厮杀，也同国民党斗智斗勇。虽然多次与党失去联系，但他始终凭着坚定的共产主义信念和对党的无限忠诚，以顽强的革命斗志克服种种艰难困苦，独立自主地开展工作，为我党发展了一支敌后抗日武装，并最终带领这支武装队伍回到党的怀抱，为浙江抗日斗争做出了卓越的贡献。①

1949年2月，彭林任解放军第32军政委，参加了津浦路阻击战、胶东保卫战、青岛解放战役，为中国人民的解放事业作出了重大贡献，1955年被授予中将军衔。

---

① 廖钦：《开国中将彭林在浙江的抗日斗争》，中共湖州市委党史研究室：《赓续历史 知往鉴来》，浙江人民出版社2018年版，第218页。

第八章

新四军苏浙军区的建立

1945 年 1 月 6 日，粟裕率部到达长兴与新四军 16 旅会合，于 13 日在长兴槐坎温塘村仰峰岕成立苏浙军区，统一指挥苏南、浙西、浙东、皖南的抗日斗争，这里也因此被誉为"江南小延安"。苏浙军区成立后，新四军积极向浙西日伪据点发起进攻，建立了浙西抗日根据地，使之成为全国 19 个大的抗日根据地之一，为抗战胜利及《双十协定》的签订作出了重大贡献。

一、新四军 16 旅南下长兴

新四军 16 旅是在江南抗日斗争中发展壮大起来的一支英雄部队。全面抗战时期，新四军 16 旅驰骋在江南敌后，依靠党的领导和广大人民的支援，给日伪以沉重的打击。

1938 年 4—5 月，党中央发出一系列指示，要求集结在皖南的新四军派部队向苏南进发，开展敌后抗日战争。1938 年 5 月 15 日，毛泽东在发给新四军项英、陈毅同志的电报中明确指出："力争在苏浙皖边发展游击战，但在目前最有利发展地区还在江苏境内的茅山山脉，即以溧阳、溧水地区为中心向着南京、镇江、丹阳、金坛、宜兴、长兴、广德线上之敌作战。"[①]1938 年 4 月 28 日，新四军组建了一支 400 余人的先遣支队，在粟裕同志的率领下，从皖南岩寺出发，向苏南挺进。先遣支队一路风餐露宿，日夜兼程，冲破国民党军队的重重封锁和土匪武装的阻挠，一边打仗，一边前进，于 5 月 19 日进入苏南茅山地区，下旬到达江苏句容境内。先遣队进入苏南后，派出 3 个侦察小组，迂回于南京近郊，出没于铁路沿线，侦察敌情，绘制地图，了解民情。6 月 17 日，先遣支队一部在粟裕指挥下，在镇句公路韦岗附近伏击日军运输车，经过半小时激战，击毁日军汽车 4 辆，毙伤日军土井少佐以下 20 余人，缴获长短枪 10 余支及日

---

① 引自镇江地区茅山革命历史纪念馆筹备小组办公室：《新四军在茅山——抗日斗争史料选》，江苏人民出版社1982年版。

钞 7000 余元。韦岗战斗戳穿了"日本'皇军'不可战胜"的神话，鼓舞了沦陷区人民的抗日斗志，极大地提高了新四军的威信。

战后第三天，陈毅欣然赋诗一首："弯弓射日到江南，终夜喧呼敌胆寒。镇江城下初遭遇，脱手斩得小楼兰。"陈毅以诗抒发战斗的豪情，祝贺韦岗首战的胜利，激励江南抗日军民，为战胜日本强盗而英勇奋战。粟裕兴奋之余，也题诗一首："新编第四军，先遣出江南。韦岗斩土井，处女奏凯还。"陈毅的七绝与粟裕的五绝现都镌刻在镇江韦岗战斗胜利遗址纪念馆的纪念碑上。

先遣支队出发后不久，陈毅、张鼎丞也分别率 1、2 支队相继进入苏南。当时的苏南已是沦陷区，百姓生活在水深火热之中。新四军广大指战员满怀抗战热情，积极寻找战机，连续对日军展开夜袭、奔袭、突袭和伏击作战，频繁破坏铁路、公路、桥梁和敌人的通信设施，狠狠打击了日本侵略者，鼓舞了当地民众的抗日决心。

在党中央的指挥下，新四军狠狠打击了日本侵略者，团结了广大群众，争取了多支抗日武装，建立了以茅山为中心的抗日根据地。到 1939 年秋，新四军 1、2 支队由初入苏南时的 4000 人发展到 14000 余人。

1939 年 11 月，1、2 支队领导机关奉命在溧阳县水西村合编，成立新四军江南指挥部，陈毅任指挥，粟裕任副指挥。新四军江南指挥部的成立，统一了苏南地区新四军 1、2 支队及地方武装的指挥，对于进一步巩固发展苏南抗日根据地起了重要作用。

1941 年 1 月，皖南事变爆发。国民党当局公然下令取消新四军番号，扣押军长叶挺。苏南新四军失去皖南军部的依托，孤悬江南敌后，受敌顽双方夹击，环境更加险恶。1 月 20 日，中共中央军委及时发出命令，重建新四军军部，任命陈毅为代军长，刘少奇为政治委员，统一整编华中地区的抗日武装为 7 个师和 1 个独立旅。苏南部队编为第 6 师，以谭震林为师长兼政委，罗忠毅为参谋长，下辖 16 旅、18 旅。以原新四军 2 支队部分机关部队为基础重建的新四军 2 支队编为新四军第 6 师 16 旅。新四军 2 支队的司令部、政治部、供给部、卫生部为 16 旅的"司政供卫"机关；4 团改编为第 46 团，新四军 3 团、自卫团改编为第 47 团，独立 2 团、独立 3 团归 16 旅建制。

4 月 28 日，在宜兴闸口召开 16 旅成立大会。会上，由第 6 师参谋长罗忠毅宣读中共中央军委命令，罗忠毅兼旅长，廖海涛为政治委员兼政治部主任，王胜为参谋长。此后，16 旅成为苏皖区江南敌后的主要抗日武装力量。

皖南事变后，苏南地区的斗争形势非常紧张复杂，新四军 16 旅处境十分艰难，国民党当局调集顽军第 40 师、江苏省保安 1 团、"忠义救国军"等大批部队，并派遣大量便衣特工人员进入苏南根据地，对苏南新四军进行军事进攻与暗杀、破坏，妄图一举消灭苏南部队。南京的日寇、汉奸与国民党顽固派遥相呼应。日伪集中了 4000 多兵力，对茅山地区进行大规模的驻扎"扫荡"。新四军部队处于"天天战斗、夜夜移营，一日三战、一夜三移"的艰难环境之中。

苏南斗争的严峻局势，并不能动摇全旅指战员坚持抗战的决心，部队决心在反"扫荡"、反摩擦的斗争中，粉碎敌伪顽的夹击，把江南敌后的斗争向前推进。16 旅在黄金山反顽战斗中，歼顽军 400 余人，其中俘虏 300 人，缴获机枪、步枪百余支，子弹数万发。

不久，日伪在京沪铁路以东进行"清乡"，这个地区是新四军第 6 师 18 旅的活动地区。16 旅为配合 18 旅开展反"清乡"斗争，在茅山地区和金坛、丹阳、武进以及宜兴地区积极打击日伪，一度攻克延陵、九里、郭庄庙、龙都等 19 个敌据点，并乘胜恢复了皖南事变时失去的游击区。由于抗日根据地的恢复和发展，许多中间人士从观望不定的情绪中转为坚定支持新四军，根据地广大人民群众的抗日热情空前高涨，坚持斗争的信心和决心进一步加强。同时，新四军 16 旅在与敌顽的斗争中得到了迅速发展，主力和地方武装发展到 3700 多人。

11 月 28 日，日伪调集了近 3000 人，奔袭、合击溧阳塘马 16 旅旅部和苏皖区党委领导机关。罗旅长和廖政委组织部队阻击，掩护机关人员安全转移，而他们两人却先后牺牲。塘马战斗结束后，谭震林师长立即电令 16 旅机关转移到溧水地区，与 46 团一起行动，并任命 46 团团长黄玉庭代旅长，46 团政委钟国楚代旅政委。不久，谭震林师长来到 16 旅旅部，了解塘马战斗的经过，检查工作，整顿部队思想，总结经验教训，并将情况报告新四军军部。军部来电任命谭震林兼 16 旅旅长，钟国楚为政委兼政治部主任，张开荆为参谋长，王直为政治部副主任。

1942 年中共中央华中局扩大会议后，军委任命 18 旅旅长江渭清为 16 旅政治委员，钟国楚改任旅长，并成立苏皖区党委，江渭清为书记，邓仲铭为副书记，从而加强了苏皖地区一元化领导和指挥。

1943 年，苏南敌后抗日斗争又一次紧张起来。日本侵略者为了支持太平洋战争，更疯狂地掠夺中国的人力、物力、财力资源，加紧对华中根据地进行大规模的"扫荡""清乡"，妄图肃清南京外围及京沪路两侧的新四军。与此同时，国民党顽固派则与日军遥相呼应，总想从背后捅刀，妄图置新四军于死地。

根据中共中央的指示，华中局和新四军军部调整了对敌斗争部署，决定调苏中地区的第 1 师 2 旅主力南下。1943 年 1 月 13 日，旅长王必成、政委刘培善率 2 旅 4 团及旅教导队等部到达溧水里佳山一带和 16 旅会师。不久，合编为 16 旅，王必成任旅长，江渭清任政委。2 旅 4 团是一支勇猛顽强的部队，在抗击日军、创建茅山抗日根据地的斗争中立下了战功，苏南人民亲昵地称之为"老虎团"，这次重返苏南后改编为 48 团。自此，苏南军民在王必成和江渭清的领导下，拓展了苏浙皖一带的抗日根据地。

1943 年 3 月初，日伪集结重兵，在镇江、丹阳、武进、无锡、吴县和金坛、宜兴地区实施"清乡"。从镇江城起直到苏州胥口、横泾等地，构筑了长达 650 里的竹篱笆封锁线，沿封锁线每隔一二里构筑碉堡看守，仅茅山地区的日伪据点即由 51 个增加到 106 个，兵力由 3900 多人增加到 7300 余人。16 旅根据过去对敌作战的经验教训，针锋相对地展开反"清乡"、反"扫荡"斗争。新四军主力跳出"清乡"区，避敌锋芒，只留少数武装在"清乡"区内坚持斗争，白天隐蔽，夜间出来活动，严厉打击敌人；同时，积极发动群众，破坏敌人的封锁线。全旅在反"清乡"斗争中，作战 18 次，消灭日伪军 800 余人。

1943 年 11 月 1 日，由王必成率领 48 团挺进郎广敌后，开展抗日游击战争，打击日军。16 旅从日寇手中夺回了郎溪、广德、高淳和长兴的对外地区，随即旅司令部进驻长兴槐坎仰峰岕。

1944 年，以茅山为中心的苏皖敌后抗日根据地有了很大发展，北起长江，东临太湖，西起当涂、芜湖，南至宣长公路的广大区域内，除以城镇为依托的铁路、公路点线为日伪占领外，广大乡村均为新四军控制，江南敌后形成了一个拥有 204 万人口的根据地，抗日斗争形势对中国十分有利。苏皖区党委决定把全区划为 4 个行政分区，其中长兴分别属于第 2 区与第 4 区。从此，16 旅也开始在长兴附近开展抗日斗争，并取得了多次战役的胜利。

1944年，世界反法西斯战场发生了根本性的变化。欧洲战场，盟军进行了大规模的反攻。东方战场，美国在菲律宾登陆，并有可能在我国东南沿海登陆，抗战胜利在望。在这样的有利形势下，党中央作出"扩大解放区，缩小沦陷区"的战略部署。刘少奇、陈毅根据中央指示精神，要求新四军除加强江北各根据地的建设，主力应在战略反攻时南渡长江，在广大江南地区大发展。

党中央指示华中局，新四军西进南下两个任务中，应以南进发展苏浙皖军区为主要任务，浙北兵力应尽可能抽调向南。1944年8月26日，张云逸、饶漱石、赖传珠致电16旅、第1师：

> 你们应采取逐步推进的发展方针，要实现这方针可分为两个步骤去做，第一步先进占武康、安吉、吴兴之间地区，第二步再向京杭国道以东、沪杭路以北、苏嘉路以西发展游击战争建立游击基地，以便掩护和支持城市工作。……应以精干一部（相当于一个营）先进入我预定的第一步地区，开展游击活动……如顽向我进攻时在有理有利的条件下，可即增派主力给予进攻者以有力还击，求得完全控制武安吴之山地……①

毛泽东和刘少奇在给张云逸等人的指示中更是明确指出：

> 美军可能在杭州湾登陆，而我们在那一带工作还很薄弱，为了配合美军登陆及准备夺取杭州、上海、苏州、南京等大城市，除粟裕带两个团南进外，请你们考虑下列步骤——设立苏浙军区，以粟裕为司令员，以谭震林为政委，统一指挥苏南及全浙，将来必要时设立中央分局领导之……②

---

① 《张云逸、饶漱石、赖传珠致十六旅、一师：关于向东南发展游击战争的方针和步骤》，中共浙江省委党史研究室、中共湖州市委等：《浙西抗日根据地》，浙江人民出版社1992年版，第33页。
② 《毛泽东、刘少奇致张云逸、饶漱石、赖传珠：成立苏浙军区，抽调干部、部队南进，并具体布置工作》，中共浙江省委党史研究室、中共湖州市委等：《浙西抗日根据地》，浙江人民出版社1992年版，第43—44页。

1944年12月27日，粟裕同志率新四军第1师主力3旅夜渡长江南下，1945年1月6日抵浙江长兴与王必成的16旅会合。1月13日，中央军委电令成立苏浙军区，任命粟裕为军区司令，谭震林为政委，统一指挥江南、浙东部队。1945年2月5日，在长兴槐坎温塘村召开成立大会。

粟裕曾回忆自己率部南下的经过：

由于这次渡江人数多，所以分成东西两路。东路由刘先胜、陶勇、阮英平等同志率特一团、特四团和机关后勤，从江都大桥地区渡江，经丹（阳）北、句（容）北南下，在扬州曹王寺地区集中后又分成两路，一路经余家坂登木船过夹江再到对岸，另一路经嘶马到三江营乘商轮直达对岸龟山。特四团因受船只限制延至次晚截借了另一商轮随后跟进。部队过江后分别从日伪新丰据点中及陵口附近通过运河和铁路，于一九四五年一月四日到丹阳西南的延陵地区。

西路由我率第七团和干部部队从淮南出发，选择在仪征、东沟（六合城东南）间地区渡江，我们于十二月二十六日进至离江边约十五公里的小营李宿营，二十七日晚从沙窝子乘木船过江到南岸，在龙潭北的一个小码头上陆。龙潭西靠伪首都南点，东邻伪江苏省会镇江，均有日伪重兵驻守，两地之间的龙潭、下蜀、高资等各铁路车站都是日伪据点，铁路与江岸并行，中间地带很狭窄，地形不利，但也正因为如此，敌人想不到我们敢于从这里在他眼鼻子底下通过。十二月下旬下了大雪，天寒地冻，河湖结冰，部队行动不便，但也正因如此，敌人想不到我们会趁这种时刻渡江。地点、时间都出敌不意，最危险的地方恰恰成为最安全的地方。当晚，我侦察分队先头过江，悄悄登上龙潭码头，把十几个厂警之类的便衣武装先稳住，做针对他们的政治说服工作，接着大部队就顺利通过。由于人多船少，来不及运送第二梯次即将天亮，后续一个营于次晚仍然利用龙潭码头续渡跟上。我们上岸后从龙潭、下蜀间越过铁路进入九华山区（位于龙潭镇与句容城之间）。过了江，就同接应我们的丹北、茅山地委，江（都）镇（江）工委的领导同志和十六旅派来联络的参谋见了面，大家格外兴奋，倍感亲切。在敌人多年摧残下的句北人民，首次见到我军容整肃、军纪严明的大批主力部队浩浩荡荡突然开来，惊喜万状，奔走相告，纷纷自动带着干粮要求挑担送行。有的是兄弟父子一起来，有些地方全村全家劳力都来了，实在争不到任务的几百民工，几经劝说仍不肯走开，他们宁愿扛着扁担同子弟兵并肩伴行。江南老区人民对新四军的深厚感情使战士们无不十分激动。

十二月三十一日，我们到达溧阳陶庄，在此休息三天并过新年。这里是茅山中心区，是我们于一九三八年初在苏南建立的第一块根据地。人民觉悟高，对新四军感情深。他们虽然处于日伪匪顽的骚扰压榨之下生活很苦，但还是想尽办法热烈欢迎和慰问子弟兵的到来。有的村子群众还搭起彩门，墙上贴满红绿标语。当战士们从敲锣打鼓鼓掌欢呼的夹道人群中通过时，个个精神抖擞步伐健壮，连续行军的疲劳顿时消失。时值一九四五年新年，军民联欢聚餐，盛况空前。一月四日，我们继续前进，经上兴埠、周城、庙西，六日到目的地苏浙皖边长兴县的仰峰岕时天已黑了，山路崎岖，路有积雪，十六旅同志沿途举着点燃的竹篾为行进部队照明，体现了两支将要共同战斗的部队之间的战友深情。

我们在长兴西北地区同十六旅会师，胜利地完成了南进的长途行军任务。[①]

粟裕部队南下与16旅的会师，为新四军"深入苏南工作，打开浙西局面，打通浙东联系"打下了坚实的基础。

二、苏浙军区选择长兴的缘由

1944年秋，世界反法西斯战争进入战略反攻阶段，中共中央根据形势变化，提出了新四军向东南敌后发展的战略任务。1944年11月7日，华中局作出向南发展的决定："向南发展，须由新四军独立担任，我们准备由粟率两个主力团南

---

① 粟裕：《向苏浙敌后发展和天目山战役》，中共浙江省委党史研究室、中共湖州市委等：《浙西抗日根据地》，浙江人民出版社1992年版，第249—251页。

下，配合十六旅，首先打开苏南、浙西局面，进一步与浙东打通联系，相机向南发展全浙。随之，须从一、二、三、四师增调几个团南进，完成任务。"①

粟裕率部南下的消息让根据地人民兴高采烈。1945年1月13日，"奉中央军委电令，成立苏浙军区，任命粟裕为军区司令员，谭震林为政治委员，刘先胜为参谋长，统一指挥苏南与浙东部队，此令仰即遵照为要"②。

苏浙军区领导机关的驻地是长兴槐坎温塘村的仰峰岕。仰峰，坐落在长兴县煤山镇的巍巍青山之中。虽然这是一个小山村，但已有800多年的历史。据说这里居住着众多的韩氏后人，大多是名将韩世忠的后代，村里的韩家大院便是明证之一。

温塘的仰峰靠近安徽和江苏，从长兴的温塘到安徽的新杭只有15公里，到江苏的湖滏只有28公里，是名副其实的苏浙皖三省交界处。这里三面环山，地势险要，易守难攻，为兵家必争之地，自古有"江浙门户"之称。选择这里作为新四军苏浙军区的驻地确实独具慧眼。

长兴是江南的一个小县城，属于浙北低山丘陵向太湖西岸平原过渡的地区。在1945年时，长兴既不是交通枢纽，也不是经济重镇，中共中央之所以选择这里作为苏浙军区，是从天时、地利、人和多方面深思熟虑的结果。

第一，长兴虽不是井冈山那样的革命老区，但在江南，也称得上革命热土，具有浓烈的革命氛围。早在1927年7—8月，中共长兴独立支部就宣告成立，从此揭开了长兴革命斗争历史的新篇章。1928年秋，在上海党组织的支持下，中共夹浦支部成立，共有党员40人，隶属于上海闸北党组织，但不久遭到国民党破坏。1929年4月，上海党组织派人再次到夹浦指导工作并恢复了夹浦支部。这年7月，中央浙北巡视员郑馨到长兴巡视工作，并建立了中共长兴区委。10月，夹浦支部及长兴区委被国民党当局发现并被破坏。1930年，夹浦支部和长兴区委重建。

长兴县党组织不屈不挠，在白色恐怖中成长。1939年春，中共浙西特委派

---

① 《华中局报刘少奇：给粟裕、谭震林、黄克诚、邓子恢的指示信》，中共浙江省委党史研究室、中共湖州市委等：《浙西抗日根据地》，浙江人民出版社1992年版，第45页。
② 《张云逸、饶漱石、赖传珠致苏浙军区、苏南、浙东：成立苏浙军区，统一指挥浙西、浙东部队》，中共浙江省委党史研究室、中共湖州市委等：《浙西抗日根据地》，浙江人民出版社1992年版，第63页。

人在省、县政工队及县自卫队和基层骨干中秘密发展党员，至 1940 年春，全县党员总数达 118 人，并秘密成立中共长兴县委。在长兴县委的领导下，长兴的抗日情绪高涨，革命气氛浓厚，群众基础扎实，这为苏浙军区在长兴的成立创造了"人和"的有利条件。

第二，长兴的地理位置有利于苏浙军区的建立。长兴占地面积虽然不大，但所处的地理位置十分重要。长兴位于三省交界之处，与浙江省安吉、吴兴和安徽的广德、江苏的宜兴接壤。在长兴建立军区，有利于灵活掌握情报，全面指挥三省的军事行动。军队可以凭借当地的水陆交通，进退自如，这是"地利"。

第三，1944 年，世界反法西斯战场发生了根本性的变化，给苏浙军区的成立带来"天时"之利。南方一直是我党我军力量空白之处。因为，我党我军的活动中心一直在北方，南方仅有少量游击队在进行活动。抗战胜利后，胜利果实落于谁手是关系国家前途命运的大事，中共中央一直在思考这个重大问题。为此，采取了两大措施："一是在日军发动豫湘桂战役后，派遣留守延安的八路军 359 旅一部为主体，组成以王震、王首道为司令、政委的'南下支队'挺进湘粤边，准备与广东的东江纵队会合，开辟以五岭地区为中心的华南抗日根据地，为我军在华南实施反攻做好准备；二是派粟裕同志率领新四军一部到苏浙皖边建立苏浙军区，向东南沿海各省发展。"[①]

新四军苏浙军区司令部设在槐坎乡仰峰岕沈家大院。王必成旅长率领部队从苏南追敌南下，部队进驻槐坎乡仰峰岕，在这里统一指挥郎广长地区的抗日斗争。沈家大院的主人很快把房屋主动让了出来，作为新四军的旅部。

沈家大院坐北朝南，清咸丰年间所建，是前后两进、四面高墙的两层楼房。房屋为砖木结构，以前堂后寝的传统格局，按中轴线及东西两组、纵深两进排列，中轴线主体建筑为前后贯通的走马楼，左右厢房由回廊相连。整座建筑规模恢宏、布局紧凑、构造精致、雕饰华丽、高低有序、错落适宜。因为大院为沈氏三兄弟所建，故称"沈家大院"。大院共有大小房屋 51 间，旧址占地面积 1129.69 平方米。

---

① 张亦民：《试论苏浙军区在抗日反顽斗争中的地位与作用》，《中共浙江省委党校学报》1998年第1期。

沈家大院位于易守难攻的仰峰岕，再加上房间众多，是做军事指挥所最有利的条件。因此，这里最初是 16 旅的旅部，后成为苏浙军区司令部。沈家大院还有一个不为人知的秘密：沈家大院的二楼，有一扇隐蔽的小门，如果有浙江方向的敌军来袭，可以迅速撤离，抄小路约 45 分钟就可以撤离到安徽广德，再翻过北面的山岭，可以到江苏宜兴。这个特殊的密道，有利于隐蔽、撤退。因此，沈家大院作为苏浙军区司令部，是再合适不过的了。

新四军苏浙军区成立后，在槐坎一带先后设立了司令部、政治部、供给部等领导机关和后方医院、兵工厂、制鞋厂、修枪所、疗养所、被服厂、江南银行、苏浙公学、报社等多个机关部门，集政治、军事、经济、文化等功能于一体。直到 1945 年秋新四军北撤，槐坎一带都是一片火红的抗战热土，成为名副其实的"江南小延安"。新四军在长兴生活战斗，也给这里带来了好风尚。新四军严格执行"三大纪律八项注意"，与当地百姓打成一片，他们帮老百姓干农活，打扫房间，把村中所有水缸都挑满水。有时借宿在百姓家里，就睡在门板上，第二天再把门板装回去。长兴山区多产竹，新四军战士就地取材，自制各种生活用品。据说当地种植的番茄和土豆，也是当年粟裕将军带来的种子。

新四军在长兴的所作所为，给当地群众留下了良好的印象，当年长兴流行着这样一句话："吃菜要吃白菜心，当兵要当新四军。"

新四军苏浙军区的建立，在中国共产党领导的中华民族抗日斗争史上具有非凡的意义，也充分证明了党中央高瞻远瞩的战略理念。其主要历史意义如下：

第一，苏浙军区的建立，犹如一颗"钉子"钉在日伪占领的长江三角洲地区。这个钉子"为打通浙东，配合盟军，形成包围上海、南京等大城市，建立了前进基地"[①]。众所周知，长江三角洲地区是抗日战争时期的日伪占领区。当时全国被日军局部占领的省级行政区就有 16 个，江苏、浙江、安徽就是其中 3 个。

整个浙江分为日伪占领区和国统区。1938 年 3 月，以梁鸿志为首的南京维新政府成立；6 月，伪浙江省政府和杭州市政府也宣告成立。伪省府成立后，立即就在沪杭路一带设立县治，委派杭县、嘉兴、吴兴、嘉善、海宁、平湖、德

---

① 中共长兴县委党史研究室：《抗战在长兴》，中央文献出版社 2016 年版，第 80 页。

清、武康、余杭、长兴、桐乡、崇德、海盐等 13 县知事，并陆续在各县成立警察局、税务局、法院等机构。浙江省的其他地区则是国统区，这里虽然不是日伪区，但国民党一直在剿灭共产党。此外，上海、福建、江西等南方地区也都是日伪占领区。在抗战胜利前夕，让我党我军的力量进入该地区，如同一把尖刀直插敌人心脏，为有效歼敌、保护抗战胜利果实打下坚实基础。

第二，苏浙军区的成立，为新四军在江南经济发达地区的生活、战斗积累了丰富经验。长期以来，共产党的主要武装力量都在北方。与南方相比，北方的经济条件较差，民众的觉悟较高。共产党在北方开展工作相对比较顺利。但随着共产党力量的不断扩大，考虑到今后要在全国执政，势必要具备在发达富裕地区治军治国的经验。苏浙军区的建立，正是一种有效的历练。苏浙军区在长兴地区的顺利工作，说明了新四军不但善于在贫穷的苏北地区与敌作战，而且能在经济发达的杭嘉湖、天目山地区站稳脚跟。

第三，苏浙军区在长兴建立后，取得一系列军事胜利，打击了日伪的嚣张气焰，极大鼓舞了当地百姓的革命热情，加快了浙西抗日根据地的建立。"苏浙军区主力在打击日伪、反击顽军进攻的同时，在根据地内实行党在抗日时期的纲领和方针政策，进行可能和必要的各项建设，使根据地得到日益巩固和发展。"①

第四，大反攻时建立巨功。苏浙军区的建立，让新四军处于有利的战略地位。当时，党中央总的战略设想是："一旦战略反攻揭幕，我们能够破敌收京入沪，配合盟军登陆，使我们在日寇崩溃时处于有利的战略地位；如果那时国民党发动全面内战，则我们能够在东南独立地就地坚持，成为全国抗击国民党军队进攻的一翼。"②

日本宣布无条件投降后，苏浙军区的作用就凸显出来了。1945 年 8 月 12 日，新四军军部命令苏浙军区控制京沪杭交通要道，占领上海、南京、杭州等大城市。苏浙军区奉命以 1 纵队攻取南京，3 纵队进攻无锡、苏州，4 纵队配合上海工人起义，接管上海。苏浙军区城工部还指示杭州地下党组织准备里应外合，配合苏浙军区部队解放杭州。同时，苏浙军区命令京、沪、杭、甬等大城

---

① 何翠桂：《论浙西抗日根据地》，《杭州大学学报》（哲学社会科学版）1990年第2期。
② 粟裕：《粟裕战争回忆录》，解放军出版社1988年版，第317页。

市及江浙地区的一切日伪军及政权机关立即停止抵抗，缴枪投降。后来，由于国民党疯狂地抢夺胜利果实，党中央改变了战略，决定夺取小城市和广大农村，做好打持久战的准备。于是苏浙军区迅速占领了吴兴、长兴、宜兴、溧阳、溧水、郎溪、广德、金坛、句容、高淳诸城镇及太湖西岸各地、浙西敌后各县，创造一整片红色农村，为应付内战、坚持斗争打下了坚实的基础。

苏浙军区从建立到北撤，时间只有 10 个月。然而，就是在这短短的时间里，苏浙军区完成了党中央和毛泽东关于建立抗日战略支点的任务，为打开东南新局面奠定了基础。苏浙军区也通过"苏浙公学"的教育，吸引了大批进步青年积极投入抗日洪流，其中不少人成为共产党和军队的骨干，为后来中华人民共和国的诞生作出了巨大贡献。

三、挺进莫干山，打开浙西局面

苏浙军区成立后，根据党中央向东南敌后发展的部署，苏浙军区明确了当前的任务主要是：巩固苏南地区，打开浙西局面，打通与浙东的联系，以便为开展对日反攻和配合盟军作战创造条件。

打通与浙东联系，当时有两条路线：

> 一是东路，从杭州东北钱塘江口南渡，到达三北地区。此线江面宽阔，杭嘉湖区又是日伪"清乡"区，新四军在该区无工作基础，且系水网地带，不便于大部队行动。二是西路，从杭州西南地区东渡富春江到达金华、萧山地区。此线西侧大部为顽军所控制，顽军必然要东出阻拦。因此，无论深入苏南工作或打通浙东联系，都必须首先打开浙西局面，其关键又在控制天目山。控制了天目山就能屏障苏南，巩固现有地区，才能使发展杭嘉湖区无后顾之忧，创造打通浙东的有利条件。[①]

粟裕司令员对进军的具体部署设想了两个方案：一是集中兵力向孝丰地区

---

① 杨杏山：《德清1945》，中国文化出版社2015年版，第12页。

出动，随后在反击中控制天目山，再向浦东和浙东发展；二是先以一部指向莫干山，随后再深入杭嘉湖，打通与浦东、海北（指杭州湾北的乍浦、平湖、嘉兴、海宁、海盐地区）的联系，再向浙东发展。

粟裕认为，方案一虽是可以迅速打开局面的上策，但不是很有把握，如果后续部队不能迅速南来援助，就可能陷于僵局，而且新四军主动深入顽区作战，在政治上、军事上都有不利之处；方案二虽发展较慢，但较稳妥而有把握，同时可以进一步摸清情况和创造实施第一方案的有利条件。方案二得到新四军军部批准后，粟裕立即开始行动。

1945 年 2 月 10 日，新四军苏浙军区各纵队按上述部署行动。1 纵队从安徽郎溪、广德和浙江长兴周坞山地区出发，在安吉梅溪渡过齐腰深的西苕溪，然后兵分三路向莫干山地区前进。纵队部率 1 支队直插递铺；2 支队插向莫干山东麓之三桥埠、武康一线；3 支队抵达武康上舍、上官和吴兴大冲一带。各支队沿途粉碎了梅溪、安城等地日伪军及国民党地方国民兵团、"忠义救国军"的袭扰和阻挡，一路所向披靡，势不可挡。

2 月 12 日，也就是农历大年三十，上午 9 时 1 纵队 2 支队先头部队到达了莫干山麓庾村集镇北沙堤头一带。国民党武康县政府县长杨前在 1 月 8 日获得新四军进军莫干山的情报后，急急忙忙到前线布置了沙堤头一线的防御，派国民党武康县自卫大队一个中队驻守。

2 支队先头部队近 2 个连到达沙堤头时，被国民党县自卫大队哨兵发现。国民党县大队 1 个中队闻讯后倾巢出动，依托壕沟等工事向新四军开火，企图阻挡新四军前进。新四军 1 纵队 2 支队投入了 2 个连的兵力参加战斗，其中一个连正面进攻，另一个连迂回到庾村集镇新马路断敌后路。国民党武康县自卫大队自知寡不敌众，往南逃到劳岭石颐寺，接着又退到宁杭国道以东。这次战斗仅用半小时就结束了，共俘虏敌人 7 名，缴获了一部分国民党自卫大队的密码和机要文件，缴获机枪 1 挺、步枪 8 支、手枪 1 支。2 支队乘胜占领了庾村，把庾村小学作为司令部指挥所，部队直插三桥埠、武康一线。

第二天，大年初一早上，整个路西（宁杭国道）已被新四军 2 支队控制。武康路西的老百姓一开门看到一排排的新四军部队，又惊又喜，以前只听说在长兴有新四军，这次终于盼来老百姓自己的队伍。

1945 年 4 月 5 日，国民党顽军在德清县城余不镇防御新四军攻城失败后，四处逃窜，其中一部分顽军沿着东苕溪右岸向南逃窜，在距离德清县城约 10 公里的獐山、东塘、云会等集镇和国民党浙江省保安 3 团、4 团会合，企图等待时机进行反扑。

新四军独立 2 团与 1 纵队 2 支队主力攻克县城后，独立 2 团黄光裕团长率部乘胜追击敌顽。4 月 9 日，独立 2 团由塘泾出发向余杭东塘、寺斗的浙保 4 团、安吉县大队发起进攻。浙保 4 团、安吉县大队哪里是新四军独立 2 团的对手，面对新四军勇猛顽强的进攻，纷纷往西南方向逃跑。一时解除了对正在建立的防风区抗日根据地的骚扰。

此时，新四军 8 支队收复菱湖后，挥师向南，在 4 月 26 日与驻扎在塘泾的独立 2 团会合，开始并肩作战，共同挺进杭嘉湖。

4 月 28 日，新四军 8 支队和独立 2 团在 3 纵队彭德清副司令员的率领下，向余杭的东塘、云会、獐山、上牵埠一带推进，遭到顽军浙保 4 团和余杭、安吉、武康等 5 个县的自卫大队共计近千人的阻拦。8 支队和独立 2 团英勇出击，在 4 月 29 日击溃了顽军的阻击，先头部队到达杭州城外的拱宸桥附近。5 月 8 日，8 支队和独立 2 团再次协同作战，向进犯杨坟、东塘的浙保 3 团、安吉县大队、武康县大队发起进攻。经过激战，顽军大败而逃。至此，德清城南的顽军基本消灭，大大减轻了武德地区南部来自顽军的压力。

据 8 支队政治部主任姚力回忆，部队打到杭州附近的一座小山上时，站在山坡上能看到停在笕桥机场的飞机。新四军打到杭州城外的消息也传到了杭州城里，连城内的日本兵也知道了。一个清早，新四军巡逻兵抓到了一名在日军中当翻译的朝鲜人，这个朝鲜人听到新四军已经打到杭州城外的消息后，就跑出城外投奔了新四军，后来参加了反战同盟，一直留在苏浙军区司令部。

8 支队和独立 2 团在进入杭嘉湖地区的一个多月里，一面发动群众抗日，一面消灭了七八支盘踞在杭嘉湖地区危害人民、阻碍抗日的国民党反动武装。中共杭嘉湖工委领导杜大公、朱辉等随军行动，并和开展地下活动的同志会合，往南汇、浦东等地的路线基本打通，武德抗日根据地得以较快建立。战斗中缴获的枪支转交给了县、区、乡民主政府，武装了地方抗日武装队伍，基本打开了杭嘉湖的抗日局面。

新四军在挺进莫干山、进入杭嘉湖地区的同时，不断加强根据地建设。浙西抗日根据地，是苏浙皖边抗日根据地的重要组成部分。它是新四军按照党中央关于发展东南的战略部署，于 1943 年南下浙西后逐步开辟的。其地域包括钱塘江、富春江以北与以西的郎广长、天北、天东、杭嘉湖 4 个地区之长兴、孝丰、安吉、广南、吴兴、武康、德清、余杭、临安、新登、富阳等 11 个县。浙西根据地的建立，为确保新四军收复失地打下了基础。

在苏浙敌后发展，建立根据地和党组织，这是党中央早就思考的重大事项。早在 1941 年 2 月 1 日，毛泽东就电告刘少奇、陈毅、彭德怀，指出："华中第二个战略中心是江南根据地，又分为苏南、皖南、浙东及闽浙赣边四方面。……该地目前是加强地下工作，准备将来武装起义，恢复过去公开根据地。"①

苏浙军区在长兴建立后，取得一系列的军事胜利，沉重打击了日伪的嚣张气焰，极大鼓舞了当地百姓的革命热情，加快了浙西抗日根据地的建立。"苏浙军区主力在打击日伪，反击顽军进攻的同时，在根据地内实行党在抗日时期的纲领和方针政策，进行可能和必要的各项建设，使根据地得到日益巩固和发展。"②

为了加强党的领导，1945 年 5 月 1 日，成立了浙西区党委。在成立浙西区党委的同时，建立了浙西行政公署，浙西区党委和浙西行政公署的建立，标志着浙西抗日根据地正式形成，使根据地建设进入新的发展阶段，长兴、孝丰、安吉、广南、吴兴、武康、德清、余杭、临安、新登、富阳等 11 个县的抗日民主政府先后建立，区乡抗日政权也随之建立。

1945 年 9 月 1 日，苏浙区党委正式成立，粟裕为书记，金明为副书记，委员为吴仲超、叶飞、江渭清。在党的领导下，根据地的政权建设也开展起来。

---

① 《毛泽东致刘少奇、陈毅并告彭德怀》，中共浙江省委党史研究室、中共湖州市委等：《浙西抗日根据地》，浙江人民出版社1992年版，第27—28页。
② 何翠桂：《论浙西抗日根据地》，《杭州大学学报》（哲学社会科学版）1996年第2期。

第九章

浙西特委的建立和抗日活动

浙西地区沦陷后，浙西人民在中国共产党的领导下，开展了轰轰烈烈的抗日救亡运动。为了加强对浙西地区抗日斗争的领导，开辟沦陷区的工作，中共浙江省委决定成立浙西特委。浙西特委成立后，健全各级党组织，发展抗日武装，开展抗日救亡活动，建立秘密交通线，成为领导浙西人民开展抗日斗争的坚强堡垒。

一、浙西特委的建立

从抗战爆发到 1937 年底，浙西地区全部沦于敌手。抗日战争时期的浙西地区，北靠太湖、苏南，毗邻南京、上海，西连皖南，东临东海，南接富春江、钱塘江，运河流贯其中，京杭国道横穿全境，境内有天目山、莫干山可作依托。

浙西地区包括 21 个县：於潜、昌化、分水、富阳、新登、杭县、余杭、临安、安吉、孝丰、吴兴、长兴、武康、德清、崇德、桐乡、嘉善、嘉兴、海宁、海盐、平湖。浙西地区经济发达，文化繁荣，是浙江的鱼米之乡、丝绸之府、文化之邦。

浙西地区是当时的沦陷区，抗日战争全面爆发后，日军入侵浙江。至 1937 年 12 月下旬，嘉善、嘉兴、平湖、海盐、桐乡、吴兴、长兴、武康、德清、崇德、海宁、余杭、杭县、富阳、安吉、孝丰、临安、新登、平湖等县城均被日军占领。日军杀人放火，奸淫掳掠，这片鱼米之乡顿成人间地狱。

浙西人民没有束手待毙，而是奋起抗击日本侵略者。在抗战时期，这里出现了七八十支以抗日为旗号的游击武装。为了更好地领导这个地区的抗日武装，中共浙江省委召开了专门会议，研究组建浙西特委事宜。

当时，中国共产党在浙江的领导机构有两个：一个是中共闽浙边临时省委，书记是刘英；另一个是中共浙江省工作委员会，书记是顾玉良。1938 年 5 月 7 日，刘英根据中共中央东南分局的指示，在平阳凤卧乡召开会议，决定撤销闽浙边临时省委和浙江省工作委员会，成立中共浙江省临时省委，刘英任省委书记，顾玉良为职工运动委员会负责人。同年9月，经中共中央批准，浙江省临时省委转为正式省委，顾玉良为省委常委兼宁绍特委书记。

浙江省委正式成立后，加强了党在浙江的各项工作，推动了浙江的抗日救亡运动。

新成立的浙江省委对全省党的组织工作提出明确要求："巩固浙南和浙西南，发展浙西、金衢、宁绍与台属地区。"①省委派人到各地区巡视和指导工作，恢复了一批失去组织关系的同志的党籍，同时吸收了一批在抗日救亡运动中涌现出的先进分子入党。

中共浙江省委1939年1月在金华召开了常委会议，讨论了浙西的工作情况。大家一致认为，要打开浙西的工作局面，必须加强党对浙西工作的统一领导；针对浙西地方抗日武装纷杂的情况，一定要抓好武装工作，建立党的抗日队伍。会议决定组建中共浙西特委，统一领导杭嘉湖地区21个县的工作。会上决定抽调省委常委、宁绍特委书记顾玉良主持浙西特委的筹建。

顾玉良是上海嘉定人，原名顾建业，1906年生于一个贫农家庭；1926年10月，加入中国共产主义青年团；次年1月，转为共产党员。1932年10月开始，先后任中共中央内部交通科科长、中共江苏省委技术秘书。1933年5月，因叛徒出卖，顾玉良被上海法租界巡捕房逮捕，后转押在国民党南京宪兵司令部。在狱中，顾玉良拒不承认自己是共产党员。最后，被判无期徒刑。1937年全面抗战爆发后，八路军南京办事处将他保释出狱。1938年2月，受中共中央东南分局派遣，顾玉良到浙江工作，任中共浙江省工作委员会书记。他曾到诸暨、嵊县等地调查党组织发展情况，指导发展县级党组织。

在省委会议上，大家一致认为：

> 浙西是抗日前线，又是沦陷区，情况复杂，没有武装力量不易开展工作。当时根据我们掌握的情况，浙西有许多群众抗日武装，其中著名的有郎玉麟部队、李泉生部队和朱希部队。郎玉麟部队虽然人数

---

① 中共浙江省委党史研究室：《中共浙江党史》（第一卷），中共党史出版社2002年版，第364页。

不多，但有党的领导，战斗力较强，群众纪律好，深得群众拥护；李泉生原是共产党员，被捕出狱后脱党，吴兴沦陷后，他积极活动，搞起一支有六七百人的部队；朱希原是国民党的一个军官，军队溃散后不愿去后方，留在敌后收集残部坚持抗战，部队迅速扩大至数千人。因此，会议决定我到浙西后的工作方针是：依靠郎玉麟部队，团结李泉生部队，争取朱希部队，建立起一支强有力的武装力量，开展党的各方面工作，打开浙西游击根据地的局面。①

在这次会议上，浙江省委考虑到浙西靠近皖南、苏南，与省委驻地距离很远，交通不便，信息传递不畅，而当时东南局又曾要求加强浙西工作，因此，浙西特委除了与省委保持必要的联系外，还要向东南局报告工作，就近联系，获得领导。一些工作中的实际问题，如干部和经费等，可由东南局帮助解决。

根据省委金华会议的决定，顾玉良开始筹建浙西特委。1939 年 2 月，他与张之华一起来到安吉，找到了安吉县工委书记郑至平，全面了解了浙西地区和安吉县的抗日救亡运动和党的工作情况。最后，在安吉青松乡一个姓梅的保长家里，召开了由顾玉良、彭林、徐洁身、张之华参加的浙西特委第一次会议。

安吉青松乡这位保长叫梅永发，为人开明，对于在他家里召开浙西特委会议一事，梅永发的儿子梅一林回忆道：

> 那年我父亲 27 岁，担任青松乡保长，在安吉县境内还是很有威望的。那时家里房子比较多，有 8 间茅屋。父亲也很开明，当时顾玉良和一位女同志住在我家里。我姐姐那时 4 岁，顾玉良还教她唱《松花江上》，走之前顾玉良给我姐一块银元作为相关费用，后来被父亲知道了，姐姐还为此挨了训。会议结束后，父亲叫姑父把顾玉良安全送到小溪口，还扯了几尺布送给他。那位女同志在去临安的路上，在当时

---

① 顾玉良：《回忆浙西特委》，中共浙江省委党史研究室、中共湖州市委等：《浙西抗日根据地》，浙江人民出版社1992年版，第292页。

的孝丰县境内被捕,不久就牺牲了。[①]

当时的特委会开得很简单,一是传达省委的决定,即成立临时特委和明确特委的组成人员;二是传达省委对特委在浙西的工作指示和要求,主要内容是要在浙西首先抓武装斗争,建立抗日队伍。

会议宣布由顾玉良担任浙西特委书记,彭林为组织部长兼军事部长,徐洁身为宣传部长,张之华为妇女部长。

参加特委会的4位同志各自汇报了自己的情况,确定了分工。当时,大家有一个共识,就是要迅速联系分散在浙西各地的党员,团结一切力量,利用一切条件,积极开展党的工作,着手建立党的武装。

根据省委的工作方针,浙西特委第一次会议确定了特委的四大工作任务:一是宣传党的抗日民族统一战线政策,独立自主地建立抗日武装,开辟浙西抗日游击根据地;二是动员浙西各阶层人士参加抗日救亡工作;三是广泛深入发动群众,组织多种抗日群众团体;四是发展党员,建立党组织。

为了今后开展工作的方便,会上决定把特委机关移到郎玉麟部队的驻地安吉县梅溪镇小溪口村。小溪口历史悠久,相传唐末已建有集市。小溪口商业兴盛,集市交易繁荣。郎玉麟部驻防小溪口,打击日本侵略军和汪伪军。为了工作方便,浙西特委机关也移至此处。

不久,郎玉麟部队被调至外地,浙西特委移到於潜鹤村《民族日报》社驻地;1939年6月,移至武康县庚村和莫干山140号别墅;1941年夏,特委机关撤至长兴县。

二、组建抗日队伍

浙西特委第一次会议结束后,大家按各自分工出去活动。张之华到郎玉麟部队去做工作,吴林风、陆鲁一到路东去找李泉生部队。1940年5月间,东南局派朱辉任特委组织部长,加强了特委工作。后来为了适应斗争需要,上级党委决定将浙西特委分为路西特委和路东特委,路西特委由顾玉良任书记,路东

---

① 童思源:《寻访青龙村浙西特委第一次会议遗址和抗战故事》,http://ajnews.zjol.com.cn/ajnews/system/2011/06/07/013833443.shtml,2011年6月7日。

特委由朱辉任书记。

浙西特委分析了当时浙西抗战武装的实际情况，郎玉麟部队在京杭公路以西活动，李泉生部队在路东活动，朱希部队在遭到日寇打击后，只剩下几百人，撤退至孝丰休整。根据这一情况，特委认为，要建立一支由共产党领导的抗日武装部队，就必须把部队拉到敌后去，只有这样才能脱离国民党顽固派的控制。于是，特委决定让郎玉麟部把部队拉到路东与李泉生的部队联合起来，壮大队伍，提高部队的战斗力。特委派人去路东找李泉生，但没有联系上。顾玉良想让郎玉麟部主动先去路东，然后再联系李泉生。但郎玉麟认为，路西是山区，又是自己的故乡，地形熟、人脉广，有利于开展活动；路东是水网地带，人地生疏，单独带部队过去，风险比较大。

正在这个时候，国民党政府下达命令，让所有收编部队到天目山集训。第62师一部，以接防为名开到敌后，逼迫这些部队接受集训。在国民党政府的威逼下，李泉生部队、郎玉麟部队都先后上了天目山。此时，浙西特委机关也转移到了《民族日报》社的驻地临安於潜鹤村。鉴于当时的形势，浙西特委把联合郎、李、朱3支武装开辟浙西抗日游击根据地的计划推迟到集训以后。

1940年前后，浙西特委主要开展了击退反共逆流的工作。当时，国民党的反共面目逐渐暴露，开始对共产党的活动加以监控。为了打击浙西的反共逆流，1940年2月，浙西特委决定，由顾玉良去皖南向中共中央东南局汇报工作。顾玉良全面汇报了浙西的工作情况，主要内容有4项：一是浙西地区在抗战前后的形势和特点；二是特委开展武装斗争的现状和遇到的实际困难，说明了省委建立浙西武装的计划一时难以实现的原因和采取的措施；三是对郎玉麟部队、李泉生部队、朱希部队3支武装一旦编入国民党正规军的问题做了请示；四是要求东南局增派熟悉浙西情况的干部，充实浙西特委的领导力量。

东南局书记项英认真研究了浙西工作，并对浙西工作做了4点指示：

（1）目前有股反共逆流正在全国掀起，浙西也不例外，我们要用坚持抗战、团结、进步的口号，在群众中揭露国民党顽固派的阴谋，克服投降危险，争取抗战胜利；（2）国民党的"合法"组织要利用，但行动上不能受其束缚，既要争取公开活动，又要注意秘密活动，独立自主地开展工作;(3)要加强和巩固党的领导,注意农村和交通沿线的工作,扩大工农群众运动;(4)要重视组建不脱离生产的小型游击武装,可以在有党组织的地方,建立秘密的游击小组,平时分散劳动,从事群众工作,必要时集合起来使用。[①]

项英还明确指出,目前不宜建立公开的、大型的游击队。

汇报工作情况后,顾玉良回到浙西。在莫干山的庚村召开了各县(工)委书记会议,传达贯彻东南局的指示,并部署了今后的工作任务。顾玉良要求各地采取各种方式扩大宣传,巩固抗日进步力量,团结、争取中间势力,打击、孤立投降倒退势力;要求各地重视组建和扩大党的武装。顾玉良强调,浙西若没有党领导的武装,就不能有效地打击日伪、保护人民,抵抗国民党顽固派的投降倒退活动。

庚村会议后,各地普遍开展了反对投降倒退的宣传。

长兴县各级党组织在县委的领导下统一行动,在全县集镇秘密张贴了《向国民党的十点要求》等传单。吴兴县的菱湖、德清县的洛舍成立了"抗日反汪大同盟",进行抗日宣传,开展肃奸斗争。许多地方召开了"纪念抗战三周年大会",发表抗日演讲,举行游行示威,揭露国民党顽固派的投降卖国行径,号召人民群众团结起来为争取时局的好转而斗争。其间,各地党组织还加强了对国民党军的统战工作。通过组织各界人士参加救护队、举办慰问活动等,激励国民党军官兵的抗日斗志。国民党军某部一个团的官兵,在中共吴兴县委和双林有关抗日群众团体的影响下,积极参与了双林一带的反"扫荡"斗争。[②]

根据东南局的指示,浙西特委组建了一支抗日武装——"抗日反汪军"。

1940年2月,浙西特委决定派军事干部郑至平到吴兴县塘北区秘密开展工作,筹建不脱离生产的小型游击武装。

---

① 中共湖州市委党史研究室:《中共湖州党史》(第一卷),中共党史出版社2002年版,第116—117页。
② 中共湖州市委党史研究室:《中共湖州党史》(第一卷),中共党史出版社2002年版,第117—118页。

塘北区具有良好的工作基础，这里有党员 30 多人，许多地方都建立了党的基层组织。同时，这里的武装筹建工作也早已开始。中共塘北区委副书记贺友耧根据顾玉良的指示，在这里收集一批武器弹药。因此，郑至平来后不久，就组建起一支 10 多人的游击武装。浙西特委将这支武装命名为"抗日反汪军第一支队第二大队"，简称"抗日反汪军"，郑至平为队长，贺友耧为指导员，队伍受浙西特委和吴兴县委的双重领导。

"抗日反汪军"是一支不脱离劳动的武装，队员白天助民劳动，晚上集中行动。他们生活艰苦，作战勇敢，纪律严明，受到当地群众的拥护。

1940 年 4 月至 7 月，郑至平率领"抗日反汪军"在塘北的太湖沿岸和塘南的双林、练市等地，袭击日伪据点，破坏日伪通信，伏击敌方物资，惩办汉奸恶霸，取得了一系列的胜利。在不到半年的时间里，队伍扩大到 2 个班、20 多人，拥有轻机枪 1 挺、其他枪 10 多支。

然而，游击武装的成长经历了严酷的考验，当时的"抗日反汪军"不仅受到日伪顽的夹击，也屡次遭到土匪的威胁。1945 年 5 月，郑至平率部在塘北大钱一带活动时，遭到土匪的突然袭击，为了掩护部队的撤退，郑至平英勇牺牲，"抗日反汪军"遭到重大损失。此后，中共浙西特委派罗希明和熊飞担任队长，领导"抗日反汪军"继续开展武装斗争，打击日伪势力。

三、建立秘密交通线

中共浙西特委为保护和加强与中共苏皖区党委的密切联系，建立了陆路和水路两条秘密交通线。

陆路交通线从浙西特委出发，经长兴的煤山、白岘至江苏的张渚。

水路交通线从浙西特委出发，经安吉梅溪、天平和长兴的虹星桥、竹园村、杭渎港，过太湖到江苏太滆。

1. 陆路秘密交通线的开辟

陆路的交通线主要经过长兴，为了保证交通线的畅通，在煤山、白岘和泗安建立了秘密联络站。

煤山地处长兴县西北部，位于苏浙皖三省交界处。这里因有煤矿而闻名全国，从浙南和沦陷区到苏南、皖南，煤山是必经之路。当时，省政工队的一个小组就驻扎在煤山。中共浙西特委和长兴县委为了能在煤山地区建立一个安全、稳固的交通联络站，特别安排了一位在省政工队工作的女青年冯安琪来担任联络员。冯安琪是长兴人，1938年毕业于上海卫生技校。她追求进步，向往延安。从沦陷区潜回长兴后，参加了省政工队。她自筹器械、药品，在矿区办了一个诊所。不久，她秘密加入了共产党。在诊所工作期间，她先后发展煤矿技术员朱荣棠、余静文夫妇加入共产党。在党组织的安排下，冯安琪进入长兴补习中学担任校医兼女生指导。

冯安琪在煤山站稳了脚跟，并有了"帮手"，这为煤山秘密联络点的建立创造了有利条件。

1940年夏天，国民党浙西行署在长兴开展反共活动，给党组织的活动带来意想不到的困难，煤山联络站的作用也充分发挥了出来。当时，浙西特委交通员赵益群执行任务时在煤山中转，在於潜工作的共产党员王印庠去敌占区鸿桥工作也在煤山中转，安吉县委宣传部长谢鼎也在这里中转去外地。煤山成了浙西特委陆路交通线上的重要中转站。

白岘乡位于浙江省湖州市长兴县西北部，离煤山不远，也是浙西特委经张渚到茅山或太滆的必经之路。长兴县委派妇女部长严昔茵到白岘建立浙西特委到张渚的秘密交通中转站。在煤山，长兴县委书记刘旦让严昔茵与交通员罗志良接上关系，并结识了共产党员朱荣棠、余静文夫妇。在党组织的配合下，严昔茵在白岘小学当上了教师，并取得了白岘小学校长施信的信任。施信不仅是一名校长，而且兼任国民党白岘乡乡长、区党部书记长，大权在握。施信让严昔茵兼任乡公所助理，掌管乡公所的大印。

白岘中转站就这样顺利建立起来，为浙西特委的交通员赵益群、陆忠猷等人的往来解决了食宿问题，提供了安全保障。白岘交通站为各级干部的转移、撤离、出行提供了掩护、引路和接待。此外，严昔茵还通过江苏省立临时中学教师余仁溥，把交通员赵益群介绍给了张渚秘密交通站工作人员夏荷芬，让赵益群在张渚住宿，并安全到达苏皖区党委。

1941年11月下旬，浙西特委得到消息，知道白岘交通站的联络员范裕昌已经暴露，国民党特务已到长潮岕，要逮捕范裕昌。接到来自浙西特委的消息后，严昔茵立即安排范裕昌到吴山大丁村隐蔽。半月后，严昔茵也来到大丁村。1942 年 1 月，范裕昌和特委顾玉良、王若谷一起，在新塘水上交通站姚水珍等人的义务护送下，安全撤到苏南太滆。严昔茵因病直到 2 月才与张之华一起撤到太滆特委。

1940 年 4 月，泗安秘密交通站也建立了。泗安的交通站设在泗安镇党支部书记徐一平家里。徐一平的家位于泗安镇西门朱家弄，地处僻静，交通方便。徐一平的母亲热情好客，凡是徐一平的好朋友来家，她都会热情接待。

1940 年 8 月，在县政府粮管部门工作的徐一平接到交通员夏学辉的通知，知道国民党县政府派人到泗安，准备逮捕中共党员单洁、严文驹。徐一平立即紧急通知相关人员，让他们迅速撤离。国民党抓不到人，只好悻悻而归。

在这个交通站中转的党的负责人有赵益群、何坚白、刘旦、王若谷、陈浩天等。1941 年 7 月，徐一平通过水路，安全撤退到太滆特委。

从 1940 年春到 1941 年秋，长兴陆路秘密交通线的开通，保障了浙西特委与苏皖区党委之间联系的畅通，也为长兴县委与各基层党组织之间的沟通搭建了桥梁。在皖南事变后，由于国民党顽固派消极抗日，积极反共，浙西党组织处于困难时期。不少已经暴露身份的党员的转移、过境党政军干部的护送、上级党的文件指示的传达，都要通过这条交通线来完成。这条连接浙西和苏南的交通线安全运行，从没有发生过重大事故，为民族解放事业作出了重要贡献。

2.水路秘密交通线的开辟

1940 年，国民党顽固派掀起了反共高潮，浙西的抗日形势越来越严峻，各地的反共事件接二连三发生。浙西特委针对当时的形势，根据中央关于"隐蔽精干、长期埋伏、积蓄力量、等待时机"的方针，及时撤离和转移已经暴露身份的党员干部。为了安全转移这批干部，浙西特委和长兴县委决定再开辟一条通往苏南的水路秘密交通线。

当时的交通站就设在抗日自卫队指导员徐锡麟家里。徐锡麟是共产党员，家就在离长兴城南 4 公里的竹园村。这里河港交叉，修竹环绕，群众基础较好，地理位置合宜，日伪势力相对薄弱。徐家共有兄妹 6 人，母亲是寡妇。徐家作风正派，在当地具有一定的名望，门楣上刻着"耕读传家" 4 个大字。大哥徐锡麟和妹妹徐瑾都是共产党员，再加上徐锡麟是"长兴县抗日自卫大队一中队指导员"，因此，在徐家建立交通站十分适宜。徐瑾在长潮芥小学协助中共党员汪寿彭开展工作。二弟徐玉麟和六弟徐德麟在跨塘桥油坊干活，并在门口摆了一个杂货摊，以观察敌情。四弟徐石麟和五弟徐墨麟在家干农活，在农民中开展抗日救亡宣传。

1940年秋天，竹园村秘密交通联络站建立，成为党的秘密活动中心。后来，长兴县委也迁来这里，长兴县委组织部长倪柏年住在徐石麟家里，引导他们走上革命道路，最后徐石麟和徐墨麟都加入了共产党。这个联络站不仅掩护了往来的党政干部，传递情报，还召开过党的各种会议。徐家兄妹6人和祖母、母亲，积极支持党的交通工作，时常站岗放哨，观察敌情。徐家母亲还经常给来往同志洗衣做饭，不仅从不计较，而且从不泄露机密，同志们都称她为"革命的好妈妈"。

竹园村的秘密交通站建立后，浙西特委和长兴县委又在太湖边的杭渎港建立了水上秘密交通站。当时的长兴县副书记和浙西特委政治交通员陆忠猷发展了善于在太湖里行船的姚水珍、姚广清等人加入共产党，逐步建立了水上交通站。党组织购买了一只可装60担货物的水船，以"做生意"为掩护，由姚水珍负责，承担护送浙西各地的党员干部的责任。这些同志先到竹园村联络站歇脚，再辗转到杭渎港，随后由姚水珍摇船护送过太湖，到达苏南太滆根据地。

当时，国民党顽固派对陆路交通线的封锁很紧，因此，这条水上交通线路就成了浙西干部、党员往来的安全通道。这条水上秘密交通线在皖南事变后，安全转移了不少突围的干部和伤员，如赵益群、钟莹、徐一平、汪寿彭、胡志平、徐佩珍、夏莲芳等都由此前往苏南根据地。1942年2月，浙西特委书记顾玉良，委员王子达、张之华，长兴县委的王若谷、李焕、严昔茵等，也通过这条水上秘密交通线到达苏南根据地。

1942年6月，新四军独立2团在太湖平台山遭到日军汽艇封锁，太滆地委为了解救被围的新四军，组织船只突击转移，杭渎港交通站的姚水珍也担负了接运任务。那天晚上，风大浪高，天空一团漆黑，船上的桅杆也被风吹断了，小木船在太湖里颠簸，很快就迷失了方向，十分危险。直到平台山上的新四军发出信号，姚水珍才与其他船只一起把新四军转移出来。

1943 年 4 月，苏皖区党委派特派员罗希明、交通员陆忠猷、周植林和长兴特派员刘旦一起，在姚水珍的护送下由水路过太湖来到长兴。刘旦把中共长兴党组织的关系交给罗希明后，与陆忠猷搭上交通船去太滆地委接受新任务。

1949 年 9 月至 10 月，顾玉良在吴兴活动，中共长兴特派员刘旦和交通员陆忠猷赴吴兴长超开会，同去的还有太滆地委秘书贺千秋。途中，三人在吴兴八里店被"忠义救国军"别动队逮捕。押解途中，刘旦和陆忠猷脱逃，贺千秋在安徽广德横岭被害。不久，刘旦和陆忠猷由姚水珍摇船送往苏南根据地。

四、健全各级党组织

浙西特委建立后，先后在各地建立和健全了党的组织。1939 年 4 月，浙西特委将安吉县工委改为安吉县委，史列青任书记，丁国荣、许斐然、王野翔为委员。新县委建立后，在递铺、晓墅、梅溪、南湖等地发展党员，建立党的基层组织。到了 1940 年底，安吉全县建立了东南西北 4 个区委，共有党员 240 多人。

1939 年 5 月，浙西特委在吴兴县双林镇建立了中共吴兴县工委，由王子达任书记，汤池、叶纲为委员。7 月，吴兴县工委改为吴兴县委。吴兴县建立了菱湖、双林、塘北和城区 4 个区委和练市区工委，共有党员 100 多人。

1940 年 3 月，浙西特委在德清洛舍镇建立了武德县工委，由谢勃任书记，刘芾亭、蔡文雄为委员。

1940 年 4 月，浙西特委在长兴长潮岕建立了中共长兴县委，由何坚白任书记，谢霖、倪柏年、单洁、汪寿彭为委员。长兴县委在县政府和县政工队内部分别建立了党的组织，在县自卫队内建立了党的总支。县委下辖泗安、合溪 2 个区委；在长潮岕、泗安、李王庙、光耀、白阜、白岘、六都岕等地建立了党支部，有党员 100 多人。

此外，浙西特委还建立了临余工委、於潜中心县委、嘉崇桐工委、海北工委。

除了在地方建立党的组织外，浙西特委在郎玉麟部队、李泉生部队和朱希部队中都建立了党的组织。

郎玉麟的部队中有彭林在，党的力量较强，因此建立了一个特支，作为核心指导抗战工作。后来，郎部被编为省"抗卫总队"的一个连，彭林和部队中的党员都隐蔽了。为了发挥郎玉麟的作用，刘英同意郎部回浙西建立武装。

李泉生的部队里，特委派去了共产党员贺千秋和吴林枫进行工作，并发展了党员，建立了党总支。

朱希的部队遭到日寇打击后，剩下 800 多人，撤到了孝丰一带。由汪鹤松率 100 多人回到路东，在江苏严墓一带活动。特委派党员郑至平和徐洁身去汪部开展工作，发展党员。后因汪部被苏南行署改编，所有的党员才撤出。

浙西特委还在《民族日报》社和省政工队中建立了中共特别支部。

《民族日报》名义上是国民党浙西行署办的一份报纸，但在办报初期，其实是一张由地下党控制、进步人士参与的爱国抗日进步报纸。根据浙江省委的指示，编辑部掌握了几条重要的原则：一是在国内宣传上，执行党的路线，坚持抗战，反对投降；坚持团结，反对分裂；坚持进步，反对倒退；坚持民主，反对独霸。二是在国际宣传上，坚持国际反法西斯统一战线，团结美、苏、英、法等同盟国，反对德、意、日三国轴心。三是对日寇汉奸的诱降阴谋，给予揭露和打击。四是对国民党顽固派消极抗日，积极防共、反共，搞摩擦、搞分裂的行为，要如实揭露，并给予批评。

1939 年 7 月，浙西特委在《民族日报》社内建立了特别支部，直属浙西特委领导。这一时期的《民族日报》社，不仅报纸为中国共产党所领导，而且还是中共浙西党组织的领导和活动中心。《民族日报》社内的共产党员，还在国民党上层人物中积极开展抗日统一战线的工作。共产党员查如棠利用《民族日报》编辑的合法身份，开展社会工作。她以报社编辑的名义，做专员夫人、县长夫人的统战工作，动员她们出面组织"妇女联谊社"，并由她们担任正、副主任。当时，《民族日报》社除了有共产党的特支外，还有共产党的外围组织"民族解放先锋队"。

在浙西特委的领导下，《民族日报》社宣传了共产党的方针、政策和团结抗日路线，教育和鼓舞了浙西人民，推动了当地各项抗日救亡运动的开展，成为浙西抗日民族文化的一面旗帜。

浙西特委在省政工队中也建立了中共特别支部。

政工队是浙江省国共合作时期开展抗日救亡运动的团体，虽然在组织上受国民党政府领导，但中国共产党的各级地方组织也参与了其中的工作，因此政工队实际上成了共产党影响下的抗日救亡运动工作队。

浙西特委遵照省委关于"凡是公开合法的群众组织，我们都要积极参加进去，从数量的增加及工作推动中去充实它的内容，逐渐改变它的质，而不是要与国民党争组织形式与表面的领导"[①]的指示，把政工队的工作纳入议事日程，组织和动员了一批党员和进步青年加入政工队，并在政工队中建立了党组织。

1939年春，省政工队第1大队第1队在长兴泗安和合溪镇开展抗日宣传活动，浙西特委派党员单洁进入第1队，因为第1队的队长丁箎孙是单洁的学生。单洁原是新四军军部服务团成员，后调至浙西特委工作。进入省政工队后，她团结队员，培养积极分子入党，并在第1队建立了党的组织。

省政工队第1大队第2队原先就有几位共产党员，浙西特委与他们取得联系后，正式成立了支部，先后由王子达和姚单任书记。第2队原先在安吉、武康地区工作，后调至吴兴县。浙西特委把该队的支部改为特别支部。

第1大队第3队到达安吉后，浙西特委派何坚白等一批党员进入该队，并建立了党支部，后来也改为特别支部，由何坚白任书记。

省政工队第2大队1939年2月驻扎在吴兴双林时，队内已建立了中共支部，后改为中共特别支部。1940年初，在集训后，开赴德清、武康、崇德、桐乡等地，该队的特支由浙西特委领导。

此外，在安吉县政工队中，已经有若干共产党员，如史列青是政工队副队长，在政工队中发展党员，并建立了支部。在长兴县政工队中，浙西特委通过安吉县工委，派党员陈天明、谢霖等人前去工作，先后发展了多名队员入党，并在队内建立了中共支部，由谢霖任书记。在吴兴县政工队中，浙西特委通过省政工队第1大队第2队的特别支部，派党员前去开展工作，并发展党员多人，建立了中共特别支部，由严正任书记。

浙西特委通过政工队在各地建立了许多受党领导的群众抗日团体，并发展了大批党员。到1940年上半年，浙西大部分地区建立了县级党组织，增强了党的核心领导作用。

---

① 浙江省档案馆：《浙江革命历史档案选编：抗日战争时期（上）》，浙江人民出版社1987年版，第65页。

五、领导抗日救亡工作

浙西特委在各地政工队中建立了党的组织，实际控制了政工队的领导权，并通过政工队开展了形式多样的抗日救亡活动。

省政工队第1大队第1队队长丁篪孙是一名进步青年，曾去陕北接受过党的教育。他积极支持队内共产党的爱国活动。政工队队员采取组织歌咏队、剧团、办识字班和夜校等形式激发群众的抗日热情。队员还对日伪据点的伪军开展策反工作，并组织农民、店员、手工业者等群众成立抗日团体，广泛开展抗日救亡活动。第1队的抗日救亡范围从原先的长兴合溪镇逐步扩大到了太湖沿岸和吴兴县境内。

第1大队第2队队长姚旦曾于1939年在於潜和天目山聆听过周恩来的教导，回队后，迅速传达了周恩来对抗战形势的分析和在敌后开展抗日救亡运动的指示。第2队从武康移驻到双林后，开展了广泛的抗日救亡活动。政工队队员刷标语、出墙报，成立歌咏队，兴办文化夜校，向广大群众宣讲抗战形势，讲述抗战必胜的道理；先后组织了青年救国会、妇女救国会、店员救国会、农民救国会等抗日团体。

1939年7月7日，省政工队第1大队第2队在双林丝绸公馆召开了纪念抗战二周年大会，2队的特支书记王子达在大会上作了讲话，号召大家团结起来，积极参加抗日斗争。1940年3月8日，双林的政工队又发起召开了纪念"三八"国际妇女节大会，并组织了游行，在当地产生了很大的影响。

1943年3月下旬，王子达以省政工队第1大队第2队的名义，到善琏八字桥慰问抗敌前线的国民政府军第62师368团，转达了政工队队员和双林镇人民对他们的期望。战斗打响后，政工队发动和组织了几十人的救护队上前线救护伤兵员，受到了士兵们的赞扬。

省政工队第1大队第3队开展了多种形式的宣传活动。他们在安吉晓墅镇开办了民众夜校，教群众学文化；开办医疗站，为群众治病。省政工队在梅溪镇召开了有1000多人参加的"抗日反汪肃奸大会"，打击了汪伪汉奸的嚣张气焰，在群众中产生了很大的反响。第3队还向长兴的和平镇和吴兴的妙西镇派出工作组，开展抗日宣传。他们出版的《进攻》半月刊在当地很有影响。

各县政工队也积极开展工作，为抗日救亡活动作出了贡献。

1939年冬至1940年夏，长兴县政工队完全处于共产党的领导之下，县政工队队长童超和副队长肖卡都是中共党员。在共产党的领导下，长兴县政工队做了以下4件大事。

1. 支持进步人士、长兴县长严北溟

当时的长兴县长是严北溟。严北溟，湖南湘潭人，曾投身大革命洪流。1927年5月，加入中国共产党，一周后因长沙"马日事变"与党组织失去联系。1939年，严北溟带了10多名骨干（中共秘密党员）到抗日游击区长兴任县长，县政府设在八都岕。他整顿抗日武装，建立妇女救国会，举办青年训练班，创办长兴历史上第一所中学——长兴战时补习中学和《天北日报》。在他的掩护下，中共长兴县委得以秘密建立，使长兴的抗日工作有声有色。但这也引起了国民党第三战区顽固派的注目，他们在长兴建立"中统浙室"，严查"异党"活动，暗杀严北溟的秘书，盗窃其手枪，给严北溟的工作造成极大影响。

国民党长兴县党部书记长赵铁鸣利用地方恶势力，勾结一部分地主和富商，采用拒缴捐税的方式，造成县政府经费困难，企图逼走严北溟。县政工队和县政府里的共产党员积极支持严北溟的工作，说服他运用县政府的权力，撤换国民党右派区长，逮捕抗捐不缴的地主、富商。

2. 以政工队为掩护，开展党的活动

长兴县政工队队员利用合法身份，掩护党的地下活动。中共浙西特委派单洁、谢霖等人来长兴开展建党工作，都以县政工队为立足点；特委张之华、朱辉等领导到长兴检查、指导工作，也以县政工队为掩护。党的地下工作者来来往往，也通过县政工队开具证明，方便出行。党组织地下交通员被国民党军队扣留时，党组织就以政工队名义开证明，并进行保释。

3. 组织各类抗日救亡活动

1940年，长兴县政工队队员在党组织的领导下，积极组织了多项抗日救亡活动。1940年5月，日伪向长兴县白阜、八都岕一带窜扰，县政工队队员协助当地部队进行抵抗。副队长肖卡带领队员发动群众搞救护、抬伤员，送茶送饭、慰问部队，军民合力打击了日伪军。1940年7月，国民党第三战区以"煤矿免

被敌占领"为借口，炸毁了长兴煤矿的矿井，造成数千名煤矿工人失业，无法维持生计。中共浙西特委委派妇女部长张之华专程前往长兴，指导省政工队、长兴县政工队与国民党当局和资本家展开斗争。通过中共党员黄继武为主任的"善后办事处"，筹措资金，解决工人生活困难问题。通过这些活动，政工队与群众的关系更为融洽，有力地推动了抗日救亡运动的开展。

4. 宣传、鼓动与战斗

长兴县政工队深入各区乡村，张贴抗日标语，组织流动剧团，举办图片展览，揭露日军罪行，起到了显著的宣传效果。政工队还兴办农民夜校、开办妇女儿童识字班，教唱抗日歌曲，提高了群众的思想觉悟和抗日热情。

吴兴县政工队用唱歌、演戏、宣讲、办夜校、出小报等方式向群众介绍抗日救亡的情况，宣传党的方针政策。

德清县政工队于1939年春成立，当时的队长是桐乡大麻人沈庆昌，副队长是德清茅山人程道生。其他队员有20多人，都是20岁左右的爱国青年。队员每到一处，就进行抗日宣传，张贴抗日标语，教唱抗日歌曲。当时，他们的活动一直逼近德清县城，"打倒日本帝国主义""打倒汉奸嵇少梅"的标语一直贴到三里塘，在当地引起了很大的反响，敌伪把他们看作眼中钉。

1939年秋天，队长沈庆昌将队部迁移到了白彪乡哈兜村。没想到第一天晚上就遇上新市汉奸王震带领日寇突然袭击哈兜村，沈庆昌、程道生等都被抓捕。天亮后，日寇与汉奸发现沈庆昌是队长，就准备把他押往新市。途中，沈庆昌突然推开敌人，跳入稻田逃跑。然而，稻田泥泞，无法起步。最后，日寇用尖刀刺入沈庆昌背部，沈庆昌英勇牺牲。日寇在活捉副队长程道生后，用门板压在他身上，六七个敌寇站在门板上，程道生被活活压死。

六、传递情报，掩护同志

浙西特委成立后，有一批交通员，肩负着传递情报、掩护同志的任务。

赵益群，原名王珏，浙江镇海人，1938年走出家门，参加了省政工队，在安吉加入了中国共产党。不久，组织上安排她参加党训班学习。1939年底，浙西特委妇女部长张之华把她从党训班调出，安排她担任中共浙西特委的政治交通员。

当时的交通员，任务十分艰巨。因为当时没有其他交通工具，完成任务主要靠的是步行。为了完成任务，赵益群经常翻山越岭，她风雨无阻、日夜兼程。有时为了尽快赶路，饭也顾不上吃，饿了就向老百姓讨些食物，然后继续赶路。

为了安全完成浙西特委的任务，赵益群在短短的时间里，掌握了交通员应该具备的技能和素质。她熟记了联络暗号，准备好了应付敌人的言语，练就了随机应变的本领，并做好了随时牺牲的准备。为了工作方便，赵益群有多个化名，以村妇出现时叫"赵秀珍"，以学生面貌出现时叫"赵晚禾"等。

赵益群在任浙西特委政治交通员时，安全地完成了多项任务，从未暴露过自己的身份。

在我担任政治交通员时，印象最深的就是护送东南局政治交通员刘烈人同志。那是1941年5月，中共浙西特委书记顾玉良同志说："省委书记刘英要与华中局（当时在江苏盐城）建立密码，要刘烈人亲自去，并由特委政治交通员赵益群同志护送刘烈人到溧阳，再由太滆特委交通站转去江阴。"我接受任务后，与刘烈人从莫干山出发，经吴江到新四军六师师部。在我的带领下，刘烈人在后面紧跟，中间保持一段距离，他能看到我的身影就可以了，两个人不失去联系，主要为了避开敌人的注意。他当时较胖，行走较慢，我们一路上走走歇歇。到了交通站，我还为他打洗脚水。他却风趣地说："唉呀呀，小胖子（我当时的外号），你可真能走，都快把我给累死啦！"就这样，我们顺利到达目的地，见到了吴仲超、谭震林（六师师长）。[1]

赵益群还清楚地记得，1942年冬在执行任务路过宜兴时，遭到敌人的包围，经过一场激战后，牺牲了许多同志。她和宜兴县委的一位交通员冲出了敌人的包围。

刘旦也是浙西特委的政治交通员。刘旦是长兴雉城人。1937年冬，日军侵占长兴，刘旦全家逃难到合溪光耀里。1938年，他参加了长兴县政工队，并于

---

① 赵益群：《我任中共浙西特委政治交通员的回忆》，中共长兴县邮电局委员会：《中共长兴秘密交通史》，当代中国出版社1994年版，第57页。

第二年加入中国共产党；1940年3月，到苏皖区党训班学习。

刘旦在党训班学习期间，就接受过两次交通员任务，两次都是从苏皖区党委送文件到浙西特委。在第二次路过溧阳柏家塘时，刘旦被国民党第44师抓捕，他及时毁掉了随身携带的文件，冒充省政工队队员孟逸民。后来，组织上把刘旦营救了出来。

1941年党训班毕业后，刘旦到长兴工作。当时长兴政工队有三大任务：一是恢复建立党组织，发展壮大党的队伍；二是开辟交通线，沟通浙西与苏南太湖游击根据地的联系，开辟陆路与水路两条交通线；三是输送干部，保证安全。因此，刘旦的工作任务其实主要是交通工作。

> 我们还决定按照中共浙西特委的指示，在全县首先开辟陆路和水路交通线，配合浙西特委的交通工作，以此为交通主线，并在县内开辟网型的交通支线，以配合县工委的交通联络工作。这次会议是在泥桥那个瓦房里召开的，以后正式成立县委是在竹园村（徐锡麟家里）开的会。从1941年春节开始，我们在泥桥交通站组织县工委以后，恢复和发展了党组织以及开辟党的交通联络站的地区有：大煤山、煤山广兴、白岘、光耀、白阜埠、小溪口、港口、里塘桥、天平桥、虹星桥、竹园村、环沉、新塘、杭渎港等。[①]

刘旦记得，当时的交通员是不固定的，流动性很大。县内的交通员工作，常常由负责人自己去做。在完成任务中，他们尽可能减少暴露，常常用暗语进行联络，并完成了不少情报传递任务。

浙西特委的建立，鼓舞了当地百姓的抗日热情，不少进步青年加入抗战队伍。这里特别要说的是湖州的女交通员周丽华。

周丽华，1924年出生在湖州北街24号，家里还有一个哥哥和一个弟弟。其父亲在城里开了一家衣裳店，家境较为殷实，周丽华得以上学读书，曾就读于湖州苕溪小学、湖州三余学社，具有一定的文化水平，这为以后的情报生涯

---

① 刘旦：《忆抗日时期长兴党的秘密交通工作》，中共长兴县邮电局委员会：《中共长兴秘密交通史》，当代中国出版社1994年版，第61页。

打下了基础。淞沪会战爆发后，由于担心战火烧到湖州，周丽华的父亲带全家到安吉避难。等他们再回到湖州时，湖州已经沦陷了，家里的服装生意也不好了，一家人天天生活在恐惧之中。

周丽华的大哥周培之比她大10岁，是中共地下党员，曾被派往江苏太湖西山、苏州等地从事地下工作。1940年周培之调回湖州，负责地下党的交通和联络工作，并在吴兴县抗日政治工作队中担任中共特别支部书记。他把家里的衣裳店改为茶叶店，成立了浙西特委地下交通站。日军占领湖州后，采取了恐怖的手段打击革命人士。周丽华看到，在南门一带，经常有日军抓捕共产党员和革命者，随后施以酷刑，用烙铁烙，甚至在众人面前开膛破肚。周丽华对日寇充满仇恨，加上哥哥的影响，于是毅然决然地加入抗日队伍，担当起交通站传送情报的艰巨任务。地下交通站成立后，大哥周培之每日在店里打理生意，不便经常出门，联络同志和传送情报的任务就落在了周丽华身上。

周丽华年龄小，小姑娘在街上走动，传送情报，不太会引人注意。当时衣裳街、北街的香烟店，南门的福音医院，甚至城外的丝绸厂，都是周丽华常去的联络点。地下组织的同志们遍布各种行业，有缫丝女工，有卖胭脂的，有卖洋火的，大家以不同的身份作伪装，秘密从事着地下抗日工作。周丽华凭着小姑娘的形象，在这些人之间来回穿梭，一次又一次顺利完成了送情报的任务。有一次，她将纸条藏在随身携带的香囊里，不知不觉就将情报送到了同志们的手里。

周丽华记得特别清楚，有一次，浙西特委的领导来到湖州交通站，交给她一个任务——去德清县洛舍送一份情报，并向周丽华交代了地点、联络人和接头暗号。到洛舍送情报，对周丽华来说是出一趟远门了，她和表嫂一起，装扮成走亲戚的样子，从湖州乘船去洛舍。船到洛舍已近傍晚，周丽华接上关系后顺利地送出了情报。由于没有交通工具返回湖州，只好和表嫂在洛舍住宿一晚，第二天怀揣接头人的情报返回湖州。

北街24号的浙西特委交通站，受到周丽华一家的掩护和邻居们的保护，始终没有被敌人发觉。1942年，根据上级的指示，浙西特委撤至苏南，交通站也随之撤退，但周丽华一直跟哥哥在隐蔽战线上与日伪战斗着。

1941年皖南事变后，浙西与苏南地区的斗争形势更为严峻。为了加强领导，经华中局批准，浙西特委分为浙西特委和浙西北特委。浙西特委仍由顾玉良任书记，辖区范围为长兴县委、武德县委、安吉县委、於潜县委、余杭县委等5个县委。浙西北特委由朱辉任书记，辖区范围为吴江县严墓区委、嘉兴县委、海北工委、江苏锡南、苏西地区的太湖县委等。

1941年至1942年，国民党顽固派掀起了反共高潮。浙西特委交通员翁大毛叛变，浙西特委在莫干山的交通站遭到严重破坏，浙西特委机关不得不迁至长兴和平。长兴县委、安吉县委、武德县委、於潜县委都遭到破坏，不少共产党被捕，长兴县委书记史之华被害。鉴于这样的形势，中共苏皖区委决定将浙西特委和浙西北特委并入苏南太滆特委。

第十章　浙西根据地的创建

抗战后期，中国共产党根据对敌斗争形势的需要，在浙西建立了抗日民主根据地。浙西根据地是全国所拥有的 19 个解放区之一的苏浙皖解放区的重要组成部分。根据地的建立有力推动了浙西抗日斗争的开展，支援了新四军在天目山的 3 次反顽战役，为夺取抗日战争的最后胜利作出了重要的贡献。

　　浙西抗日民主根据地虽然存在时间不长，但在浙西人民心中留下了不可磨灭的印迹。这个根据地在浙江现代史和全国抗战史上都具有重要的地位。

一、浙西根据地的建立

　　浙西根据地是苏浙皖抗日根据地的重要组成部分。它是新四军按照党中央关于发展东南的战略部署，由其主力一部于 1943 年南下浙西后逐步开辟的。浙西根据地的范围包括钱塘江、富春江以北与以西的郎广长、天北、天东、杭嘉湖 4 个地区，共有长兴、孝丰、安吉、广南、吴兴、武康、德清、余杭、临安、新登、富阳等 11 个县。浙西根据地北靠苏南，西连皖南，以天目山为依托，京杭国道横贯全境。浙西根据地是新四军大举跃进东南，收复日寇占领下之京沪杭地区的前进战略基地。

　　向苏浙敌后发展，是党中央向东南发展的重要战略，是党中央为迎接反攻形势的到来所作出的战略决策。早在 1941 年 2 月 1 日，党中央就发出了关于华中 3 个战略地区（包括鄂豫陕边、江南根据地和苏鲁战区）任务的指示，其中江南根据地（包括苏南、皖南、浙东和闽浙赣 4 个方面）的战略任务是准备出天目山，向黄山及赣北发展，创立和恢复芜宁地区和沪杭甬地区及闽浙赣边区根据地。然而，皖南事变的突发给新四军造成了严重损失，以致这个指示一时未能付诸行动。

　　1943 年，战况发生重大变化。日军为了改变太平洋战争中的被动局面，从下半年开始，在中国正面战场上接连发动了赣北、粤南、滇西、苏浙皖边和鄂西、湘北等战役进攻。2万余日军，从9月28日开始，分皖南、苏南、浙西3路进攻苏浙皖边。此时的国民党第3战区部队却节节败退，3天之内连失溧阳、宣城、广德、郎溪4座县城，继而又失安吉、孝丰、临安等县城，苏浙皖边重陷于日寇铁蹄之下。

中共中央看到了这一形势，为了配合正面战场，也为了收复失地、扩大解放区，下令让新四军16旅从苏南尾随敌后南进，进入苏浙皖边，开辟郎广长抗日根据地，这正是新四军第1师主力南进的序曲。

浙西人民具有光荣的革命传统，早在大革命时期，浙西地区就出现过共产党的活动。北伐革命军进军浙江、上海时，浙西各地群众就受到了大革命和共产党的直接影响。大革命失败后的1927年至1931年，浙西还有吴兴、孝丰、德清等地共产党的县委的活动。粟裕等领导的红军挺进师转战浙西南时，于1936年4月成立了红军皖浙赣独立团，活动于宁（国）、孝（丰）、广（德）、宣（城）等边界山区，并且组织了中国工农红军宁广孝游击队的地方武装，在这一地区坚持斗争达一年多时间。这些活动，在浙西人民心中扩大了党和红军的威望，对浙西人民的革命斗争产生了深远的影响。

全面抗战爆发后，浙西又有了党的有组织的活动。1939年2月，在浙江省委的领导下成立了浙西特委，后来中共中央东南局又派来干部充实和加强了浙西特委的领导。1937年7月至1940年底，浙西地区的党组织有了较大的发展，先后建立了长兴、吴兴、安吉、武德（由武康和德清两县合并而成。在武德县委建立前，还建立过武德崇工委）等县委以及於（潜）、孝（丰）、昌（化）工委，海北工委（辖海盐、海宁、平湖、嘉善、嘉兴一部），嘉崇桐工委（辖嘉兴、崇德、桐乡）和横湖中心区委（辖临安、余杭）。1940年底，为适应浙西形势的需要，东南局决定将浙西特委分为浙西、浙西北两个特委，以京杭公路为界，路东归浙西北、路西归浙西。浙西北（路东）辖吴兴、武德县委和嘉崇桐工委、海北工委；浙西（路西）辖长兴、安吉、孝丰、於潜、昌化、余杭、临安、新登等县委。

在浙西党组织的领导下，浙西人民积极开展抗日救亡运动，斗争开展得很出色。党在浙西依靠广大党员和积极分子，宣传党的抗日主张，通过张贴标语、举办文艺演出、开办夜校、发行抗日报刊等形式，充分发动了人民群众的抗日力量，扩大了抗日民族统一战线和党在浙西群众中的影响。在党的领导和发动下，青年救国会、店员救国会、妇女救国会、农民救国会、"抗日反汪大同盟"等群众团体纷纷建立，并且组建了"吴兴县抗日游击大队"（郎玉麟部队）、"人民革命义勇军"（长超部队）、"抗日反汪军"和武德土枪队等地方抗日武装，他们在浙西各地袭击日军，打击汪伪，镇压汉奸，剿灭土匪，深得浙西人民赞扬。党还领导浙西人民开展反对苛捐杂税和实行减租减息等斗争。

1941年初，国民党顽固派制造了震惊中外的皖南事变，掀起了第二次反共高潮。中共中央东南局从皖南撤退到苏南地区，浙西党组织1941年内也接连遭到破坏。鉴于此种形势，1942年初，已与浙江省委失去联系的浙西党组织向苏南区党委太滆地委报告，上级指示撤离浙西，转入太滆地区，留少数同志坚持斗争。从此，浙西人民的斗争再次转入低潮。但是革命的火种并没有熄灭，党在浙西的深厚群众基础并没有削弱，浙西人民的斗争并没有停止。相反，新四军进军浙西后能够迅速开辟浙西抗日民主根据地，是与浙西人民的良好基础分不开的。

二、浙西根据地概况

随着共产党军队的不断胜利、浙西解放区的大量开辟，苏浙军区和苏皖区党委在1945年2月初就成立随军地方工作团。在部队的协同下，发动群众，组织群众，建立地方各级党政机关。工作团干部的来源主要有两个：一是从江北南下的苏中党校和苏中公学的干部中挑选一批同志参加；二是把苏南的4个地委合并成2个，抽调部分干部到浙西工作。由浙西特委原负责人朱辉和顾玉良担任随军工作团的正、副团长。

中共浙西特委于1939年6月迁到武康、莫干山，统一指挥浙西富春江、钱塘江以北杭嘉湖广大地区的抗日救亡运动。1941年皖南事变后，国民党掀起了第二次反共高潮，由于叛徒的出卖，中共浙西特委安全撤离至长兴和平。

随着新四军主力在浙西取得一系列对日伪顽作战的胜利，工作团深入浙西各县，发动群众，恢复党组织，建立各级抗日民主政府，到1941年5月中旬，各县的党、政、军、群组织相继建立。鉴于浙西形势的发展和苏南与浙南工作性质的不同，新建浙西区党委，由金明任书记，张彦任组织部长，委员有顾玉良、朱克靖，刘述舟任秘书长。浙西区党委辖宣长公路以南各县，分天北、天南两个地委和杭嘉湖工委。

天北地委，书记张彦，组织部长杨纯，下辖孝丰、安吉、广南、吴兴、武德5个县。天东地委，书记陈扬，下辖德清、余杭、临安、富阳4个县委。杭嘉湖工委，书记吕振中，主要负责吴兴、德清公路以东的杭嘉湖地区的开辟工作。

浙西根据地在加强党的建设的同时，巩固和发展抗日民族统一战线，并进行了根据地的政权建设。根据华中局的决定，在成立浙西区党委的同时，建立了浙西行政公署，主任朱克靖，下辖天北行政专署（专员朱凡）、天东行政专署（专员夏沛然）、杭嘉湖行政专署（专员吕振中），还先后建立了长兴、孝丰、安吉、广南、吴兴、武康、德清、余杭、临安、新登、富阳等11个县的抗日民主政府，区乡抗日政权也纷纷建立。浙西区党委和浙西行署是浙西抗日民主根据地党和政府的最高领导机构，浙西区党委和浙西行署的成立，标志着完整形态的拥有纵横100平方公里面积和将近100万人口的浙西抗日根据地正式诞生。

在军事上，成立了浙西军分区，司令员贺敏学，政委周林（兼），参谋长廖昌金。各地自卫武装也迅速建立和发展，有长兴县大队、安吉县大队、广南游击队、武德县大队、余杭县大队、吴兴县警卫营、临安县大队。各区建立区中队，乡建立民兵分队。这些地方武装密切配合主力作战，在浙西形成了主力部队、地方武装和民兵三结合的武装力量体制，形成了群众性的抗日游击战争的局面。[①]

浙西根据地下辖湖州地区各县的抗日民主政权机构的基本情况如下：

孝丰县。孝丰于一九四五年二月十七日解放，王必成旅长率部进驻孝丰北门，随即建立了孝丰县委和县政府。县委书记兼县长周嘉琳（蓝容玉、童世杰相继接任过县长职务），副书记王雨洛。孝丰县委由

正规部队保护，没有成立县大队，县府下设民教、财经等科，下辖东区、报福、杭垓、西亩四个区署和孝景市一个市政府。

安吉县。一九四五年二月十二日一纵一支队进驻递铺镇，地方工作干部随之来到安吉，四月成立县委和县政府。县委书记兼县长顾玉良，组织康英。五月，书记姬子华，县长曹辰力，组织部长康英，联络部吴诚。县府下设财经、民政等科和一个公安局，下辖南湖、递铺和梅溪三个区署。三次反顽战后，正式成立县大队。

吴兴县。一九四五年四月初吴兴县委和县政府成立，县委书记顾玉良，县长郎玉麟。五月，书记杜大公，组织部长许铁夫，副县长周子虹，军事贺国华。县府下初设财粮科，后又设秘书和文教等科。县府建有抗日自卫大队。县府下辖和平、妙西、埭溪、菱湖、双林和湖州城区等六个区。

武康县和德清县。一九四五年四月，在我新四军进占洛舍、解放德清的同时，成立了武德县委和县政府。县委书记何坚白，县长黄宜生。六月，武康和德清两县分立。武康县委书记何坚白，副书记兼县长曾直。县委下辖英红、防风、莫干三区。德清县委书记姚星群，县长黄宜生。县委下辖余不、洛舍两区。这个时期是武德地区根据地发展最盛时期。在武装建设上，县有大队，区有中队，力量都比较强大。六七月间，日伪军在浙西进行了最后一次大"扫荡"，武康和德清两县的党组织都受到损失，上级党将武康、德清再度合并。合并后的武德县委书记何坚白，县长黄克诚。①

浙西抗日民主根据地除了上述5个县外，还有广南县、余杭县、临安县、富阳县，还包括由苏南区党委领导的长兴县。值得一提的是，长兴是苏浙军区司令部的所在地，也是当时郎广、浙西和浙东抗日根据地的指挥中心。长兴县抗日民主政府是当时建立时间最早、坚持时间最长的一个县政府，也是根据地建设各项工作开展得较好的一个县政府。至1945年9月，全县先后建立了煤

---

① 胡世明：《浙西抗日根据地概况》，《湖州师专学报》1985年第1期。

山、鼎新、合溪、泗安、虹溪、鸿桥等 6 个区委和区政府，辖 30 个乡（镇），其中 18 个乡（镇）建立了党支部，有党员 496 人。解放区的面积达 2000 余平方里（1 里 =500 米），人口 10 万余。

　　根据地的不断扩大和巩固，我军在群众中威信的不断提高，浙西人民的广泛发动和觉悟，使国民党顽固派坐立不安。经过充分准备，国民党顽固派于一九四五年六月向我发动第三次大进攻。我根据地军民被迫进行第三次反顽战役。是役，在我军民的协力奋战下，连同新登战役在内，歼顽八千五百多人，巩固了浙西根据地，使我军在浙西站稳了脚跟。但是，鉴于我军取巩固苏南，开辟敌后，休整主力，掌握敌顽矛盾，避免单纯顽我决战的方针，暂时不再重占天目山。[①]

三、浙西根据地的丰功伟绩

　　浙西根据地各级抗日民主政权建立以后，依靠党、政府和军队，积极贯彻党的各项方针、政策，大力开展根据地的各项建设工作，并取得了丰硕成果。

1. 调动群众进行抗日活动

　　农民抗日救国会是抗日战争时期解放区农村中的群众性组织。它在中国共产党的领导下，组织农民进行抗日，开展减租减息运动、反霸斗争和生产运动。

　　当时的浙西抗日民主根据地内普遍成立了农民抗日救国会，在当地具有较大的影响力。特别是长兴县，早在 1944 年春就在槐坎礼贤圩建立起了第一个农民抗日救国会，至 1945 年春，在煤山、合溪、鼎新、泗安、虹溪等 5 个区，30 个乡（镇）以及所属村（保）都先后建立了农民抗日救国会。1945 年 5 月，在煤山召开了县农民抗日救国会成立大会。

　　农民抗日救国会的建立，与新四军、与政府关系密切，凡是有新四军到过、县区乡等政权机构管辖和活动过的地方，几乎都建立了农救会组织。

　　安吉、孝丰等地是当年新四军活动和战斗过的地方，新四军在这里帮助地

---

① 胡世明：《浙西抗日根据地概况》，《湖州师专学报》1985年第1期。

方政权建立农民抗日救国会。如青山的白水区农民抗日救国会曾召集过全区的群众大会，水口大操场上挤满了扬眉吐气的农会会员，他们在大会上选举自己的代表掌权，揭露国民党反动派破坏抗战、反共反人民的罪行，提出减租减息的口号等。农民抗日救国会这种组织形式，对于发动群众、教育群众，提高群众的斗争觉悟，组织群众开展根据地建设，大力进行支前工作等，起到了重要作用。

2. 开展武装斗争

在浙西区党委和浙西行署的领导下，浙西根据地得到了新四军各部队的大力帮助，浙西各县大都建立了地方武装，一般县有大队，区有中队，乡村及农民抗日救国会等有民兵分队。虽然人员大都是当地农民，但都是力量不可小视的抗日武装队伍，如德清和武康合在一起时的县大队，有武装人员200多名；吴兴县抗日自卫大队，有600人左右，其下属各区都有区中队，有些区中队还有机枪；安吉的县大队和区中队等地方武装，在新四军的直接帮助下，力量也都比较强大，如青山白水区的区中队，从区队长到指导员，甚至下面的班长，都由新四军调配干部担任，区中队拥有2挺轻机枪，全体战士穿一色的新四军服装，后来这支队伍被正式编入新四军11支队，踏上了解放战争南征北战的征途。

长兴县地方武装在1945年2月改称县总队，队员发展到170余名，下辖各区都有区支队。2月间在长潮岕举行"泗安区民兵检阅大会"，有500多名青年民兵参加检阅，围观群众达2000多人，气势威武，在群众中产生了很大的影响。地方武装组建后，在保卫各级政权机构、巩固根据地、锄奸反霸、粉碎敌伪"扫荡"、协同主力参战等各方面，都发挥了重要作用。特别是吴兴县，在县大队组建初期就在何家埠附近集中了60多人，靠10多支老式步枪，抓获了出来抢粮的20余个伪军，缴了20余支枪；1945年3月，又拔掉了盘踞在妙西镇的汪伪第1师2团3营的据点，打死伪军几十人，生俘伪军60多人，缴获机枪3挺，步枪几十支，短枪数支；1945年8月，又在天目山消灭汪伪第1师3团1个团的兵力，活捉伪团长董骥，生俘伪军700多人，缴获各种枪近千支，汽艇2艘。和平区区中队初建时，在新四军1个班的协助下，在妙西柴坞村袭击伪军1个排，活捉伪军7人，缴获20余支步枪。

3. 全力支前参军

新四军进军浙西，深入敌后，遇到的最大困难就是粮食供应不上，部队有时几天都吃不上饭，只能以竹笋、竹根、野菜等充饥。由于长期缺乏营养，不少战士体弱多病，严重影响了新四军的战斗力。

与此同时，浙西人民由于长期处在日寇铁蹄的践踏和国民党顽固派的搜刮下，也缺衣少粮，处在食不果腹、衣不蔽体的困境下。当地流传着一首歌谣："国民党那个大坏蛋，吃粮不打仗……在浙西抽丁又抢粮，多少儿郎被抓去，饿死在他乡，剩下孤儿寡妇，眼泪呀湿透衣裳。"这正是浙西百姓贫困生活的写照。然而，浙西人民看到新四军与日伪英勇作战，粮食却供应不上，许多战士饿着肚子参加战斗，有的战士饿倒在战场上，战斗力受到影响，心中十分焦急。他们在各县、区民主政府和农民抗日协会的组织下，纷纷行动起来，想尽一切办法，筹粮支前。当地的百姓表示，宁可自己少吃，也不能让新四军战士受饿。在天目山第三次反顽战役中，新四军军粮告急，安吉南湖区仅在2天时间就筹足军粮4万斤，递铺区的英连乡一个乡就筹集了白米200担，武康莫干山区也在几天内筹集了2万多斤大米，富阳县仅在新登战役中就支援粮食（折大米）3.54万余斤，孝丰镇在新登支前中不到7天筹粮250担，吴兴县在整个天目山反顽战役中，共征集粮食几十万斤，送往孝丰前线。至于群众自发的慰劳活动，更是举不胜举，如水口战役中，袁苗龙老妈妈见部队已2天没有吃上饭，主动把怕被国民党军队抢走而藏起来的10斤面粉，拿出来烙成面饼，送给新四军。

除筹粮支前外，浙西人民在孝丰反顽战中还组成了一支浩浩荡荡的民工队伍，同苏南来的数万民工在一起，从太湖、长兴、广德到郪吴、孝丰、天目山形成了长达数百里的运输线，他们不分昼夜，急急如火，为新四军挑粮食、运弹药、抬担架、带路、送信、架桥，有的三天三夜不睡觉也毫无怨言。安吉郎村的担架队员陈日林，冒着生命危险救下了3名新四军伤员，自己却负伤牺牲。

在新四军英雄主义精神的影响下，广大青年把参加新四军当作莫大的荣誉，纷纷报名。在孝丰的景村，一次就集中新兵200余人。临安刚刚解放，就有100多名青年参加了新四军。长兴煤山的一个小村庄，一共只有9户人家，就有 8 人参军。长兴全县总共有 1600 多人参加了新四军。当地流传着"吃菜要吃白菜心，当兵要当新四军"的歌谣，百姓纷纷将自己的亲人送到新四军部队。

4. 推进经济、文化教育、新闻事业建设

浙西根据地在经济、文化教育、新闻事业建设方面也取得了突出的成绩。

在经济方面，实行减租减息政策。浙西行署公布了《减租暂行条例》，决定在根据地内实行"二五减租"。各地农民抗日救国会依此进行了调查、摸底测算、造册等准备工作，原规定在秋收时全面开展减租运动，后因部队北撤，除长兴以外，各地实际上未开展。

根据地内改革了旧的税收制度，建立了贯彻以"合理负担"为原则的税收制度，并于 1945 年 8 月颁布了《浙西行政公署三十四年度粮赋征收暂行条例》。对生活上贫苦的农民及生产上缺乏资金的农民，根据地政府进行贷款救济，帮助发展生产；还组织农民粮食供销合作社，开办粮食交易所，开设货币兑换所，由江南银行印发抗币。在即将胜利的前夕，苏浙军区和苏南行署发布了《关于解放区内一律通用抗币的布告》，以稳定物价和金融。同时，建立了战时所必需的工业，例如，开办兵工厂，厂址设在长兴白岘、硔桥、石臼里一带，在长兴白岘北面的横岭岕一带设立被服厂，还设立印刷所及开矿挖煤。浙西新四军的广大干部和战士，还进行了生产运动。

在文化教育方面，浙西根据地也作出了不少成绩。1944 年 10 月，长兴县政府召集全县小学校长教员联席会议，明确了今后长兴实施新民主主义教育方针。1945 年 1 月，苏浙军区在槐坎台基村创立苏浙公学，粟裕兼任校长，江渭清、骆耕漠为副校长。军区卫生部在长兴白岘茅山村设有后方医院。此外，还在孝丰开办苏浙医务职业学校。军区文工团经常为指战员和驻地群众演出，苏浙军区在战乱之中还十分注意保护民族文化古迹。军区政治部专门发出通告，对宜兴境内的善卷与庚桑二洞名胜古迹"皆须维护与尊重"。

新闻事业也有发展。1944 年 10 月 10 日，在新四军 16 旅政治部《火线报》的基础上，《苏南报》在长兴白岘庄头村创刊出版，作为苏皖区党委的机关报，欧阳惠林为社长兼总编辑。1945 年 9 月，《苏南报》改为《苏浙日报》，粟裕兼任社长。苏浙军区政治部还出版了《前线》等刊物。

浙西根据地的党组织和各级政府，实行了抗战时期党的纲领和政策，团结和教育了广大群众，调动了浙西人民的抗日积极性。在强大的敌人攻势面前，在国民党顽固派的反共围攻中间，浙西根据地和浙西人民坚持抗战，使根据地在斗争中日益巩固和发展。

抗战胜利后，1945年10月，新四军奉命北撤。浙西大批县、区、乡的党政干部、地方武装、民兵、党员和积极分子随军北上，投身于人民解放战争。留下来的干部、战士和浙西人民，受到了国民党反动派的血腥镇压和残酷迫害。浙西人民在中共苏浙皖特委的领导下，在极其艰难的环境中坚持斗争。

1946年7月1日，根据华中局的指示，成立苏浙皖军政委员会，统一领导分散在苏浙皖边区各地的游击武装。1947年，成立广（德）、孝（丰）、宁（国）县委、县政府及民兵和农会组织。1948年，成立苏浙皖游击支队，活动于郎、广、宁、长、安、孝一带。1949年初，为策应大军南下，游击支队向广、宁、孝及天目山发展；4月，与解放大军在宁国县河沥溪镇胜利会师；接着，进军浙西，迎来了浙西大地的新生。

第十一章

苏浙军区的抗敌顽战役

虽然苏浙军区设在长兴的深山之中，但其指挥的范围非常广泛，包括苏南、浙西、浙东3个区域。苏南指江苏的长江以南及皖南的宣城、郎溪、广德和当涂、芜湖地区；浙西指的是浙江的钱塘江、富春江及其上游新安江以西、以北地区；浙东指的是钱塘江到新安江东南、瓯江以北地区。

新四军16旅与苏浙军区在长兴一带坚持开展游击战争，取得了一个个战役的胜利，为迎接战略反攻的到来作出了巨大贡献。

一、杭村首战告捷

1944年开春以后，日军调集大批兵力，对开辟不久的郎广长抗日游击根据地进行了20多天的反复"扫荡"。他们抢粮食，拉民夫，烧杀淫掳，无恶不作，百姓恨之入骨。那时，郎广长地区活跃着一支新四军的队伍，即新四军16旅，旅长是王必成，政委是江渭清。其中的48团是一支英勇善战的队伍，素有"老虎团"的美称，团长是刘别生。48团兵员足、素质好、打仗猛，面对日军的暴行，指战员按捺不住心头的怒火。一天，48团获得情报，敌人又将出动"扫荡"。部队立即悄悄地前往广德县杭村（现在的新杭镇）附近，战士们个个摩拳擦掌，等待时机，准备给来犯之敌以迎头痛击。

3月29日上午9时许，驻门口塘据点的日军南浦旅团小林中队100余名日寇和一个300多人的伪军大队，带着一门九二步兵炮，经千口、寒冬岭、水东卡，来到杭村一带"扫荡"。48团团长刘别生知道敌情以后，立即电话报告王必成旅长，同时命令3营营长徐超、教导员郑大方占领杭村西南的慈姑山，截断日军归路。令1营营长曾旦生、教导员江淦衡率领该营占领杭村东南的牛头山高地，对日军形成夹击之势。刘别生亲自指挥1营抢占杭村东南的木鱼山高地，从侧翼打击敌人。当地群众闻讯也紧急动员起来，组织了100多人的担架队，家家户户忙着担茶送饭，支援参战的子弟兵。

中午1时许，当3营跑步赶到慈姑山时，数百名日伪军正沿着山下的大路稀稀拉拉地往南走。日军头目骑着高头大马，耀武扬威，旁若无人。走在队伍前面的一部分伪军，枪上还挂着抢来的鸡鸭和其他财物。

3营营长徐超率9连抢先占领了慈姑山山头，埋伏在山上的树林中，静静地等待敌人进入新四军的"口袋"。郑大方教导员率7连沿山沟正面向敌人冲杀。1营也占领了木鱼山的高地。等到大部分敌人走进新四军的伏击圈时，只听得徐超营长大喝一声"打"。顿时，步枪、机枪齐发，3营以密集的火力射向敌人，打得日伪军哇哇乱叫。日军军官慌忙跳下马，组织反抗，企图抢占山头，但被3营战士击退。战斗正在激烈进行时，饶惠潭副团长带领机炮连的1个排从温塘赶来参战。在3营阵地督战的王必成旅长正在用望远镜观察敌人阵地，他把望远镜递给小炮排排长戴文辉，说："你来看看。"戴文辉接过望远镜一看，竟然发现了敌军的92式步兵炮。92式步兵炮是1928年11月由日本研制的一种十分有用的武器，射界非常开阔，几乎可以射击一切目标；同时，它的炮高只有62厘米，这意味着92式步兵炮容易隐藏，对于需要在火线上战斗的步兵而言，具有很大的优势。92式步兵炮全重只有0.212吨，因此，在运输上的要求很低，没有车辆的情况下，未经训练的畜力或人力都可以拖曳前进，这对战区道路状况的要求几乎是降到了最低点。可以说，92式步兵炮是一门真正可以无条件伴随步兵营作战的步兵炮。

王必成斩钉截铁地说："我们就是要用小炮打他们的大炮。只准打3发炮弹，有把握吗？"当时新四军从敌人手里缴获的迫击炮没有瞄准器，完全凭经验目测开炮。戴文辉一面瞄准，一面回答说："有把握。"随着旅长的一声令下，第1发炮弹在敌人92式步兵炮附近爆炸。紧接着打出第2发炮弹，王旅长连声喊："打得好！打得好！"原来，日军的大炮是用两匹洋马拉的，还有几匹马驮炮弹。这发炮弹虽然没有命中敌人的大炮，却击中了旁边的几匹战马。战马有的被打死，有的受惊后狂蹦乱跳。敌人受到这突如其来的打击，也如受惊的马一样，慌了手脚，顿时乱成一团。

王必成当即命令部队冲锋。嘹亮的冲锋号声、猛烈的枪炮声和喊杀声震天动地，徐超率9连从山上往下压，郑大方率7连像一把尖刀，沿山沟刺向敌人。刘别生团长也指挥1营从木鱼山高地冲杀下来，配合3营夹击敌人。敌人被冲得七零八落，几乎全都被压在公路以西的一块麦地里。那门92式步兵炮已陷在小道旁，动弹不得。郑大方挥起驳壳枪带领一个排率先冲入敌阵，同敌人展开格斗。惊惶万状的日伪军被打得人仰马翻，弃枪逃窜，连他们的命根子——92式步兵炮也顾不上了，慌慌张张地向门口塘方向逃命。

战斗进行了1个多小时，新四军大获全胜。此战歼灭日伪军70多人，缴获了战马和大量枪支弹药，特别是那门92式步兵炮和几发炮弹也落在新四军手中，这是新四军在江南战场上第2次缴获日军大炮。在这次战斗中，3营教导员郑大方和9连连长李小毛英勇牺牲。

驻南京的日本侵华派遣军总司令部得悉92式步兵炮被新四军缴获，大为恼火。为了找回这门大炮，以挽回"大日本帝国皇军的军威"，日军立即从郎溪、周城、天王寺等地纠集4000多人，对杭村一带"扫荡"近1个月，并张贴布告，悬赏法币20万元，寻找92式步兵炮的下落。对此，刘别生团长早有准备，在当地群众的协助下，他将大炮拆散后埋藏起来，无论敌人如何寻找，结果都是枉费心机。一无所得的敌人恼羞成怒，烧掉了部分民房，杀害了几名村干部；丢炮的中队长小林最后也被枪毙。驻广德的日军头目还写信给刘别生团长，乞求把大炮还给他们，并提出了一些所谓的交换条件。刘别生回信说："你们把大炮送上门，我们当然不必打收条。如果你们有本事，就自己来拿吧，我们还可以再次较量较量。"48团在杭村首战告捷，极大地鼓舞了郎广长地区人民的抗日斗志，为16旅开辟苏浙皖抗日根据地打下了坚实的基础。

二、长兴大捷

1944年8月23日晚11时，新四军第6师16旅集中所辖46、47、48团及独立2团各一部在长兴—宜兴的60里战线上，向日伪军发起全线进攻。战斗于8月26日结束，解放了长兴县四分之三的地区，巩固了苏浙皖边抗日根据地。

当时，新四军参战部队的安排是：48团攻打合溪、白阜正面，解决之后再拔除水口、丁甲桥的据点；47团攻打长兴，南线林城、方山窑的敌人由独立2团一部攻打。长兴县民主政府发动和组织各乡中队及民众，运粮食、挑东西，积极随部队协同作战。

23日晚，新四军分路夜奔各敌伪据点。11时，全线发起猛烈进攻。新四军迅速包围了合溪镇的伪军据点，敌人成为瓮中之鳖。合溪镇是西部山区的大门，是连接山区和东部平原的枢纽，敌人重兵把守。镇上驻有伪军第1师3团团部、1营营部和所属2、3连以及机炮排，备有迫击炮1门、轻重机枪5挺，筑有碉堡9座，有伪军200余人，另外设有伪区公所、伪特务班和伪警察所。在攻战中，新四军战士无比英勇，一个突击，首先解决了伪营部、伪区公所、碉堡3座，占领了街道，将敌团部以及其余碉堡分割围住。24日拂晓，在重机枪猛烈射击的掩护下，战士们发起冲锋，将其余碉堡分别解决。街北敌团部中心炮楼的敌人负隅顽抗，新四军将村战斗中缴获的92式步兵炮对准开炮，轰隆一声，一发命中，炮楼被打了个大洞。部队蜂拥而入，迅速攻占，到下午3时，合溪镇宣布解放。

当晚11点，进攻白阜的部队已将伪军据点包围得像铁桶一般。当时，镇上驻有伪军第1师1团的3营营部和所属11连及特务连，营部和特务连分别驻扎在街的两头；另有1个排驻扎在排旗岭碉堡内。镇上伪军计200余人，备有迫击炮1门、轻重机枪6挺。新四军突击队伍悄悄地向伪镇公所摸索前进时，碰响了竹篱笆。敌人发觉后，死劲地敲打报警锣，镇公所里点亮了灯，敌人一片惊慌。新四军部队发起了进攻，在手榴弹的爆破声和重机枪的扫射声中，战士们迅速占领了伪镇公所及街东碉堡。伪连长率部企图反冲锋，当即被新四军击毙。战斗中，光华乡中队副吴甫臣奋勇作战，不幸中弹牺牲。24日上午，又攻下了另外2座碉堡，后即向敌营部发起猛攻，直逼敌碉。此时，新四军发动政治攻势，找来一个被俘的伪军排长向碉堡喊话："喂！你们告诉营长，方司令讲的，缴枪优待你们。方司令带来了大炮，他要轰，我在给他叩头呢！"碉堡里一片寂静。方司令（即刘别生团长）写了一个条子，叫伪营长讲话。伪正、副营长见势不好，站在碉堡顶上，向方司令行了个军礼。就这样，营部投降了。至此，在当天上午9时，白阜镇解放。

进攻方山窑的部队听到合溪方向的枪声时，还离伪据点有5里路，战士们立即跑步前进。先头部队发起了冲锋，在手榴弹和密集的机枪声中，夺取村东碉堡的战斗只用5分钟就胜利结束了，另外2个碉堡也先后被新四军攻克。24日上午，林城桥伪军连长率10多人驰援白阜镇，经过方山时，即被新四军包围，全成了俘虏。在新四军的胜利形势逼迫下，林城桥伪军另一个连携械投诚，新四军迅即收复了林城镇。此外，五庄、牛埠墩两据点均被新四军攻克。水口、丁甲桥两据点的伪军，乘夜溃逃，新四军收复两镇，摧毁碉堡 19 座。24 日上午，新四军另一支部队发起攻击，击溃车渚里伪军 70 余人，收复该地。伪残部在向长兴方向逃窜时，也在城郊被新四军歼灭。

进攻长兴的新四军部队，23 日夜潜入城郊；24 日，部队在歼灭车渚里逃窜之敌时，长兴城里敌伪 300 余人闻报出城援救，进入新四军埋伏地点。敌伪一再发起冲锋，均被击退。新四军发起反冲锋，大举出击，将其大部包围歼灭，毙伤敌伪 40 多名，俘伪营长、连长以下 60 余名，缴获迫击炮 1 门、轻机枪 2 挺，城内敌人惊恐万状，败退湖州。25 日，新四军攻入长兴城。数年不见祖国部队，受尽日伪军欺凌的长兴人欢呼雀跃，在城墙上挥旗欢迎。

26 日，新四军进攻夹浦等据点，敌伪恐慌，上船从太湖逃走。夹浦、环沉、后漾、新塘 4 个据点全被攻克。在新四军胜利的威势下，敌伪又被迫放弃了鸿桥、上莘桥、李家巷、虹星桥、里塘桥、白水滩、胥仓桥、钮店桥等 12 个据点。至此，新四军攻克敌伪据点共 25 处，解放居民 10 多万人，巩固发展了抗日民主根据地。战后 10 天内，先后成立了合溪、白阜、水口 3 镇的民主政府。解放区张贴捷报，召开大会，一片欢腾，热烈欢迎从前线归来的部队。青年们写慰问信，煤山商会向部队赠送"民族救星"锦旗，群众纷纷送来猪、鸡、蛋、烟等物，犒劳部队，慰问伤员，军民亲密团结，人民抗战情绪空前高涨。

长兴战役，充分发扬了军民团结合作精神，取得了重大胜利，新四军首长于 8 月 29 日电令嘉奖。

在长兴战役中，吴咏湘团长率 46 团 1 营和刚从 51 团的 1 个营编入 46 团的 3 营，于 23 日夜潜入长兴、合溪之间的棋盘岭地区，准备阻击长兴县城出援之敌。24 日，车渚里伪军残部向长兴方向逃窜时，被 46 团歼灭。当日晚 11 时，驻长兴县城 2 个连的伪军 300 余人闻信出援合溪之敌。当敌伪进入新四军 46 团 1、3 营的伏击圈后，1 营 1 连首先发起冲锋，只花了 10 多分钟就解决了进入伏击圈的伪军先头部队。其后续部队继续发起反冲击，新四军 1 营 3 连和 3 营随即给予有力反击，击退敌伪。此战日伪军惨遭失败，余部向城内逃窜，城内敌人十分惊慌，一片混乱，仓皇向吴兴溃退。吴咏湘率部乘胜追击，于 25 日攻打长兴县城，长兴民众欢欣鼓舞。

从此，长兴西北部成为新四军苏南党政军指挥中心及其后方基地之一，设在槐坎乡的长兴县抗日民主政府也在全县四分之三的地区建立了区乡抗日民主政权，为后来迎接粟裕的南下和苏浙军区的成立奠定了坚实的基础。

1944年9月8日，当时的新华社针对这次长兴战役，作了题为《京杭国道上新四军攻入长兴城》的报道，其中描述道：

> 活跃于江南水国，不断威胁上海、南京的新四军健儿，自8月23日晚起，在苏浙边境长（兴）、宜（兴）、吴（兴）一带六十余里的战线上，对敌伪展开全线攻势。经一昼夜激战后，前进30到40余里，25日攻入京杭国道上之长兴县城，克服长兴附近敌伪据点十三处，收复国土一千五百余平方里，解放居民六万余人，获得了近年来江南区我军最大一次胜利。……我军攻入长兴后，数年不见祖国队伍的长兴民众，欢欣万状，在城墙挥旗欢迎。现我仍扩大战斗中。二十六日我进袭夹浦等据点，敌伪恐慌，上船由太湖逃去，夹浦、新塘、环城（沉）、后漾等四据点均告克服，毁大小堡垒十余座。太湖西岸、北岸及东北岸已在我军控制下，又竖起抗战的旗帜了。[①]

长兴战役后，陈毅、张云逸、饶漱石、赖传珠发出了嘉奖令："王旅长、江政委并传全体指战员：长兴之役连获胜利，克复了十三个据点，有力地打击了敌伪两度增援，殊堪嘉慰！"[②]

三、雪夜攻克泗安

1944年，新四军16旅在苏浙皖地区取得了一系列的战斗胜利。3月，16旅在杭村打了大胜仗；8月，又取得了长兴战役的胜利；10月，发动了溧阳周城战役，全歼周城之敌；12月，46团和48团在长兴、广德一带击溃了国民党顽军6个团的进攻。新四军的节节胜利，大震了军威，江南军民斗志高涨，敌伪

---

① 《京杭国道上新四军攻入长兴城》，中共长兴县委党史研究室：《抗战在长兴》，中央文献出版社2016年版，第86—87页。
② 《长兴战役嘉奖令（一九四四年八月二十九日）》，《火线报》1944年9月4日。

惊恐不安，泗安城内的敌人成为惊弓之鸟。

泗安是长兴西南拥有万余人口的大镇，扼宣长公路之要冲，战略位置十分重要。1943年9月，日寇南侵，短短3天之内，溧阳、广德、郎溪、宣城等4个县城沦陷，长兴重镇泗安也落入敌手，泗安人民生活在水深火热之中。敌伪占据泗安后，修筑了大小碉堡22个，设置了竹篱笆、深壕沟、铁丝网三道防线，并于1944年11月27日将江苏伪军第34师调到江南，其中的2个营驻守泗安，并扬言"要消灭江南新四军"。

新四军为了巩固郎广长抗日根据地，解救敌后人民群众，扫除新四军南下的障碍，打击敌伪的嚣张气焰，决定乘敌伪设防初始，立足未稳时，攻打泗安。新四军16旅48团接受了攻克泗安的重任。48团团长刘别生接到战斗任务后，立即与长兴抗日民主政府取得联系，了解了靠近泗安的天平、管埭等地的敌情，并派2位有经验的连长化装进镇侦察。根据敌人的主力集中在下泗安的情况，制定了作战方案：1、2营从南北方向进攻下泗安；3营攻打上泗安，阻击可能来自安吉、梅溪的日伪增援部队；特务营攻打中泗安。

为了保证战役的胜利，吴咏湘团长率46团在长兴棋盘岭地区阻击长兴县城出援之敌，独立2团攻打林城、方山窑之敌，县抗日民主政府组织各乡中队及民兵抬担架、运粮食协同作战。

12月24日，大雪纷飞，寒风刺骨。48团战士从青东、长潮圩出发，踏着积雪，直奔泗安。晚上8点30分，新四军分3路同时发起进攻，1、2营南北夹击，特务营中间突破。在机枪的火力掩护下，1营丁焕祥带领突击组劈开竹篱笆，剪断铁丝网，越过一道道障碍物，炸毁敌人碉堡，首先从北门攻入街心。"六人突击小组冲过泗安大桥后，摸掉了几个伪军哨兵，越过了大街。但后面的部队被敌人的火力封锁，未能及时跟上，失去了联系。这时战士们的手榴弹用完了，而主力部队的前进道路又被碉堡里的敌人封锁着，情况十分严重。'我去联络部队！'突击组的王儒谦同志挺身而出，他机智地利用敌人机枪射击的间隙，跃过街，同部队联系上，他又拿了四枚手榴弹返回。回头一看，部队被敌人的火力压着上不来，于是立即转身，再次出击，不幸中弹，他倒下了。在前面房子里坚持战斗的五位同志碰到从碉堡内下来四个伪军，夜里看不清，伪军把他们当成自己人，等靠近后，突击组一拥而上，四个伪军都被缴了枪，做了俘虏。敌人发觉了，一边大喊捉活的，一边不断反扑。但五位战士坚守着一间房屋，沉着地打退了敌人的次次进攻，一直坚持到主力部队攻下了碉堡。"[1] 此时，2营以4连为前锋直扑伪军134团集训营，伪军突围不成，全部被俘。

在攻打上泗安时，驻守的伪保安队的1个伪军正在举办婚礼，所有的伪军正在大吃大喝。当新四军要缴他们的枪时，吃得醉醺醺的伪军还以为是国民党的"忠义救国军"（简称"忠救军"）来抢东西，因此拒不缴枪。因为，国民党"忠救军"每次来都是抢了东西就跑，并不与伪军交战。等伪军发现来的是新四军时，这才放下了武器投降。经过新四军的教育，有的伪军当即参加了新四军。

经过13小时的激战，全歼泗安敌伪第34师134团的2营和集训营，俘伪营长以下400余人。这次战斗共摧毁敌碉堡22座，缴获小型高射炮2门、重机枪4挺、轻机枪17挺、冲锋枪3支、掷弹筒7个、短枪17支、步枪300余支、手榴弹8大箱、炮弹28发、步枪子弹15000余发、钢盔250顶以及电台1座、电话机5架、自行车4辆。特别令人惊喜的是，这次战斗还在伪军头目经营的盐仓中缴获了上万斤食盐。战争年代，食盐对于战士们的身体来讲是非常重要的，敌人为了把新四军困死在浙北山区，切断了所有的物资运输通道。这上万斤盐，后来被立即送到了根据地，保障了战士们的健康，极大地提振了新四军的战斗力。

在这次战斗中，新四军排长刘立东、周才德，班长丁焕祥、闵德贵，战士王儒谦等20多人英勇牺牲。

1945年1月10日，《苏南报》第4版以《纪念在泗安战斗中英勇牺牲的两位排长》为题报道了这次战斗：

> 刘立东同志，今年才27岁，是安徽人。在他清秀而充满血气的脸上，长着一对迷人的小眼，时刻露出笑容，使人极易接近。
>
> 他的性子很温和，就是连白眼也不轻易翻一下，当有的同志实在淘气的时候，他却能忍耐地拉他到一边去，慢慢地说："同志，你为什么还这样的不听话？"

---

[1] 沈富清整理：《新四军冒雪攻克泗安镇》，中共长兴县委党史研究室：《抗战在长兴》，中央文献出版社2016年版，第399页。

他会用炮，手榴弹能扔到几十米以上。

在今年八月的白阜埠战斗中，你看他是显示了何等的英勇？刚接近了敌人的篱笆，敌人还在打着守夜的竹筒，他带一个排，一溜就进了街，占着了几个房子，就这样和敌人干上了。他边打还边喊着："不要打了，新四军优待你们，你们硬打是要吃亏的呀！"清早，他屹立在被毁的碉堡下，仍是眯着眼，笑嘻嘻的，并不感到彻夜战斗的疲劳。

这次，在攻打泗安时，他光荣地牺牲了。敬爱的刘立东同志，你为党的事业奋斗了四年余，最后还带给我们泗安攻击的全面胜利，你的牺牲是党的事业的一个损失，我们失去了一个年轻能干的战友，我们以及你率领下的全排战士都含着满眼的热泪，在作深切的哀悼。

刚接近敌人工事时，传来了周才德同志牺牲的消息。

周才德同志，今年28岁，安徽桐城人，是从战士提升起来的优秀干部，做了三年多排长，他的性子也很好。

这次泗安战斗中，他带一个排由西南向东北攻击，在他前进的路线上，屹立着一个敌人的矮小碉堡，他为了尽快配合一排的攻击，故尽快地向碉堡发动攻击，在不利开阔地形上，在他指挥下的同志们是发挥了无比的英勇，因为大家看到排长是和他们在一起的。他们的英勇使敌人恐慌了，敌人的机枪向战士们扫射，周才德被打中了腰部，因为流血过多而牺牲了。

敬爱的周才德同志，攻击泗安的任务完全胜利了，你安息吧！你的一生是艰苦负责的，你没完成的任务，有我们未死者来完成。[①]

在泗安战役中，有一名参加新四军不久的长兴籍战士陈有根。1944年，17岁的陈有根在长兴煤山镇加入了新四军，随后被编入了长兴县民主政府1营3连，成为长兴警卫3连的一名战斗员，活跃在泗安等地打击日寇。

他清楚地记得当时的战斗情景，他回忆说：我们跟随主力部队行动，衣服反穿潜伏在大云寺长兴至宣城公路附近的雪地里，等着长兴、安吉梅溪的敌人

---

① 《纪念在泗安战斗中英勇牺牲的两位排长》，《苏南报》1945年1月10日。

钻进我军"口袋"。

陈有根说，泗安攻坚战打得特别激烈，勇夺加智取，从晚上 8 点半一直打到了次日上午 9 点。有一个细节是这样的：敌人从碉堡里扫出的子弹让人没法抬头，新四军一名连长想到了一个好办法，他们堆起了十几个稻草垛，由于稻草是湿的，点着后只冒烟不见火，敌人以为新四军是在生火取暖，就一阵狂射，浓烟顺着风向熏得敌人睁不开眼。趁着间隙，突击队蒙上湿布冲了上去，攻下碉堡。

参加泗安战役的还有一位温州永嘉籍新四军战士胡邦夫。1942 年，15 岁的胡邦夫随父亲来到长兴，巧遇新四军部队招兵，就参加了部队，历任 16 旅特务营 1 连战士、营部机炮排排长。1944 年冬天，随军参加泗安战役，深夜冒雪进行包围突袭，攻打日军碉堡，一夜全歼日伪军。1943 年至 1945 年，随部队四处打游击，与日伪军周旋。20 世纪 80 年代，长兴县新四军研究会成立，胡邦夫是第一任会长。

陈克昌是参加泗安战役的长兴革命烈士，他生于 1902 年，是长兴县长潮岕长中村人，于 1943 年 8 月加入中国共产党。1938 年 3 月 1 日，陈克昌参加了长兴抗日义勇游击队夜袭大云寺日伪据点的战斗。新四军挺进长兴后，他积极领导长潮岕民众支前参战，参与泗安战役和天目山战役的支前工作，并组织了当地民众进行减租减息等运动。1945 年 10 月新四军北撤后，陈克昌坚持斗争，不幸被还乡团缉捕。同月 21 日晚，为掩护地下党员李勋章脱险，陈克昌机智勇敢地用被捆的身体撞击门板通知战友转移，后被还乡团枪杀于长潮岕路西村小竹园边，时年 41 岁。

泗安战役的胜利，不仅解放了长期在日军铁蹄践踏下的泗安人民，也为新四军的南下拔除了一个非常重要的障碍。

16 旅 48 团冒雪攻克泗安镇的事迹在当时引起了巨大反响，消息传到了延安。新华社也报道了这则喜讯：

苦战于江南水乡的新四军某部，于十二月十四日晚，在大雪弥漫的天气下，进攻长兴之泗安镇，经十三小时的激战，将该据点全部攻克，摧毁大小堡垒二十二座，全部歼灭伪第五集团军三十四师一三四团之第二营与集训营两个营，毙伤伪中校团副徐炎以下二十名，俘伪营长吴国均、魏江田，营副李在祝，连长姜秉彝、夏金成、陈维成等以下官兵四百余名，缴获……盐九十余担，伪币九十余万元，及其他战利品甚多。我仅伤亡排长以下指战员二十人。按泗安为浙皖边境要地，为宣（城）长（兴）公路上之大镇，距长兴城五十余里，全镇长六里，人口万余。去年九月间国民党不战而退，拱手送敌，即处敌伪奴役之下，人民处于水深火热之中，日夜渴望新四军解救他们。敌伪在该据点，曾以年余时间，构筑坚固工事，外围最少布有三道障碍物，一道竹篱，一道铁丝网，一道河壕，最多的地方有五道。碉堡下面挖有地道。敌寇自以为铜墙铁壁，坚不可破。十一月廿七日，敌寇调伪三十四师驻守。该伪部原驻苏中东台一带，来浙西时，伪师长周铁夫曾吹牛，"要消灭苏南新四军"，不料立足未定，即被我予以致命打击。[①]

1945 年 1 月 1 日，《解放日报》头版以《攻克泗安之战——新四军真似活神兵》为标题报道了这一消息。

四、收复洛舍和德清县城

抗日战争全面爆发后，德清、武康相继成为沦陷区，在 1945 年前这里基本上处于日伪顽势力统治之下。随着新四军苏浙军区的成立，抗日力量不断增大，大量的国民党顽固派和日伪军退至京杭国道东及东苕溪以东的杭嘉湖地区，洛舍和县城余不镇成了敌顽的重点防御区，他们在东苕溪右岸重点布防，企图阻挡新四军越过东苕溪向杭嘉湖进军。

正当国民党顽固派在洛舍和余不镇组织防御时，新四军苏浙军区主力取得了天目山第二次反顽自卫战役的胜利。1945 年 3 月 3 日，顽军用 12 个团的兵力分 4 路向新四军苏浙军区主力所在地安吉孝丰发起进攻，新四军 1 纵队、3 纵队主力都参加了战斗。战役至 3 月 26 日结束，共歼顽军 1700 余人，解放了

---

① 《新四军冒雪攻克长兴泗安镇》，中共长兴县委党史研究室：《抗战在长兴》，中央文献出版社 2016年版，第88页。

天目山。新四军苏浙军区独立 2 团在这次战役中负责在孝丰城周围山地组织正面防御，防御任务完成后，部队挥师东进，重返莫干山麓，与在庚村驻扎的 1 纵队 2 支队并肩承担收复洛舍、德清县城的战斗任务。

独立 2 团在进军杭嘉湖，开辟德清、武康地区抗日根据地中作出了重要贡献。独立 2 团诞生于江苏武进南部地区，从部队组建到 1945 年初进军莫干山区前，在武南大地上与日伪和国民党顽固派作战 40 余次，击毙、击伤和俘虏敌军 1700 余人。1945 年 2 月，苏浙军区任命黄光裕为独立 2 团团长，林胜国为政委，王香雄为参谋长，彭茂标为政治处主任。独立 2 团下辖 3 个营，共 1000 余人。

3 月 22 日，新四军独立 2 团兵分两路，向位于东苕溪左岸的砂村集结，准备强渡东苕溪。顽军为防止新四军渡河，早就把东苕溪上的所有民用船只全部扣留，集中在右岸的下潮圩渡口附近。东苕溪水深流急，河面宽阔，没有船只是难以渡河作战的。3 月 23 日、24 日，独立 2 团用 1 个营的兵力向位于洛舍镇外围的漾口阵地发起数次进攻，甚至采取偷渡战术，可惜均未能获胜。

这时候，砂村的百姓自发行动起来帮助新四军，说可用竹筏代替船只。村民中会编制竹筏的能工巧匠很多，村民们连夜赶制出了几十副竹筏，以供部队渡河之用。抢渡的新四军部队利用夜色掩护，乘竹筏突然向四角渡发起进攻。防守四角渡的是顽军吴兴县大队，他们企图凭借河道进行抵抗，但面对英勇善战且有水网地带作战经验的新四军独立 2 团，其根本不是对手。吴兴县大队眼看新四军即将冲到对岸，若继续对抗，必死无疑，为了保命，纷纷夺路而逃。

四角渡防线被新四军攻破，下潮圩渡口和洛舍镇漾口阵地就被已占领四角渡的新四军从侧后包围。在下潮圩渡口阵地抵抗的顽军得知四角渡防线已被新四军攻破的消息，没作太多抵抗就撤退了。守卫洛舍漾口阵地的德清县大队第 5 中队和长兴县大队，也撤退到洛舍大桥以东。

洛舍镇位于德清、武康、吴兴三县交界处，地理位置十分重要。此时的国民党顽军已退缩到镇上。大通桥上建有一座碉堡，既能守住洛舍漾口的水上要道，又能扼守洛舍通往京杭国道埭溪方向的必经之路。顽军德清县大队第 5 中队依托碉堡控制大桥，用机枪向进攻的新四军战士猛扫。独立 2 团的指战员知道，若正面发起冲锋要突破桥上的碉堡，必定付出较大的代价。为了及时炸掉这座碉堡，减少不必要的牺牲，会游泳的几个新四军战士跳进冰凉的河水，从一个桥墩游到另一个桥墩,逐渐向对岸靠近。新四军其他战士从桥正面发起佯攻,以掩护河里的战士偷渡。最后,新四军战士终于游到了对岸,从顽军的侧后方炸毁了碉堡。他们跨过大桥,分成几个战斗小组,直接向洛舍大街冲去。这时,大部分顽军纷纷从东大街往大佛寺方向溃退。躲在大街店铺里的少量顽军还想抵抗,新四军将大街小巷团团包围,不停地喊话,命令顽军放下武器投降。顽军自知大势已去,只得乖乖地投降当了俘虏。

解放洛舍的战斗只进行了一个半小时就胜利结束。曙光照进了这座江南水乡集镇,来来往往的人们脸上都带着微笑,往日的古街显得格外美丽,微波荡漾的洛舍漾更加迷人。各家店铺一大早就开门营业,排门板声音在街上此起彼落。此时,洛舍小镇上的茶馆里更是热闹非凡,人们聚集在一起,有声有色地谈论着新四军夜袭洛舍镇的头号新闻,住在大桥附近的居民更是绘声绘色地讲述昨夜亲眼看到的一切。街还是老街,店还是老店,但人人脸上流露出喜悦的神情。

洛舍解放,国民党顽军退到了德清县城、瓜山、太堡塘、漱村一线。3月25日,新四军1纵队2支队在龙山方安里集结,随后向县城进发。当部队快要进入离县城西南约3公里的塘泾集镇附近时,遭到了国民党防风区中队的阻击。防风区区长兼中队长名叫黄育才,人称"黄麻子"。此人横行乡里,无恶不作。黄麻子接到国民党县大队的命令,负责县城南外围的防御,面对兵力数倍于己的新四军的进攻,自知是鸡蛋碰石头,虚张声势放了几枪,抵抗不到半小时,就带着队伍往余杭方向逃窜。已经占领洛舍的新四军独立2团把团司令部设在洛舍镇上。3月26日,先头部队乘胜追击,向前推进至县城北的瓜山、方山一线,与德清县城近在咫尺。驻守德清县城的顽军已处在新四军南、北、西三面夹击的态势之下。

攻城之战4月3日上午9时打响。独立2团在城西北的外岗山与顽军接火,顽军火力凶猛,战斗一直进行到傍晚,2团一部才推进到了西门外,与顽军德清县2大队和1大队展开激战,争夺凤凰山高地。2团另一部承担百凉山主攻任务,与守军展开激战。

晚上11时,新四军1纵队2支队在南门外的金鹅山下集结,然后向大、小城山发起进攻,与驻守城山的警察中队2分队交火。经过半小时的激战,新四军2支队以绝对优势兵力结束战斗，顽军警察分队除分队长孙友廉逃生外，其余全被消灭。

新四军2支队攻下大城山后，一鼓作气向小城山发起攻击。守卫小城山的是德清县1大队3分队，在迫击炮的掩护下顽固抵抗。新四军2支队连续向小城山发起3次冲击，"直到有战士用炸药包炸毁了小城山高地碉堡后，才取得了小城山战斗的胜利。包括分队长梁作山在内的二十多名守敌被歼"①。

《德清1945》一书描述了新四军攻打凤凰山和百凉山的情景：

> 凤凰山是进出西门的咽喉，百凉山是北门的屏障，守敌曾有死守的打算。到了晚上，二团对两高地的进攻不但没有停下来，反而越攻越猛。夜战是二团的强项，而顽军最怕的是夜战，这是软肋，两个相邻阵地，都得不到对方的支援和配合，顽军孤立无援，面对一波又一波丝毫没有减弱的攻势，战前"只要我在，阵地就在"的"信心"已抛到九霄云外，趁着天还没亮，丢下了阵地。在凤凰山的德清县大队从西门逃回城内，在百凉山的长兴县大队则从北门逃回。4日凌晨，城北的百凉山和凤凰山已经被独立二团占领。加上城西金鹅山、城山早先落入二支队手里，只有剩下乾元山还在顽军控制之中。顽军动用了迫击炮、重机枪等武器，凭借乾元山有利地形进行抵抗，二支队集中兵力连续向乾元山守敌发起了7次进攻，一直到傍晚，还是没有攻下。二支队伤亡30多人，朱明连长和吴忠梅、陈化云、林财华等12名战士光荣牺牲。
>
> 　随着4日夜间的来临，驻乾元山顽军认为新四军必定发挥擅长夜战的优势，将再次发起进攻，眼看城外其他高地都已丢失，已经无心恋战。约在傍晚6时，顽军德清县大队和武康县大队一中队的人马开始从乾元山阵地撤退到城内。县城外战斗已基本解决。②

新四军取得了城外战斗的胜利以后，接着便展开激烈的攻城战和城内巷战。

---

① 杨杏山：《德清1945》，中国文化出版社2015年版，第42页。
② 杨杏山：《德清1945》，中国文化出版社2015年版，第43页。

此时的国民党顽军1000多人都在城内，准备激战。然而，新四军兵临城下，顽军困守在城内，已孤立无援。面对三面重围，顽军最后选择了"三十六计走为上策"。为了迷惑准备攻城的新四军，城内顽军从傍晚开始搜集城区各店破旧煤油灯200多盏，晚上全部挂于城墙四周，并不停地向城墙外射击，做出要与县城共存亡的样子，实际上正慌忙地做着逃窜的准备。到深夜12时，守城顽军及国民党县政府全部从东门出城通过水陆两路往德清以东方向逃窜，连夜逃到澉山。

新四军攻城部队4月5日凌晨开始进城，城内百姓兴高采烈，拍手欢迎，县城德清获得解放。新四军独立2团和2支队的这一胜仗，为新四军挺进杭嘉湖奠定了基础。

收复德清县城的胜利消息传到延安，军民为之振奋，《解放日报》1945年5月6日在头版以《苏浙边新四军收复德清、武康两县城》为题作了报道。

五、攻克三桥、收复新市

1945年8月15日，日本宣布无条件投降。然而，伪军与国民党顽固派狼狈为奸，仍然打着消灭共产党、摧毁根据地的如意算盘。因此，要巩固和扩大根据地的成果，必须彻底消灭日伪的残余力量，对国民党顽固派进行有理、有利、有节的斗争。

新四军4纵队12支队地方化后，武德支队有4连和5连两个建制连驻扎在德清南路、后洪、小溪一带，准备找机会消灭驻扎在三桥埠的伪军。

驻扎在三桥埠的伪军第36师有1个营的兵力，营长叫邓锦春。营部设在街头，配有1个连，有牢固的碉堡和铁丝网。1个连驻扎在三桥埠镇北侧的普济山上，有1座用土墙垒起的碉堡和几间茅草搭建的简易营房，外围没有铁丝网等障碍设施。有1个连在庚村一带流动。还有一个由地方土匪流氓组成的突击队，驻扎在街上白道地，称霸一方，坏事做绝。在三桥埠镇南端有座小山叫南山，山上驻有日军10多人。武德支队与县大队决定协同作战，歼灭驻三桥埠日伪军一部或大部，拔除日伪据点，为根据地的发展、壮大扫清障碍。

8月23日，即农历七月十五，是当地的"鬼节"，这一天家家户户都要买些香烛、纸锭来祭祀死去的亲人。节前几天，三桥街上就会热闹起来，当地老百姓都要上街买祭祀用品和酒菜。趁着那天的热闹，武德支队参谋长杨绍良带领侦察兵化装成本地农民，由三桥赤山村民白玄宝带路，进入日伪据点三桥埠，摸清了日伪军的兵力、火力配置情况。

武德支队支队长贺国华下达了作战命令：在8月23日夜里向三桥埠日伪据点发起进攻，4连歼灭普济山之敌，5连围歼南街之敌。

8月23日下午，武德支队从部队驻地后洪出发，翻越石角岭、平岭，傍晚进入战斗集结地——赤山村白家。县大队从莫干山劳岭出发，经康城在赤山白家与武德支队会合。指挥所设在白家，以无线电台作为通信联络。4连由区大队战士和村民向导张日兴带路，直插三桥埠北侧，主攻普济山伪军据点。5连在县大队配合下，由村民白玄宝、林培荣带路，经五家岭、田道湾，直插三桥埠南街，主攻伪营部。1个排守住北龙山、汽车站、洋桥头（国道公路桥），以防埭溪之敌前来增援。

那天晚上，下起了滂沱大雨。4连连长周百俊带领战士，趁着雨夜，向伪军3连防地急进。战士们剪断了2道铁丝网，向伪军连部靠近。此时，伪军以为天下大雨，新四军不会进攻，正在打麻将玩耍，屋内不时传出"噼啪"的麻将声和男女的笑闹声。在夜幕和嘈杂声音的掩护下，突击排迅速靠近了伪军连部。4连副连长姚根连发现一名伪军坐在长凳上放哨，纵身一个箭步跃过去，用木壳枪顶着他的后脑勺，低声命他"不许动"。那哨兵还以为是同伙在与他开玩笑，说："开什么鬼玩笑！深更半夜，风大雨大的还捉弄人家干啥？"他做梦也想不到新四军会在这夜色沉沉、大雨倾盆之际突然出现。

这时候，4连战士冲进大院，夺过敌人的机枪。看到冲进来的新四军，伪军吓呆了，有几个人拼命往屋内逃窜。战士们向屋内投出2枚手榴弹，炸得敌人鸡飞狗跳，乱作一团；在此同时，机枪手又向敌人猛烈扫射，打得敌人不敢还手。这时，后续部队也攻上来了，很快肃清了这批敌人，只用20多分钟就结束了这场战斗。

普济山战斗打响后，主攻南街伪军营部的战斗也开始了。因工事坚固，进攻部队一时难于推进。普济山战斗结束后，4连主力立即投入了南街战斗，冲入街中心白道地。南街伪军见势不妙，纷纷往南山逃窜。到深夜12时，三桥被攻克。

9月11日凌晨1时左右，收复新市的战斗打响。部队趁着夜色从吴兴千金出发，从西栅攻入新市镇。伪军营部驻在东栅的吕家大院，萧颂苏老人当年就住在吕家大院东边的一间二楼小屋里，目睹了战斗的经过。

> 萧颂苏听到从西栅方向传来的枪声，没过一会，吕家大院外有动静，萧颂苏偷偷地开门张望，两位新四军走近他，轻声说："我们是新四军，这里在打仗，不要出来，以防伤着。"新四军把吕家大院团团包围。约后半夜2点左右，听到新四军向伪军喊话："我们是新四军的队伍，你们已经全部被包围，请赶快投降，中国人不打中国人。"过了一会，终于从营部里面传来了回话："不打，不打，我们投降！"吕家大院门打开，新四军冲了进去，不到15分钟就解决了战斗。[①]

新四军收复新市，国民党顽固派与伪军勾结进攻根据地的计划成了泡影。

六、双林战役

苏浙军区于1945年8月发出《苏浙军区对日本驻军通牒》，命令日军："自接到本军通牒之时起，对于一切军器、交通工具、军用器材及所有物资不得有任何损坏，并不得交予本军以外之任何方面，否则本军概不负责。"[②]

根据内战一触即发的严峻形势，陈毅指示新四军苏浙军区部队集中力量，向驻地所及的日伪军发起大反攻。9月初，叶飞奉华中局电令，率4纵队及部分浙西地方武装挺进杭嘉湖地区，发起双林战役，主要的对手就是扼守在此处的伪军第34师。

双林是著名的江南水乡古镇，历史悠久，文化深厚，风光旖旎，名人荟萃。双林位于吴兴县的东部，是吴兴通往桐乡、嘉兴和德清等地的水上要道。盘踞这里的伪军第34师在外围修筑了坚固的碉堡，妄图负隅顽抗。伪军第34师师长田铁夫，绰号"田大麻子"，贪财好色，趋炎附势，是个无恶不作之徒。他

---

① 杨杏山：《德清1945》，中国文化出版社2015年版，第114页。

② 《苏浙军区对日本驻军通牒》，中共浙江省委党史研究室、中共湖州市委等：《浙西抗日根据地》，浙江人民出版社1992年版，第206页。

原是顽军的一个团长，早在黄桥决战时，迫于新四军的声威，率部起义，后来受不了新四军的严明纪律，拉着一伙人投靠了日军，爬上了伪第34师师长的位置。

9月9日，新四军11支队攻占长兴的香山。接着，一鼓作气攻克太湖边的大钱、织里；第二天，10支队向德清县新市镇发动攻击，部队以强大的攻势连续摧毁伪军碉堡10余座，解放了全镇。战至13日，双林外围的据点被一一拔除。叶飞见"火候"差不多了，亲自指挥10、11支队从东西两个方向围攻双林镇。

战斗打响后，4纵队司令员廖政国率领新四军10支队从水路经菱湖至双林附近登岸，向敌人发起进攻。敌人的碉堡异常坚固，新四军的火力一时难以攻克，官兵们心急如焚，心想，要是有大炮就好了。廖政国似乎猜出大家的心思，手一挥，大声喊道："把平射炮运过来！"有一个连真的抬来2门炮，可战士们扭头一看，真是哭笑不得。这2门大炮，与其说是炮，倒不如说是古董，炮管长满绿锈，没有膛线，更没有炮栓和炮架。"这能打吗？"廖政国没有理会大家的怀疑目光，立即叫炮手架起炮，"轰轰"几炮，几座碉堡应声炸出了大洞。战士们信心大增，一鼓作气冲了上去，很快端下了敌人的火力点，攻下了工事坚固的盛林山。战后大家才得知，这2门炮和炮弹均制造于光绪年间，是群众在地里挖出来送交部队的，没想到经过我军修械所的精心改造和修复，在千钧一发之际成了战场上的"功臣"。

15日凌晨，倾盆大雨。叶飞一声令下，4纵队冒雨向双林镇发起总攻。大雨中，本就六神无主的伪军更加垂头丧气，双方交火不到2小时，4纵队的突击队就渡过大河，插入镇中。上午8时许，双林镇宣告解放。伪第34师除驻在外地的2个营外，全部被歼，生俘伪军师参谋长以下1200余人。

双林战役的胜利，对当地百姓是极大的鼓舞。1945年9月27日的《苏浙日报》刊登了《浙西我军大捷》的消息：

新华社苏浙分社二十日电：苏浙军区司令部发表攻占双林战役战斗公报如下：我浙西新四军坚字部队，发动进攻吴兴双林战役。战斗自十三日下午六时开始，我军一部攻击双林以东八里之化潭桥，拂晓前占领该地，将伪三十四师一百三十四团一营三连大部歼灭，俘伪六十余。我军另一部攻击双林以南八里之盛林山，该地四周大河，工事坚固，我军以密集火力与河沿攻势，伪一百三十四团一营一、二两连全部官兵向我投降，俘官兵两百余。我坚字部队另一部由织里市南下，沿途驱逐重兆市、晟舍市两据点（俘伪一师各一个连），于十四日拂晓攻击长生桥伪一个连，敌闻风退守大兴桥（双林以西）。十五日拂晓实行总攻，于该日上午结束，三十四师除在马腰第二十四队两个营外，其余全部就歼。

计俘伪参谋长王尚文、参谋主任蔡元瑾、三十四队副夏祖辉、大队长李亚东等以下官兵一千二百余名，缴轻机四十二挺，重机四挺，八二迫击炮四门，小炮二十门，步枪五百余支，驳壳二十六支，快慢机四，手枪六，子弹两万余发，电台五架，车床八台，军毯千余条，军服七百套，马四匹，电话机十部，军用汽车十余辆。

又十九日电：浙西我勇字部队于九日攻占吴兴属香山。十一及十二两晚攻占吴兴以东之大钱镇织里市两伪据点，共缴获步枪五十余支，机枪两挺，俘伪八十余名。

又十二日电（迟到）：我决字部队一部于十日进击伪据点德清县之新市镇，战斗自十日下午三时起到次日上午十时止结束。计缴获重机一挺，步枪数十支，汽艇两只，骡马八匹，米一百五十担，俘伪百余名，毁碉堡十余座。同日下午解决朱家埭伪吴兴独立大队，缴轻机一挺，步枪十余，俘三十余名。

又十九日电：我决字部队一部于吴兴水桥与伪一师一团接触，战二小时，俘伪十余，缴轻机一挺。[1]

此时，整个湖州地区的日军全部集中在湖州城区。到9月底，德清、武康全境已彻底清除了日伪势力。

---

[1] 《浙西我军大捷》，中共浙江省委党史研究室、中共湖州市委等：《浙西抗日根据地》，浙江人民出版社1992年版，第230—231页。

七、天目山三次反顽战役

1. 天目山第一次反顽战役

苏浙军区成立后，遵照华中局"调动国顽，逐步推进"的方针，商量、研究向浙西敌后进军的部署。

浙西地处京沪杭三角地带的中心，北与苏南根据地相连，西与皖南毗邻，南临钱塘江、富春江与浙东相望，既是战略重地，又是向东南发展的基地。

苏浙军区分析了当时敌伪军力的布防，认为新四军的东南面是武康、吴兴、安吉之间的莫干山敌后地区，新四军若首先向这个地区进军，以后即能以此为基点向东、向南打通与浙东的联系。若顽军乘机攻击新四军侧后，新四军正可以在孝丰、安吉以西的山地跟顽军决战。这一方案，军事上比较有把握，政治上也比较主动，因此新四军决定采取这一进军路线。

预计到孝丰以西及以南的顽军主力很可能来阻截新四军或奔袭新四军后方，苏浙军区作出如下决定：

> 第一纵队进至安吉、递铺以东，余杭以北，以控制莫干山及杭（州）、嘉（兴）、湖（州）敌后地区，建立前进基地；第三纵队两个支队进至誓节渡、广德、泗安以南，配合第一纵队行动，一个支队在广德泗安公路南北地区掩护后方交通；第二纵队除继续巩固四明山地区外，逐步向西发展，策应主力南进作战。预计到孝丰以西、以南的顽军主力很可能来堵截我军，或奔袭我后方，因此军区决定一纵一支队在进军莫干山区任务完成后，逐渐隐蔽，集结于孝丰东北地区，以保持一、三纵队右两翼在运动中相互策应的态势。①

1945年2月10日，新四军1纵队从长兴槐坎向莫干山地区前进。第二天是农历小年夜，气候寒冷，新四军指战员冒着寒风飞雪前进，傍晚在梅溪附近遇到了西苕溪的阻拦，战士们赤脚跳进冰冻的河水，手拉手地涉水蹚过了齐腰

---

① 张鉴安、朱健安、胡世明：《向莫干山区进军和第一次天目山反顽战役》，《湖州师专学报》1986年第S4期。

深的大河。

12 日，新四军分兵前进，1 支队直插递铺；2 支队经和平、周坞山、大冲指向武康、三桥埠；3 支队经回车岭到华严寺。沿途对相遇的敌顽迎头痛击，粉碎了日伪顽军的袭击和浙保 2 团的阻拦，最后控制了武康、递铺一线。随后，新四军派出工作队，发动群众，宣传共产党的抗日方针，在当地建立了地方党组织和政权。与此同时，3 纵队 7 支队经鄣吴进至景坞、上堡一线。

新四军的举动，引起了敌顽的注意。为了阻挡新四军，顽军第 28 军立即下令"乘匪离巢之际一鼓捕捉而歼灭之"。12 日，顽军第 38 军根据三战区所属苏浙皖挺进军总司令部电令，让第 62 师师长刘勋浩统一指挥第 62 师 3 个团（另附浙保 2 团）和"忠救军" 1 个团向新四军发起进攻，妄图乘新四军分兵之际一举歼灭。

14 日，第 62 师师长刘勋浩错误得悉新四军 1 纵队"全部向莫干山移动并有继续东窜模样"，决定用 5 个团兵力夹击新四军 7 支队。刘勋浩在孝丰召集连长以上军官进行战前动员，他认为，新四军已经东去，回援至少需要 3 天，在上堡地区留下来的只有新四军的 1 个支队，因此，"两天解决，绰绰有余"。于是刘勋浩令"忠救军" 1 个团自广德县的小白店出发，从西面进攻新四军上堡阵地，第 62 师 184 团、185 团由孝丰经外白杨从东面迂回至景坞、上堡一线，向 7 支队发动猛烈进攻，刘勋浩亲率 186 团进至梅村边压阵。

"忠救军" 2 纵队 4 团于 14 日中午由凤凰山向 7 支队发起进攻。7 支队奋起自卫反击，天目山反顽战就在上堡地区拉开了战幕。向 7 支队发起进攻的"忠救军"是抗日战争时期国民党军统局领导的特务游击武装，装备精良，行动狡诈。新四军 7 支队是一支久经沙场的英雄队伍，曾坚守黄桥，强夺车桥，痛歼敌顽，威震敌胆。

2 月 14 日中午，"忠救军" 1 个团猛攻新四军上堡西北之凤凰山阵地，7 支队指战员顽强反击，激战 5 小时，7 支队的阵地在敌我之间反复争夺，黄昏时在 8 支队 2 营增援下，将敌击溃，夺回阵地。其后又多次打退了"忠救军"的进攻，终使其无力再犯，消除了新四军遭受两面夹击的危险。

15 日，顽军第 62 师 184 团、185 团在上堡东面抢占了金鸡岭、大青山、小瓜岭，并向新四军大瓜岭等阵地猛攻。新四军 3 纵队当即全部投入战斗，与敌顽在乌石山下的丁岭以北、景坞以南一线展开激战。战斗场面如下：

> 十五日晨，六二师一八四团、一八五团向我上堡阵地猛烈进攻，我三纵队当即以八、九支队全部投入战斗，与顽军激战于乌石山下的丁岭以北、景坞以南之线。其时我军占领大瓜岭；顽军占领大青山、小瓜岭和金鸡岭，山上有碉堡和战壕。我军一面在大瓜岭打击敌人，一面向大青山、金鸡岭发起进攻。六二师虽属国民党正规军，但战斗力不强，冰天雪地里有的士兵只穿一条裤衩，一个连的士兵有三分之一是病号。他们只能凭借碉堡、战壕和武器优势阻挡我军的攻势。我军几次冲锋失利后就改变办法，让战士们在山脚下隐蔽休息，而由各连司号员不时地吹响冲锋号。昼夜不停的进军号声使顽军坐卧不安，躲在碉堡战壕里一刻不停地用机枪扫射。而我军则待其疲乏不堪，发起冲锋，攻上山头，展开白刃肉搏。与此同时，我军的阻击战也打得十分顽强。九支队八连在郭吴东山抗击顽军一个团的连续进攻，激战竟日，杀伤顽军数百，全连指战员虽伤亡大半，阵地仍屹立不动。[①]

16日，正当3纵队浴血奋战之际，1纵队主力奉命由递铺经塘浦出观音桥夹击第62师侧背，打得顽军措手不及。当晚，1纵队和3纵队全线出击，刘勋浩急率186团向孝丰逃窜，184团和185团分别被新四军包围，大多被歼。有的顽军连队在黑夜里东奔西逃，晕头转向，误把新四军1纵队当作自己人，加入队列，结果当了俘虏。

新四军1纵队在17日乘胜追击，1支队2营于凌晨直捣驻扎在新村的第62师师部。新四军1纵队主力猛追186团，在孝丰城北隘口、塔山岭和城西大阳山一线，重创残顽，解放孝丰县城。18日，新四军1纵队继续向孝丰南部追击，11时占领报福镇。

新四军3纵队主力在上堡战斗后，紧追"忠救军"，占九松岭，出大王山，至大、小杭坑，于18日协同1纵队主力将"忠救军"2纵队4团大部围歼于西

---

① 张鉴安、朱健安、胡世明：《向莫干山区进军和第一次天目山反顽战役》，《湖州师专学报》1986年第S4期。

圩市、渔溪口一带。

天目山第一次反顽战役自 2 月 14 日至 18 日，历时 5 天，歼顽军 1700 余人；缴获迫击炮 3 门、重机枪 12 挺、轻机枪 30 余挺、汤姆生机枪 14 挺和步枪 600 余支。至此，新四军控制了天目山北部地区。在这次战役中，新四军 3 纵队指战员伤亡 269 名，2 营教导员孙振国牺牲。

> 总之，第一次战役，顽军是分进合击，偷袭我之侧背；我军则采取了正面阻击与侧背迂回合击相配合的战略。取胜的关键是我军事先有预见，在分兵前进时做好了随时能集中兵力的准备，结果就能以迂回对迂回，以夹击对夹击，造成了我军的优势和主动地位，取得了初战的胜利。[1]

新四军首战告捷，解放孝丰，这对于遏制敌伪、控制天目山、巩固苏浙皖根据地，以及进一步向东南发展具有十分重要的意义。新四军进入孝丰后，秋毫无犯的纪律、和蔼可亲的态度，与国民党军队形成鲜明的对比。当地人民深有感触地说，从来没有见到这么好的军队。经过政治宣传和群众工作，人民群众逐步认识到新四军是自己的队伍，共产党是人民的救星，军民关系日趋亲密，如同鱼水一般，这就为进一步粉碎顽固派的进攻奠定了坚实的群众基础。

2. 天目山第二次反顽战役

第一次反顽战胜利后，1945 年 2 月 28 日，毛泽东指示华中局："粟部占莫干山后应该巩固现地，如顽来攻则反击之，勿主动前进，对皖方面亦采取此方针。"[2]

根据中央指示，苏浙军区指挥部在粟裕率领下，深入农村工作，整训、扩大部队，巩固现有根据地。新四军进驻孝丰东南的井村吴家道，在长兴仰峰岕设军区留守处，在港口开设了军区医院、印刷厂、修械所和被服厂等，以便就

---

[1]　朱健安、胡世明、周富洪、张鉴安：《试谈天目山反顽战的战略战术》，《湖州师专学报》1985 年第 1 期。

[2]　《毛泽东致张云逸、饶漱石、赖传珠：粟部攻占莫干山后应巩固现地，勿再主动前进》，中共浙江省委党史研究室、中共湖州市委等：《浙西抗日根据地》，浙江人民出版社 1992 年版，第 96 页。

近指挥部队作战和进行根据地建设。

然而，正当新四军"勿主动前进"时，国民党顽固派却又迅速向新四军发起了第二次进攻。

1945年2月，柏林已经听得到苏军的炮声，美军几乎占领了太平洋上全部岛屿和菲律宾的全部领土，抗日战争胜利在望。同时，苏浙军区的成立和孝丰的解放，给了敌伪占领区的心脏——京沪杭三角地带以严重威胁。妄图窃取抗战胜利果实的顽固派心急如焚，决定采取两项措施：一是加紧对苏浙军区的"清剿"；二是同南京伪政府暗中勾结，协同"剿共"。为此，顽苏浙皖挺进军总司令部于2月召集了师团长以上军官参加的秘密会议，制订了"清剿"计划。会后，总司令陶广听从国民党中央的密令和顾祝同的命令，派密使去上海同汉奸陈公博、周佛海联络，协商联合"剿共"。

早在第一次反顽战役时，顽苏浙皖挺进军总司令部就急调淳安第192师118团及宁国第52师156团的2个营驰援第62师，企图一举歼灭新四军，然而，由于第62师兵败如山倒，溃败太快而未能赶上，于是，顽苏浙皖挺进军总司令部又在2月下旬做了重要部署，让新到部队与第62师残部和一些浙江地方部队合在一起，由第28军军长陶柳指挥，在"忠救军"配合下兵分四路向孝丰分进合击，企图趁新四军立足未稳之机攻占孝丰，并在孝丰附近围歼新四军，实现窃取抗战胜利果实的阴谋。

顽军分四路向孝丰新四军扑来：第一路"忠救军"一部由广德的刘村、小白店一线向孝丰西北前进；第二路第192师18团及第52师156团由章村、汤口一线，"忠救军"3纵队由桐庐赶至杭垓一带向孝丰西南前进；第三路第62师残部由报福、统里一线向孝丰正南面前进；第四路挺1纵队、浙保4纵队3团由白水湾一带向孝丰东南面前进。

2月24日，陶柳成立了前线指挥所，准备于2月26日向新四军发起攻击。但由于"忠救军"准备不足，延至3月3日才开始进击。顽军占领了横路庄、统里、下汤、下竹杆、新桥头等地，对孝丰形成三面包围之势，并于3月6日向孝丰正面阵地发起进攻。

这次顽军号称有12个团的兵力，比新四军兵力多达1倍。然而顽军的挺1纵队、浙保4纵队3团是地方杂牌军，战斗力弱。同时，挺1纵队在2月26日至 28 日遭新四军沉重打击，一部已逃往临安整补。浙保 4 纵队 3 团仅是挺 1 纵队侧背的掩护部队，运动迟缓，直到 3 月 7 日才到达指定位置。因此，实际上进攻新四军的仅仅 1 个团；正面的第 62 师早已是新四军的手下败将，成为惊弓之鸟，归附其指挥的浙保 4 纵队 2 团则不战而逃；西面侧后的"忠救军"虽全为美式轻武器装备，然而，这支部队打仗时，上来得快，逃得也快，不易抓住，被称为"猴子军"；唯南侧由第 192 师副师长文建平指挥的 18 团和第 52 师 156 团两个营为三战区正规军，是这次进攻的主力。所以粉碎这次进攻的关键是围歼顽军 18 团和 156 团两个营。

苏浙军区指挥部根据党同顽固派斗争的自卫原则，决定坚守孝丰，自卫反击。于是部署 3 支队一部及独立 2 团在孝丰周围的大毛山、坝山、大阳山、五峰山，担任正面守备，钳制正面和东侧顽敌；以 8 支队在石鼓山一带狙击"忠救军"；以 1、2 支队首先击溃渔溪口之"忠救军"，切断"忠救军"与文道平部的联系；集中主力解决西南方向来犯之敌。

3 月 6 日夜，新四军发起进攻。在孝丰正面，战斗最激烈的是坝山一带的山头阵地，3 支队 1 营顶住了第 62 师一个团的反复进攻，子弹打完了，就用石头、刺刀同敌人肉搏，终于守住了阵地，并在增援部队配合下发起反冲锋，将顽敌击溃，有效地保障了孝丰西南侧的主力决战。

在孝丰西侧战场，"忠救军"3 纵队 3 月 3 日进占西圩市，6 日进至渔溪口附近。当日午夜，新四军 1、2 支队向其发起猛烈的钳形攻势，打得"忠救军"狼狈逃窜，迅速败退至杭坑附近，不敢再犯。

在孝丰县西北部及广德县境内的石鼓山、牛山、桃花山、八卦山和乌石山一带，新四军 8 支队于 3 月 7 日粉碎了"忠救军"的进攻。战斗最激烈的是 3 连固守的石鼓山阵地，激战是这样进行的：

> 上午八时，忠救军约两个团从西面的桃花山向我石鼓山阵地发起进攻。三连面对十倍于我之敌，沉着应战，积极地进行攻势防御。战前，三连派出一个战斗小组在阵地前三百米处警戒，提前发现了偷摸上来的敌人，挫败了敌人的突然袭击。战斗中，我军一面待敌进至有效射程内以各种火器突然开火，一面抓住有利时机，在侧翼组织小规

模的阵前出击，打垮了顽军的冲锋。当顽军一度突入阵地时，三连毫不迟疑，在一连的支援下，趁其立足未稳，发起勇猛的反冲击，夺回了阵地。在紧急关头，战斗英雄陈阿弟跃出战壕，端起机枪，猛扫顽军，英勇献身。在他的鼓舞下，其他同志也跃出战壕，与冲上来的敌人进行白刃格斗。三连的二排、三排、一排先后投入战斗，一批批战友倒下去了，幸存者就同增援上来的战士们一起，以牺牲的战友为榜样，愈战愈勇。他们在七小时内，打退了忠救军的六次冲锋，毙伤顽军二百余人。虽然全连仅剩十三人，但这次顽强的阻击，争取了时间，保证了主力完成对顽军出击的部署。战后，该连受到苏浙军区首长通令嘉奖。[①]

在消灭和打退了各小股顽军后，3月7日晚7时，苏浙军区首长下令，向顽西南侧主力全线出击。1纵队与3纵队协同作战，密切配合，多路迂回穿插，对顽形成包围之势。

8日上午，新四军7支队与顽156团在黄泥冲遭遇。开始，156团抢占了高地，7支队前卫3营的7连、9连和8连分别占领了两面高地。在难以强攻的情况下，8连佯装败退，调虎离山；7连、9连乘机占领高峰，把顽军压缩在两山之间。顽军为了夺路而逃，反复猛扑8连阵地，但被死死堵住。8连3排副季少青身负重伤，但他将生死置之度外，冲入敌群，拉响了手榴弹……全连勇士高喊着"向3排副学习""为3排副报仇"的口号，把敌人一次又一次的冲锋压了下去。终于，3纵队的3个支队全部赶到，一举歼灭了156团的2个营。

与此同时，顽军第192师8团也在分割包围中大部被歼。在孝丰正面的第62师再受重创，仓皇逃窜。这次出击，歼敌156团副团长以下1000余人，计缴获迫击炮4门，轻重机枪六七十挺，步枪几百支。3月10日后，新四军乘胜追击，1纵队分三路挺进，先后占领章村、孔夫关、羊角岭、潘村等地，重新控制了天目山北部地区，又迅速进占东西天目山。

3月25日，顽军受攻击后被迫退出临安县城。26日，1纵队分别击溃挺

---

① 张鉴安、朱健安、胡世明：《第二次天目山反顽战役》，《湖州师专学报》1986年第S4期。

1 纵队及第 192 师各部，袭占青云桥和后院，进驻临安城。至此，第二次反顽战胜利结束，共计歼灭顽军 1700 多人。

第二次反顽战役取得了胜利，究其原因，是采取了以少胜多的原则。

> 顽军仍然是分进全击，我军则根据各路顽军的具体情况，分清轻重缓急，采取小部兵力钳制敌正面及一翼，集中优势兵力突然袭击敌另一翼的打法，形成主要环节上的优势，从而取得了全局的主动地位，赢得了战役的胜利。这种用兵方法，是我军以少胜多的重要战术原则之一。[1]

第二次反顽战役的胜利使天目山地区基本得到了解放，浙西根据地有了很大发展。至 3 月下旬，苏浙军区已控制了浙西长兴、安吉、孝丰、吴兴、德清、武康、余杭、临安、於潜和广南等 10 个县的大部或一部分。同时，经过两次反顽战役，新四军的武器装备因大量缴获而迅速得到改善。开始，一些新兵还没有枪，重火器很少。第二次反顽战役胜利后，新四军的武器装备已接近国民党正规部队的水平。特别是从"忠救军"手里缴获一批美式轻武器，使新四军如虎添翼，战斗力大大加强。

总之，第二次反顽战役的胜利扩展了第一次反顽战役的成果，同时也再次把巩固新老解放区、打通与浙东的联系等任务提上了日程。

3. 天目山第三次反顽战役

1945 年 5 月，日寇最后败亡的日子已经临近，但日寇不甘心自己的失败，企图做垂死挣扎。为了谋求长江下游的"安定"，再次发动对苏南根据地的"扫荡"，在浙西也不断向新四军进扰。

按照蒋介石的旨意，顽 3 战区立即部署对新四军的进攻。5 月 27 日，顾祝同下令，由第 25 集团军总司令李觉接替顽苏浙皖挺进军总司令部的指挥，对天目山地区发动第三次"清剿"。

苏浙军区指挥部当即决定：在政治上，公开揭露顽固派勾结日伪向新四军

---

[1]　张鉴安、朱健安、胡世明：《第二次天目山反顽战役》，《湖州师专学报》1986年第S4期。

进攻的事实，发布《告浙西各界同胞书》，号召军民紧急动员起来，为粉碎敌人扫荡和顽固派第三次进攻而斗争；在军事上，对敌采取游击战，对顽采取运动战，迅速集中主力，准备决战。具体部署是：以独立2团围歼窜入莫干山地区的残顽势力，一部兵力钳制天目山西侧之顽军，以主力向新登发起进攻，以便打破顽方的进攻部署，确保浙西与浙东的联系，并使新四军有时间集中已经分散的兵力。

1945年5月，国民党第3战区调集第105、46、79师及独立33旅，并配合原驻天目山周围的第28军第52、62、192师等，向新四军苏浙军区在天目山地区的部队进攻，企图切断其与浙东2纵队的联系。与此同时，日军以1个多旅团的兵力配合伪军向新四军各部进行"扫荡"。

为粉碎敌伪顽夹击，5月29日，新四军南下向新登进击的战斗打响。下午6时，新四军1纵队1支队、3纵队7支队、4纵队10支队和12支队一部从临安出发，过板桥后分三路向新登方向攻击前进；新四军主力经铁坎进攻大岭，一部经铁坎进攻方家井，另一部经山口至何阜殿边、越山分攻马登、石家。顽军第79师凭借碉堡竭力堵截，并两次图谋进行反包围，但均被新四军凌厉攻势所粉碎。新四军在马登、永昌一线，经3个昼夜的战斗，消灭第79师约2个营，一直打到新登城下。

6月2日凌晨，天还没有完全亮，新四军就发起了对新登县城的攻坚战，北门战斗最为激烈。由于顽军在城墙外遍设地雷，攻城的新四军伤亡较重，有一个机枪班因把机枪架在地雷上，全班壮烈牺牲。但是，新四军战士不怕牺牲，前仆后继，奋勇作战。

担任这次主攻的是新四军1纵队1支队，经过4小时的激战，新四军于黎明前突破封锁，攻克城堡，解放了新登城。与此同时，10支队渡过了富春江，攻占富阳县龙门村。

攻占新登城后，新四军一鼓作气，出南门向五里桥头、百丈山的顽军发起进攻。这时，前来增援的顽军独立33旅697团附特务营和迫击炮两连已赶至七板桥附近。6月3日上午，突击1纵队5个营也赶到新登西南进行反扑。新四军趁突击1纵队立足未稳、作战环境尚不熟悉之际，当晚由五里白家、百丈岭山麓向西山、木棉山的顽军突击1纵队阵地发起夜袭。主力由裘坑坞山麓攻入西山村，向顽突击 1 纵队司令部发起猛攻，顽军顿时大乱，顽副司令王理真负伤而逃，顽军部队伤亡惨重，不得不撤出战斗。顽军独立 33 旅也在天柱山、大雷山等处遭到新四军猛攻，死伤累累，溃不成军。

此时，新四军面临如下困难：连日苦战，忍饥挨饿，部队十分疲劳，伤亡也较大；新登一线山头上顽军遍设碉堡，转战于碉堡群不利于新四军扬长避短；顽援军又不断涌来，"忠救军"、第 28 军及第 52 师等部都在蠢蠢欲动，新四军后路有被切断之虞。为了避免在不利条件下的决战，粟裕果断下令部队放弃新登，退往临安。于是，新四军于 6 月 4 日晚开始后撤，一部经永昌、山口，主力经方家井、铁坎分两路返回临安休整。令人可惜的是，"老虎团"团长刘别生在指挥部队打退敌反扑时，不幸中弹，光荣牺牲，年仅 31 岁。

新登战役共计摧毁顽碉堡 300 余座，毙伤顽军 1500 多人，俘 719 人，缴获迫击炮 1 门、枪榴弹筒 15 个、重机枪 15 挺、轻机枪 45 挺、长短枪 500 余支。这次进攻作战迫使顽方由部署进攻改为被动应战，使李觉在"受命仓猝，全般情况模糊"之时，就遭到新四军的沉重打击，迫使他将作战方针改为所谓"先打击南窜之匪，再图后策"，从而延缓了顽军对天目山地区的进攻，使新四军有了集中主力、准备决战的时间。此外，新登战役削弱了顽军的战斗力，使敌主力突击 1 纵队和第 79 师两部兵力减少 30%，为决战时围歼敌顽创造了有利条件。

新四军撤出新登之后，又于 6 月 8 日撤出临安。6 月 9 日，顾祝同下令：李觉为前线总指挥，亲督第 28 军和"忠救军"迅即分区"扫荡"东、西天目山，筑堡固守；胡琪三率第 79 师、突击 1 纵队和突击 2 纵队为右"进剿"兵团；刘秉哲率第 52 师、第 146 师和独立 33 旅等为左"进剿"兵团，两兵团依托东、西天目山由临安、宁国向孝丰分进合击。此时，新四军能集中的只有 3 个纵队，不仅数量和装备上处于劣势，而且粮食短缺，如果留在天目山作战，后勤保障将十分困难。

在这种情况下，为了在军事上诱敌深入，在政治上揭露顽固派，新四军决定再退一步，于 6 月 15 日全部撤离东、西天目山，向孝丰地区集结。新四军以 4 纵队担任孝丰正面守备，1 纵队、3 纵队和独立 2 团隐蔽集结于孝丰西北地区，伺机实施有力的突击。

新四军一让新登，二让临安，三让天目山，接连后退 200 多里，给顽军造成溃退的假象，敌顽气焰非常嚣张。第52师，这个曾在皖南事变中伏击新四军军部的凶手，这时扬言"再打一个茂林，完成皖南剿共未竟之功"，突击营的指挥官则叫喊"枪炮一响，黄金万两"，做着消灭新四军、升官发财的黄粱美梦。时值梅雨季节，顽军在泥泞的山路上滚爬了半个月才到达孝丰外围。6月18日，顽方得到新四军要"继续北逃"的错误情报；19日，顽军左、右"进剿"兵团向孝丰进击。顽军左兵团主力第52师154团、155团的正面分别为新四军的8、9支队。8、9支队各以少数兵力边打边撤，将顽军引到便于消灭的山头和地区，而把主要制高点掌握在自己手里。顽军因19日、20日两日进展顺利，更加得意忘形，下令21日向孝丰展开攻击。

这时，第52师师部和作为师预备队的156团进驻杭垓附近的梅村，154团已进至孝丰西南之新桥头、百步村和西圩市等地，155团已进至孝丰西北面之虎岭关、螺丝山、八卦山和小白店等地，由于骄傲冒进，部队位置孤立突出，兵力也比较分散，且其附近之制高点和战斗要隘都被新四军控制；而右"进剿"兵团则进至孝丰东南港口地区，与左兵团相距约20公里；进驻天目山的第28军和"忠救军"因前两次接连败北，这次不敢轻举妄动。至此，各个歼敌的战机已经出现，新四军当即决定先攻歼顽军左兵团第52师。

为了鼓励新四军战士奋起杀敌，各部队作了"让不见谅，退无可退，只有消灭来犯之敌"的动员，发出了"歼灭52师，为皖南事变死难烈士报仇"的口号。20日晚10时半，新四军迅速迂回，勇猛穿插，切断顽军独立33旅与154团的联系，歼33旅一部，将154团分割包围。新四军一面向154团百步山、日回山正面阵地猛攻，一面经塘华村抄后路到杭岭头猛袭顽军团部，使他们的联络指挥中断，阵势大乱。

当夜12时左右，新四军7、9支队由鄣吴、西亩出击，又将小白店、虎岭关一带之155团分割包围，切断通信联络，对顽军所占各山头发起总攻。155团急向第52师师部求援，但师部只有156团，而这个团在上次向新四军进攻时已被歼过半，因此师部自身难保，只能眼看着154、155团成为瓮中之鳖。154团团部在新四军的猛烈攻击下，从杭岭头附近的北小坞山山脚撤到山上，新四军一夜发起3次冲锋，奋力拼杀，最后在对面高山上架起机枪猛扫，顽军在走投无路的情况下，弃阵分别突围，但无一成功，正、副团长都被击毙。激战至翌日中午，154 团被全歼，155 团大部被歼。

正当新四军聚歼第 52 师之际，顽军右兵团于 21 日赶至孝丰城郊，向新四军 4 纵队发起进攻。在孝丰城北的五峰山，第 79 师以 2 个团的兵力向新四军发起进攻，战斗从上午 11 时一直打到下午 4 时，顽军最终以失败告终。

李觉为挽回败局，于 22 日中午向右兵团下达了"23 日清晨攻占孝丰城"的命令。于是，22 日，顽军又重新集结兵力向塘浦镇、鹤鹿溪、五峰山发起猛攻，妄图切断新四军后路。为了围歼右兵团，"我军在右兵团的北面部署了十一支队、独立二团、十支队、七支队和八支队，在右兵团的南面部署了三支队、二支队、一支队、九支队和十二支队。二十二日，除十二支队外，各支队均已陆续到达指定地点。二十二日夜至二十三日晓，对右兵团的围歼战开始。这场大规模的围歼战，东起大毛山，西至水口村，北自灵峰山，南迄井村，在这块 50 多平方公里的土地上，战斗同时猛烈地展开了"[①]。

攻打长兴水口的战役记载如下：

> 二十三日清晨，我八支队在迂回穿插中前卫二营进入水口村，与突击营遭遇。突击营猝不及防，纷纷退守地主大院。清晨，二营发现水口村西面和南面山上的火力封锁了村子与外面的联系，但在村内我军则已将顽军围困在大院内，于是决定派六连阻击西面山上之敌的增援，由四连主攻大院。激烈的战斗进行了整整一个白天。七九师和突击二纵对六连阵地疯狂轰击，六连抗击了十倍于我之敌的八次进攻，坚守了阵地。四连在三营八连的增援下，前仆后继，向大院发起多次冲锋，冲过大院东侧的河流，直奔院墙脚下，准备挖洞突入。突击营营部见援军无望，于傍晚慌忙突围，在逃窜中大部被我歼灭。水口战斗的胜利，歼顽六百余人，给骄横不可一世的突击营以沉重打击，同时吸引了七九师部分兵力，为其他支队的围歼战创造了有利条件。[②]

---

①　张鉴安、朱健安、胡世明：《第三次天目山反顽战役的全胜》，《湖州师专学报》1986 年第 S4 期。
②　张鉴安、朱健安、胡世明：《第三次天目山反顽战役的全胜》，《湖州师专学报》1986 年第 S4 期。

第79师在遭受新四军打击后，分驻于灵峰山麓的孝子桥及东西两侧的狭长地带，最后被新四军歼灭。战斗经过是这样的：

我一纵在歼灭五二师一五四团之后，奉命穿越突击一纵、二纵和七九师三者接合部的间隙，向山河、井村出击。二十二日晨六时，一纵一支队先头部队经一夜急行军，进抵井村，与突击二纵遭遇，发现顽右兵团主力已进至大毛山、孝子桥一线。一支队遂于当晚在井村北面的屠家塘、木架山潜入尖山、孝子桥、白水湾一带的山林内，同时，二、三支队进占上市等地；七支队经鹤鹿溪指向尖山、灵峰山等地。

当夜二十三时，对七九师的大规模夜袭开始，我军从四面八方发起冲锋，先后将七九师师部和分驻于尖山前山口、曼塘（后撤至灵峰寺）和钱墩的三个团部分割包围。二十三日晨五时，我军猛冲孝子桥七九师师部。但七九师各部负隅顽抗，并请求右兵团指挥部组织反扑。右兵团指挥部于上午九时命令七九师、突击一纵、二纵合力向楔入它们接合部的我一纵队发起反围攻。此时突击一纵已无法突围，自顾不暇。七九师和突击二纵则疯狂反扑，战斗进入白热化状态。一小时内双方反复冲锋达七次之多。经一昼夜激战，七九师和突击二纵伤亡惨重，几乎弹尽粮绝。[1]

就在新四军向第79师夜袭的同时，新四军4纵队和1纵队也在大毛山包围了突击1纵队，并最后歼灭了这支顽军。突击1纵队按照惯例，为防备新四军的夜袭，在主要通道上挂满了触发手榴弹，白天呼呼睡大觉。新四军决定避实就虚，改为白天进攻，打它个措手不及。23日下午4时，4纵队和1纵队对大毛山发起总攻。"轰！轰！"两发炮弹打出去，命中顽军指挥部。在嘹亮的冲锋号中，无畏的新四军战士一个个冒着弹雨，飞上山梁，冲入敌阵，展开肉搏。此时，顽军妄图向东北方向逃跑，去寻找它的"难兄难弟"第79师。但在天打桥被7支队2营死死堵住，而向南的逃路也被1纵队堵住。新四军各路大军一齐攻上山来，

---

[1] 张鉴安、朱健安、胡世明：《第三次天目山反顽战役的全胜》，《湖州师专学报》1986年第S4期。

阵地上响起了一片"缴枪不杀"的呐喊声，大批顽军走投无路，只好当了俘虏。这支号称"王牌军"的突击1纵队除留守临安的第1营以外全被消灭。

可是，就在右兵团惨败的23日，顾祝同竟然打电话给李觉，限定胡琪三于24日必须占领孝丰城。尽管右兵团电台已整日百呼不应，李觉还是照传顾祝同命令，发出限1小时到达的特急电报。到了24日，李觉还给胡琪三发报下令"望激励所部全力奋斗，勿失歼匪立功良机"。顾祝同、李觉之流的行为真是可笑至极！

在孝丰战役中，新四军毙伤顽军3500多人，俘顽军2887人。突击1纵队少将司令胡旭旰、第79师参谋长罗先觉、154团正副团长均被击毙，共缴获山炮、战防炮、迫击炮等17门，掷弹筒6个，枪榴弹筒22个，重机枪21挺，轻机枪108挺，长短枪千余支及大量弹药。新四军受伤1662名，阵亡504名。

第三次反顽战役包括新登战斗在内，共歼灭顽军8500多人。第三次天目山反顽战役给顽军3战区以致命打击，使新四军在浙西站稳了脚跟，浙西抗日根据地也得到了巩固。

第三次反顽战役胜利后，部队一个月来连续作战，亟须休整；天目山区粮荒严重，苏南也不胜供应军粮的负担；东太湖及宣城、当涂、芜湖敌后地区尚未开辟。鉴于以上情况，苏浙军区党委根据中央指示精神，决定采取巩固苏南、开辟敌后、休整主力、掌握敌顽矛盾、避免单纯顽我决战的方针，暂时不再重占天目山。新四军于7月上旬开始分兵北撤，1纵队全部回苏南溧阳、高淳地区休整；3纵队开往宁国东北、宣城东南地区休整，并负责向宣城方向发展，以打通与皖南的联系；4纵队坚守浙西，12支队全部地方化，分编为吴兴、武（康）德（清）、临（安）余（杭）3个支队，担负坚守和发展杭嘉湖、莫干山敌后地区的任务。

新四军进军浙西和天目山三次反顽战役的胜利，具有重大的现实和历史意义。第一，苏浙军区基本上完成了党中央部署的战略任务，为对日大反攻创造了有利条件。第二，天目山三次反顽战役的胜利，实现了由抗日游击战向运动战的转变，为抗战胜利后打败蒋介石的反共反人民内战创造了一定的条件。第三，新四军三次反顽战的胜利，在浙西人民心中留下了深刻的印象，并在浙西儿女中培养了一大批优秀的干部。

第十二章 湖州军民争取抗战胜利

天目山三次反顽战役，不但粉碎了国民党顽固派妄图歼灭新四军主力于浙西的阴谋，而且使新四军控制的地区扩展到郎广长、莫干山、杭嘉湖以及天目山等地区，其中包括浙西的长兴、安吉、孝丰、武康、德清、吴兴等地，为创建浙西抗日根据地奠定了基础，为抗战的胜利做了充分的准备。

一、苏浙军区对日反攻作战

1945 年上半年，世界反法西斯战争进入了最后的胜利阶段，在中国和盟国的共同打击下，日军在各战场已经彻底失败，灭亡在即。7 月 26 日，中、美、英三国发表《波茨坦公告》，促令日本无条件投降。8 月 8 日，苏联对日宣战。8 月 9 日，毛泽东发表《对日寇的最后一战》的声明，号召中国人民的一切抗日力量应举行全国规模的反攻，大力扩大解放区，缩小沦陷区。中国人民的抗日战争进入了全面反攻阶段。

1945 年 8 月 15 日，日本政府正式宣布无条件投降。朱德总司令向日本侵略军和冈村宁次发出了命令，命令指出：“你应下令你所指挥下的一切部队，停止一切军事行动，听候中国解放区八路军、新四军及华南抗日纵队的命令，向我方投降，除被国民党政府的军队所包围的部分外。”[1]

苏浙军区根据延安总部的命令，向浙西、苏南和皖南的日军发出最后通牒，限令其在 24 小时内向新四军缴械投降，向上述地区的伪军、伪警及一切伪组织发出紧急通告，限令其“立即反正，听候调遣”。然而，日伪军拒绝向新四军缴械投降。苏浙军区各纵队按原定计划，从 16 日开始，向日伪占领的城镇和交通要道发起全面进攻。新四军“第一纵队与第一军分区在南起浙江长兴、北至江苏句容间的广大地区展开猛烈攻势，攻克溧阳、溧水、金坛、句容等县城，乘

---

[1] 马齐彬、陈文斌、邵维正、汪其来：《中国共产党创业三十年（1919—1949）》，中共党史出版社1991年版，第572页。

胜占领了南京东南的湖熟、上山等重镇。第三纵队与第二军分区武装，由孝丰地区北返，向溧阳、宜兴方向挺进，相继攻克广德、郎溪、宜兴等县城，解放了张渚、川埠、丁山和蜀山等重要集镇。此外，第二纵队、第四纵队分别在浙东和浙西投入战斗"①。

根据延安总部命令，新四军发出《苏浙军区对日本驻军通牒》，通告有关接收京、沪、杭、甬沿线各地日军投降事宜，并令日本部队及机关停止一切抵抗，限期向新四军投降；同时发出《苏浙军区对伪军伪警及一切伪组织的紧急通告》，令其立即反正，否则，视为敌对行动，予以缴械。8月18日，军区政治部发布《向京沪线进军，收复国土告同胞书》，阐明当前形势和党的政策，号召各界同胞立即组织起来，配合八路军、新四军同敌人斗争，收复国土，制裁汉奸，争取胜利，巩固胜利。

然而，蒋介石在美国总统杜鲁门和远东盟军总司令麦克阿瑟的支持下，疯狂地与新四军抢夺抗战胜利果实，日本派遣军总司令冈村宁次和伪上海市市长周佛海互相勾结，以"维持地方治安"为名，继续抵抗，不向八路军、新四军缴械，而是等待国民党军前来接收。此时的日本派遣军总司令部也发出布告，令所属各部拒绝向八路军、新四军投降。同时，大批伪军摇身一变成为国民党的"先遣军"。日伪顽合流，准备对八路军、新四军开战。

鉴于这样的形势，党中央和毛泽东同志明察秋毫，于8月21日致电华中局，停止上海起义，保存组织基础，以便将来进行民主运动。22日，中央发出关于改变军事行动方针的指示，决定除个别大城市仍可占领以外，一般应以相当实力威胁大城市及要道，使敌伪向大城市、要道集中，而以必要兵力着重于夺取小城市及广大乡村，扩大并巩固解放区，准备应付新局面，作持久打算。

此时，"陈毅军长自延安来电，指示苏浙军区有计划地分路发动进攻，占领吴兴、长兴、宜兴、溧阳、深水、郎溪、广德、金坛、句容、高淳诸城镇及太湖西岸各地，浙西敌后各县，创造一整片农村局面，作为迎接内战、坚持斗争的基础"②。

根据上级指示，苏浙军区停止向南京、上海等大城市的进攻，就地向四周

---

① 中共湖州市委党史研究室：《中共湖州党史》（第一卷），中共党史出版社2002年版，第103页。
② 佚名：《对日反攻作战》，《湖州师专学报》1986年第S4期。

村镇发展，攻打日伪占领的县城和据点。军区各纵队在统一指挥下，分路出击，发起全面反攻。

苏浙军区的 1 纵队，在南起长兴、北至句容间的广大地区展开猛烈进攻，拔除了前马、南渡、天王寺、夹浦等 10 余个日伪据点，俘伪军 2000 余人，解放了北起句容、南至长兴间的许多集镇。8 月 15 日，1 支队在句容、溧水间的白马桥、上沛埠一带围截敢于出来"扫荡"、抢粮的日伪军，歼灭日军 30 余人及伪军第 3 师 8 团团长吴庭楷以下 670 余人。

18 日，发起对金坛县城的进攻，经一夜激战，毙日军 30 余人，俘伪军 600 余人，于次日解放了金坛城和珠琳镇。

同一天，2、3 支队合攻溧阳县城，2 支队第一营首先拔除了西门外敌人的子母堡和暗堡，为攻城部队扫清了道路，接着发起总攻，歼伪第 2 师 4 团、5 团和日军一部。19 日，溧阳县城宣告解放。与此同时，长兴警卫 1、3 连及主力营带领民兵 500 多人，于 19 日上午 10 时收复长兴县城，城内民众欣喜于重见天日，纷纷杀猪宰鸡慰劳入城部队。28 日，1 纵队又乘胜解放了高淳县城和湖熟等据点。各分区独立团和县大队也于 19 日和 23 日相继解放了溧水、句容县城。1 纵队 3 个月内作战 100 余次，共计歼灭日伪军 9000 多人。

8 月 14 日，3 纵队奉命由孝丰地区向溧阳、宜兴方向挺进。9 支队进至宣城一线，在地方武装配合下，24 日、25 日相继解放广德、郎溪县城。8 支队经白岘镇攻击前进，21 日攻克宜兴的张渚镇，消灭伪军 300 余人，其中生俘 200 余人，缴获重机枪 1 挺、轻机枪 4 挺、步枪百余支。张渚是连接浙西山区和苏南平原的战略要地，不久，苏浙军区司令部和苏浙区党委就从长兴移到这里。解放张渚之后，8 支队接着又攻克京杭公路上的重要据点川埠镇，全歼伪军 1 个连。3 纵队率 7 支队随 8 支队前进。23 日，收复安吉县城。25 日，7 支队攻克丁山、蜀山镇，全歼伪军 1 个大队，生俘 100 余人。

9 月初，3 纵队发起宜兴战役。在完成包围以后，3 纵队先向守敌发出通牒，令他们在 24 小时内投降。日伪拒降，3 纵队当即组织炮兵对城内日军据点轰击准备攻歼该城日伪军。8 日，获悉日军拟弃城由水路向无锡进窜，遂令 7 支队赶往洋溪渡口设伏。11 日 9 时 40 分，日军 100 多人分乘 2 艘汽艇进入伏击区，新四军 1、2 连突然开火，第一艘敌艇一头撞入芦苇丛中动弹不得，40 多人大部分被歼灭。第二艘上的日军见势不妙，赶紧登岸，抢占有利地形抵抗，新四军4个连将其团团包围，步步紧逼，经过一场短兵相接的搏斗，这股敌人终于全部被歼灭，生俘第60师团山本大佐以下39人。在这次伏击战中，3连战斗英雄丁学礼只身冲进敌群，与敌人白刃格斗，刺死日军6人，自己也英勇牺牲。14日，宜兴县城宣告解放。15日，9支队又攻克芜湖东郊的重镇黄池。3纵队在反攻作战中先后解放了安吉、郎溪、广德、宜兴4座县城和梅溪、张渚、川埠、誓节渡等24个城镇，毙、伤、俘日军140人，伪军790多人。

大反攻开始时，4纵队正在浙赣铁路西侧作战。8月13日接军区指示，迅速集结部队，兼程北返。14—15日，纵队部及10、11支队先后回渡富春江，然后越临安县境，到达武康以北、湖州西南地区待命。

浙西的吴兴支队、武德支队和临余支队以及其他地方武装，在军分区司令贺敏学和参谋长廖昌金的指挥下，积极投入大反攻；8月中旬，先后攻克妙西、三桥埠等日伪据点。吴兴支队和吴兴警卫营则在天目山伏击由安吉梅溪分水陆两路撤向湖州的伪第1师3团，经2小时战斗，生俘伪团长董骧以下700余人，缴获各种枪械近千支和军需品两大船。在攻克外围据点之后，根据苏浙军区"相机占领湖州城"的指示，军分区组织吴兴支队和吴兴、武康、德清、安吉等县地方武装攻打湖州城。

在分区参谋长廖昌金指挥下，新四军一部于拂晓前由南门突入城内进行迫降，但是立即发现敌情发生重大变化。据前一天侦察，湖州城内仅有1个团的伪军驻守，且已惊惶万状，不料，恰在这天晚上从泗安方向撤往杭州的大批日军在湖州暂住。他们拒绝投降，发生激战，新四军遭受伤亡，冲入福音医院（今湖州九八医院）的一个排被缴械（后经谈判释放）。由于敌众我寡，新四军主动撤出战斗，在撤退中被设于庚村附近山上的日军碉堡所阻，形势危急，吴兴支队奋力攻克这座碉堡，才打通道路，迫降没有成功。

苏浙军区各部在浙西、苏南的反攻作战，歼灭了大量日伪军，解放了长兴、安吉、郎溪、广德、溧阳、溧水、高淳、宜兴、金坛、句容等10个县城，拔除了伪军据点100余处，使北起京沪铁路、南至孝丰、东至太湖、西迄宜芜公路的广大地区连成一大片，苏浙皖解放区人口达到370多万。

二、湖州地区的抗战胜利

在苏浙军区开始对日发起反攻作战后，湖州地区人民在各级党组织的领导下，纷纷成立反攻动员委员会，组织群众和地方抗日武装配合主力反攻作战，以夺取湖州地区抗战的胜利。

长兴县委、县抗日民主政府和地方武装立即行动起来，全力支援和配合新四军主力部队作战。1945年8月17日，长兴召开县、区地方武装负责人会议，商讨了协同主力部队反攻作战的相关事项，决定集中县总队大部和两个区大队的武装，配合新四军主力拔除境内日伪据点，收复长兴县城。

> 18日，长兴县地方武装兵分三路，向县城和境内日伪据点发起攻击。第一路县总队警卫一连从水口出发向县城附近进击，配合苏浙军区某部主力营，实施了对县城的合围。第二路县总队警卫三连和鼎新区大队从鼎新出发，捣毁后漾、香山、岚山等日伪据点，切断了京杭国道。第三路合溪区大队从合溪出发进至县城西南，并切断了宣长公路。在新四军和长兴县地方武装的强大攻势下，驻守于县城周围几个据点的伪军，闻风撤入城内。[①]

19日上午，长兴县城收复，县委和县政府进驻县城，并在城内召开群众大会，庆祝胜利，安定人心。22日，《苏浙日报》以《苏浙我军攻势展开后连续收复长兴城张渚镇》为题，报道了收复长兴的喜人消息："八年来受敌伪蹂躏的城内民众今天重见天日，情绪万分高涨，全城民众杀猪宰鸡慰劳我军，并备酒菜欢迎。"[②] 这篇报道真实地展示了当时长兴百姓欢迎新四军入城的真实情况。县城收复后，长兴县地方武装在维护城内秩序的同时，乘胜追歼日伪，肃清敌伪势力。至9月初，县总队警卫3连，会同合溪、鼎新区大队进入鸿桥地区，拔除了境内最后一个日伪据点，长兴全境收复。

对日大反攻开始时，新四军4纵队正在浙赣铁路西侧作战。8月中旬，苏

---

① 中共湖州市委党史研究室：《中共湖州党史》（第一卷），中共党史出版社2002年版，第193页。
② 《苏浙我军攻势展开后连续收复长兴城张渚镇》，《苏浙日报》1945年8月22日。

浙军区政治部主任钟期光到达4纵队，传达军区指示，解除4纵队进军上海、支援上海武装起义的任务，改为攻击日伪据点，歼灭拒降日伪，扩大解放区。接到命令后，4纵队兼程北返，按时到达武康、湖州一带，会同地方武装全线出击。4纵队迅速攻占了安吉梅溪至吴兴一线敌伪据点，并解放了安吉县城，重新控制了武康、德清县城。9月10日，10支队收复了新市镇；11日至12日，拔除了吴兴县北部的大钱和织里两个日伪据点。13日起，4纵队集中兵力，向双林镇发起猛攻。

> 纵队部率第十支队从菱湖出发，经一昼夜激战，先后夺占双林镇外围的化台桥、盛林山等据点，歼伪军第三十四师一个营大部，俘200余人。第十一支队奉命从织里出发，沿途攻克晟舍、重兆两个据点，于14日凌晨攻占双林镇西的长生桥，随后扫清了其余外围据点。15日拂晓，第四纵队在完成对双林的合围后，分西、北、东三路发动总攻。各路部队勇猛穿插，奋勇作战，于上午8时左右攻占双林镇，驻守于该镇的伪军第三十四师大部被歼。[①]

浙西各县地方武装在军分区的统一指挥下，与新四军主力积极配合，投入了反攻作战。8月中旬，新四军吴兴支队、武德支队先后攻克吴兴的妙西、德清三桥埠等地日伪据点。又在西苕溪设伏，伏击了安吉梅溪向湖州城撤退的伪军第1师3团，击沉、击伤汽艇及拖船多艘，歼灭该团部分主力。

根据苏浙军区"相机占领湖州城"的指示，浙西军分区集中吴兴支队和武康、德清、安吉等县地方武装，攻克了湖州城外围的许多日伪据点，并袭击了湖州城内的日伪军。

苏浙军区各部和各县地方武装在反攻作战中，共收复县城12座，即句容、溧水、高淳、金坛、溧阳、广德、郎溪、安吉、长兴、孝丰、武康、德清，拔除了梅溪、新市、双林、三桥埠等日伪据点100多处，苏浙皖解放区人口达到

---

① 中共湖州市委党史研究室：《中共湖州党史》（第一卷），中共党史出版社2002年版，第194页。

370 多万。[①]

1945 年 9 月 2 日，日本签署了投降书，128 万日军向中国投降。

中国抗日战争胜利结束！

10 月 8 日，侵湖日军在湖州海岛广场举行了投降仪式。

抗战胜利的消息传到浙西抗日根据地后，人们奔走相告，欣喜若狂。在长兴县城，城墙上的旧标语全被铲除，外逃的百姓陆续返城。县城的仓前街上，生意兴隆。"猪肉一下子卖完了，炸油条的从来没有遇到过这样的好生意，两只手忙不过来"，百姓都这样说。湖州各地群众在抗日民主政府主持下，举行庆祝集会，新四军根据苏浙军区指示，会同地方党组织和群众团体，共同举行军民联欢，整个湖州笼罩在一片欢乐的气氛之中。

三、新四军北撤

抗日战争胜利后，为了制止内战，争取和平民主，1945 年 8 月 28 日，中共中央主席毛泽东亲率代表团赴重庆与蒋介石谈判。在谈判中共产党作出重大让步，决定撤出南方 8 个解放区，以换取两党协议的签订。9 月 20 日，中央指示华中局：苏南、浙东、皖南部队北撤，越快越好，此事已在重庆谈判中当作一个让步条件向对方提出。

根据党中央的指示，苏浙军区迅速作出部署，有计划地组织所属部队、党政机关和地方武装分批渡江北撤。苏浙军区、苏浙区党委和直属部队首批北撤。接着，1 纵队由王必成、江渭清率领，冲破国民党军队的拦截，越过京沪铁路，经丹阳的访仙镇、英沙口渡江至北岸天星港。3 纵队由陶勇率领，在澄西县委接应下，穿越铁路线抵达武进西北的西石桥。这时在申港驻有由原汪伪税警队改编的国民党"镇波军"两个团，企图阻拦新四军北上。3 纵队立即发起迅猛突袭，歼灭该部 300 余人，连夜过江，到达靖江。4 纵队在双林战役后，集中长兴待命。不日，接军区命令，准备派 11 支队插向海盐澉浦，接应 2 纵队渡钱塘江北上。在完成钳制任务以后，从吴兴、长兴一线出发，北经宜兴、溧水、句容，随 3 纵队之后，渡江北上至泰兴地区集中。

---

① 《苏浙皖江南解放区形势》，中共浙江省委党史研究室、中共湖州市委等：《浙西抗日根据地》，浙江人民出版社1992年版，第223页。

在新四军北撤前，苏浙区党委在宜兴张渚召开会议，遵照党中央和华中局的指示，部署江南留守工作，决定派出留守人员和少量部队，组成苏浙皖边区特委和苏浙皖边区司令部。苏浙皖特委上属华中局领导，下辖浙西、郎广、茅山、太滆4个地区工委。边区司令部直辖1个留守营，有3个连。

新四军北撤后，留守人员和留守部队坚持进行不屈不挠的斗争，在付出重大代价以后，终于站稳了脚跟，渡过了难关，为全国的解放打下了坚实的基础。

第十二章　苏浙军区的抗日名将

位于长兴槐坎温塘村的新四军苏浙军区在抗战时期巩固和发展了苏南、浙东抗日根据地，开辟了浙西新区，为对日大反攻和以后的解放战争创造了胜利的条件。不仅如此，在这块土地上还走出了 52 位将军，新四军的战将们在此任职或作战，与敌伪顽展开了英勇顽强的斗争，有的甚至把宝贵的生命留在了这块土地上，他们的英勇事迹永远留在长兴人民心中。

一、战神粟裕在长兴

粟裕（1907—1984），原名粟多珍，曾用名粟志裕，侗族人。1907 年 8 月 10 日生于湖南会同坪村乡枫木树脚村。1916 年，进入其叔父创办的第八国民学校读书。1918 年，全家迁居会同县城。先后入粟氏私立初级国民学校和会同县立第一高等小学读书。1924 年春到常德，入湖南省立第二师范学校读书，参加中共领导的学生运动。1926 年 11 月，加入中国共产主义青年团。1927 年 5 月，参加叶挺为师长的国民革命军第 24 师，任教导队班长。同年 6 月，加入中国共产党。8 月，参加南昌起义，任警卫队班长，是南昌起义革命委员会成员之一。起义军在广东潮安、汕头地区失败后，坚定地跟随朱德、陈毅转战闽粤赣湘边。10 月，任连政治指导员。1928 年参加湘南起义后到井冈山。历任中国工农红军的连长、营长、团长、师长，红四军参谋长、红 7 军团参谋长等职。参加井冈山斗争，转战赣南、闽西和中央苏区第一次至第五次反"围剿"。1934 年 7 月，任红军北上抗日先遣队参谋长，转战闽浙赣皖边。1935 年 1 月，同刘英率 500 余人突破封锁线到浙南，任挺进师师长、闽浙军区司令员，在国民党统治的腹部地区开辟浙南游击根据地。

全面抗战爆发后，于 1938 年 4 月任新四军 2 支队副司令员、先遣支队司令员，率部挺进江南敌后，首战韦岗告捷。接着率领 2 支队在南京、芜湖、溧水地区抗击日军。1939 年 8 月，任新四军江南指挥部副指挥，同陈毅一起，执行中共中央关于新四军东进北上、独立自主地开展游击战争的战略方针，开辟了苏南抗日根据地。1940 年 7 月，率部挺进苏北，任新四军苏北指挥部副指挥兼参谋长；10 月，协助陈毅指挥黄桥战役，粉碎了兵力 4 倍于己的国民党顽固派军队的进攻，巩固发展了苏北抗日根据地，开创了华中敌后抗战的新局面。

皖南事变后，任新四军第 1 师师长（后兼政治委员）、苏中军区司令员兼政治委员、中共苏中区委员会书记。制定游击战与要点争夺相结合的作战方针，保持基本区的相对稳定，发动群众改造地形，拦河筑坝，设置水下障碍，限制日军汽艇机动，开展海上游击战，在临江濒海、交通发达的平原水网地区开展游击战争，挫败日伪军频繁"扫荡""清剿"和"清乡"，坚持和巩固了苏中抗日根据地。1944 年 3 月，开始对日军发动局部反攻，组织并指挥车桥战役，创华中敌后歼灭战的范例。同年 12 月，率第 1 师主力南渡长江，任苏浙军区司令员兼政治委员，后又兼中共苏浙区委员会书记，巩固和发展了苏南、浙东抗日根据地，开辟了浙西抗日根据地。

粟裕在南下建立苏浙军区之际，组织和指挥了多次战役，打了不少胜仗。

1944 年，中央决定由粟裕率部南下，会合 16 旅，建立苏浙军区。粟裕受命后，做了周密的准备。第一，粟裕成立了南下司令部的练兵司令部，以第一师参谋长刘先胜为司令，具体组织部队行动。第二，为了适应南方山地作战，秘密地从上海采购了一批无缝钢管，进行加工，并装配成小口径的迫击炮。第三，翻印了浙江省五万分之一地图，采购了医药用品和通信器材，并准备好了大量法币和一些金银以便必要时在新区使用。

在渡江时，粟裕又做了精心安排。由于这次渡江是主力部队、地方干部及机关人员近万人在同一时间内一举偷渡，难度很大，又必须保证万无一失。因此，粟裕分东西两路渡江，最后取得了大部队安全渡江的成功。

粟裕率部到达长兴槐坎与 16 旅会合后，成立了新四军苏浙军区，粟裕为军区司令员，谭震林为军区政治委员（未到职），刘先胜为参谋长。粟裕任司令后，根据中央"将领导中心设于苏浙皖交界地带，南下部队会合 16 旅首先进占吴兴、长兴、安吉、武康间之敌后地区，然后向敌后新区深入发展，采取巩固的逐步发展的方针，在大步向浙江发展的同时要十分注意发展一切敌后之敌后地区，作为大发展的巩固的基础和将来收复各大城市的有力阵地"的精神，制定了"深入苏南工作、打开浙西局面、打通与浙东联系"的战备目标。根据当时的敌伪情况和地理形势，粟裕对进军的具体部署设想了两个方案：一是全力向孝丰地区出动，之后在反击中控制天目山，再向浦东和浙东发展；二是先以一部指向莫干山，之后深入杭嘉湖，打通与浦东、海北（指杭州湾北的乍浦、平湖、嘉兴、海宁、海盐地区）的联系，再向浙东发展。

从 1945 年 2 月到 6 月，在浙西天目山地区，主要是孝丰地区，粟裕指挥新四军进行了三次大规模反顽战役，三战三捷，沉重地打击了顽军。

1945 年 8 月 15 日，日本帝国主义正式宣布无条件投降。根据形势的新发展，中央于 9 月 19 日提出"向北发展，向南防御"的战略方针，撤出江南。苏浙军区部队挟天目山战役胜利之余威，自 9 月下旬至 10 月中旬回师江北。

粟裕于 1945 年 10 月任华中军区副司令员、华中野战军司令员，指挥高邮战役和陇海线徐（州）海（州）段战役，歼灭拒降日伪军 2 万余人，为迎击国民党军队的进攻准备了内线作战的有利条件，使华中、山东解放区连成一片。1946 年 6 月蒋介石发动全面内战后，中共中央采纳他的建议，改变太行、山东、华中 3 支大军同时出击外线的计划，同意华中野战军主力先在苏中内线作战。7 月起，指挥华中野战军主力 3 万余人，与持有美械装备的国民党军队作战，七战七捷，每战均集中绝对优势兵力歼敌一部，一个半月内歼敌 5.3 万余人，鼓舞了解放区军民敢打必胜的信心，为解放战争初期的作战指导提供了实践经验。中央军委将苏中作战经验通报全军，要求各区"仿照办理"。

1947 年 1 月，粟裕任华东野战军副司令员，仍负责战役指挥。先后指挥了宿北、鲁南、莱芜、泰蒙、孟良崮等战役，共歼敌 7 个军（整编师）和 1 个快速纵队，内有国民党号称"王牌军"的整编第 74 师。

1948 年 1 月、4 月，粟裕提出 3 个纵队暂缓渡江南进，集中兵力在黄淮地区打大歼灭战的建议，为中共中央采纳。同年 5 月，粟裕任华东野战军代司令员兼代政治委员。6 月，兼任豫皖苏军区司令员。6 月至 7 月，指挥华东野战军 8 个纵队、中原野战军 2 个纵队进行豫东战役，歼敌 9 万余人，取得了大规模攻城打援作战的胜利。9 月，指挥济南战役，攻克坚固设防的大城市济南，歼敌 10 万余人。9 月 24 日，提出进行淮海战役的建议，经中央军委批准，中原、华东野战军并肩作战，于 11 月 6 日发起淮海战役。11 月 8 日，与华东野战军副参谋长张震联名提出将南线国民党军主力抑留于徐州及其周围逐步歼灭的重要建议，为中央军委采纳，对扩大淮海战役规模，发展成为南线的战略决战起到了积极作用。在战役中，作为中共淮海前线总前委成员，直接指挥了华东野战军 17 个纵队作战。

粟裕于 1949 年 1 月任第三野战军副司令员兼第二副政治委员（仍代理司令员、政治委员职务）。在渡江战役中指挥所部追歼逃敌 5 个军于皖南郎溪、广德山区，解放南京、杭州。5 月，指挥上海战役，歼敌主力 8 个军于上海外围，使上海免遭严重破坏。先后兼任上海市军管会副主任、南京市军管会主任、南京市市长、华东军政委员会副主席。在解放战争中，他富有战略远见，善于考察战略与战役和各战役、各阶段之间的联系，适时集中和转用兵力，取得了一系列重要战役的胜利，积累了组织和指挥大兵团作战的丰富经验。

1951 年，任人民解放军副总参谋长；1954 年，任总参谋长。1955 年，被授予大将军衔和一级八一勋章、一级独立自由勋章、一级解放勋章。粟裕是中共第七届中央候补委员，第八届至第十一届中央委员。1967—1968 年、1975—1982 年任中央军委常委。1980 年，当选为全国人大常委会副委员长。1982 年，当选为中共中央顾问委员会常务委员。1984 年 2 月 5 日，病逝于北京。主要军事论著有《对未来反侵略战争初期作战方法几个问题的探讨》（讲话，1979）、《粟裕战争回忆录》（1988）、《粟裕军事文集》（1989）等。

二、江南猛虎王必成

王必成（1912—1989），湖北省麻城市乘马岗镇小寨村人。1928 年，参加赤卫队。1929 年，参加中国工农红军。1930 年，加入中国共产党。历任各种军职，直至纵队司令、军长、兵团副司令。王必成参加了鄂豫皖革命根据地第一次至第四次反"围剿"斗争、川陕革命根据地反"三路围攻"、宣汉反"六路围攻"、长征、延陵大捷、黄桥战役、苏中七战七捷、豫东战役、莱芜战役、淮海战役、渡江战役等。

抗日战争时期，王必成调任新四军 1 支队参谋长、团长，参加创建以茅山为中心的苏南抗日根据地。其间，参与指挥了夜袭新丰车站、句容战斗和东湾战斗、延陵战斗、陈港桥战斗等 200 余次，连战皆捷，威名远扬，曾被茅山根据地群众誉称为"王老虎"，所率2团被称为"老虎团"。

1940年7月，王必成率部北渡长江，参加创建苏北抗日根据地斗争，任新四军苏北指挥部2纵队司令员，指挥了营溪战斗、姜堰战斗等战斗，率部参加了著名的黄桥战役。

1941年1月，皖南事变爆发后，王必成任新四军第1师2旅旅长，率部在苏中二分区以及盐城、建阳等地开展抗日游击战。

王必成

1942年底，新四军2旅主力与江南的16旅合编，王必成改任新四军第6师16旅旅长。重新回到苏南抗日前线的王必成，与16旅政委江渭清等一起领导了苏南艰苦卓绝的反"清乡"斗争，粉碎了日伪的军事"围剿"和经济封锁，保卫、发展和壮大了苏南抗日根据地。

1944年，王必成率领16旅先后取得了杭村战斗、长兴战役、周城战役、牛头山青岘岭战斗、泗安战役的胜利。"他在1944年指挥的战斗达1424次。这些战斗累计共攻克据点80处，解放51处；毙俘伤日伪6773名；缴获92式步兵炮1门，近击炮5门，轻重机枪120挺，步马枪4184支、短枪266支等；破坏公路30里、桥梁32座、汽车6辆；毁碉堡324个。"[1]

在1944年3月的杭村战斗中，王必成指令48团团长刘别生率部在安徽省广德县境内杭村设下埋伏。上午9时，驻门口塘（今安徽省广德县邱村镇）、流洞桥（今广德县新杭镇流洞村）据点的日本侵略军南浦旅团小林中队百余人伙同一支300多人的伪军，携马拉步兵炮一门，窜至杭村附近公路两侧"扫荡"。

王必成

战斗激战了1个多小时，新四军大获全胜，共歼灭日伪军70余人，缴获大量枪支弹药、军马数匹及92式步兵炮1门、炮弹3发。

当时杭村群众编了一首歌谣赞颂这次战斗："杭村一仗打得好，军民抗战逞

---

① 田家村：《江南小延安》，红旗出版社2014年版，第30页。

英豪，鬼子丧命又丢炮，日军从此威风扫。"缴获的这门炮现珍藏于首都警卫三师军史陈列馆。

1944 年 8 月 23 日至 25 日，王必成指挥部队发起长兴战役，攻克日伪军据点 13 处，摧毁碉堡 50 余座，重创伪军第一方面军第 1 师 3 团，俘其副团长以下官兵 420 余人。

在牛头山、青岘岭反顽战斗中，王必成指挥 48 团、46 团和独立 2 团，在安徽广德牛头山、长兴青岘岭交界处激战 3 天，歼顽军 800 余人。

1945 年 2 月 5 日，新四军苏浙军区成立，16 旅改编为 1 纵队，王必成任苏浙军区 1 纵队司令员，参与创建和发展苏中、苏浙皖抗日根据地，并率部参加了天目山三次反顽战役。

8 月 7 日，王必成指挥 1 纵队在苏南第一军分区的配合下，取得了东坝反击战役的胜利。此战历时 3 天，摧毁日伪军据点 50 余处，歼灭日伪军 1800 余人。8 月 19 日，王必成指挥部队对盘踞在金坛、溧阳拒绝投降的日伪军分别实施包围，激战一昼夜，收复了金坛和溧阳县城。接着，王必成指挥部队又先后攻克溧水、长兴等地。

1946 年 3 月，6 纵队改为第 5 师，王必成任副师长。同年 7 月 13 日至 8 月 27 日，在闻名遐迩的苏中七战七捷中，王必成率第 6 师参加了 5 战，仗仗皆胜，歼敌 1.6 万余人。

1947 年 1 月，王必成任华东野战军 6 纵队司令员，参加了解放长兴、金坛、溧阳、溧水、高淳等战斗和战役。2 月，王必成率 6 纵队参加莱芜战役，创造了一个纵队在一次战役中歼敌 2.4 万余人的辉煌战绩。5 月，他又率部参加了著名的孟良崮战役。此役中，6 纵队遇到了老冤家、死对头——张灵甫的整编第 74 师。结果，王必成指挥所部勇登孟良崮峰顶，击毙张灵甫。孟良崮战役基本上粉碎了敌人对山东解放区的重点进攻。以此战役为素材，当时 6 纵队的宣传部长吴强创作了著名小说《红日》。"在以后华东战场的多次重大战役中，如豫东战役、淮海战役、渡江战役，必成同志的华野六纵，都建树了赫赫战功。"[1]

---

[1]　陈丕显：《虎将雄风名垂史册——深切怀念王必成同志》，乐时鸣主编：《虎将雄风——回忆王必成将军》，中国人事出版社 1992 年版，第 8 页。

1952 年 7 月至 1953 年 4 月，王必成任中国人民解放军浙江军区司令员，曾任中共浙江省委常委。1953 年 4 月起，任中国人民志愿军第 9 兵团副司令员、代司令员、兵团党委常委，参加了朝鲜东海岸 1953 年春反登陆作战准备和 1953 年夏季战役，荣获朝鲜民主主义人民共和国一级自由独立勋章。1955 年 9 月 2 日至 1960 年 5 月，任中国人民解放军上海警备区司令员、中共上海市委常委（1956 年 7 月起）。1969 年 12 月至 1971 年 6 月，任中国人民解放军昆明军区第一副司令员、军区党委常委。1977 年 8 月至 1982 年 9 月，任中共中央军委委员。1979 年 1 月至 1980 年 1 月，任中国人民解放军武汉军区司令员、军区党委第二书记。

四、"老虎团"团长刘别生

刘别生（1915—1945），原名刘达林，1915 年出生于江西省安福县南乡谷源岭背村一个贫苦农民家庭。1928 年 9 月底，年仅 13 岁的刘别生因不堪地主的虐待逃出来投奔红军。

1929 年 9 月，刘别生加入共产主义青年团；1934 年由团转党。他先后担任过排长、连长、营长、团长等职，经历了中央苏区五次反"围剿"和湘赣边区三年游击战争的锻炼。1940 年 11 月，任新四军军部特务团团长。

刘别生

1941 年 1 月皖南事变爆发，刘别生时任新四军第 1 师 2 旅 4 团团长。当时，他奉军长叶挺之命，手端机枪，身上挂满了子弹带，冲过国民党军队的 7 道封锁线，带领 95 名战士突围，与陈毅部队会合。

1943 年 1 月，他随 16 旅旅长王必成渡江南下，任被群众称为"老虎团"的 16 旅 48 团团长。在长兴槐坎驻扎下来后，化名方自强，当地群众称他为"方司令"。这既是为了迷惑敌人，也是为了保护首长。

刘别生在长兴屡建战功，"方司令"威名令敌人闻风丧胆。

1944 年 3 月 29 日，驻广德门口塘、流洞桥据点的日寇南浦旅团小林中队百余人和伪军大队 300 余人，带了几匹洋马拖着一门 92 式步兵炮，到长兴、广德边境的杭村一带"扫荡"。刘别生得到消息后，率部在杭村设伏，取得了杭村战斗的胜利，并缴获了一门 92 式步兵炮。日伪遭此大败，从此只好乖乖待在碉堡里，再也不敢轻易出据点"扫荡"了。

杭村战斗后，刘别生率 48 团返回长兴北部山区进行整训，准备更大规模的对日反击作战。1944 年 8 月 21 日，毛泽东指示江南新四军在沪、宁、杭地区广泛开展游击战争。根据这一指示，8 月 23 日，新四军 16 旅集中兵力在长兴、宜兴间 60 里长的战线上对日伪军发起攻势。在这次战斗中，刘别生率 48 团主攻长兴县城外围的各个据点。

为了打好这一仗，刘别生事先做了周密的侦察和研究。他率领一部精干人员化装潜入白阜、水口镇据点附近，勘察地形，亲自绘制了白阜镇、水口镇伪军据点要图，并对据点敌人的分布情况做了详细的说明。

知己知彼，百战不殆。刘别生团与各参战部队密切配合，取得了长兴大捷。长兴战斗前后仅 3 天，一举荡平长兴外围的日伪军据点 13 处，摧毁碉堡 60 余座，毙伤日伪军 400 余人，俘伪军副团长以下 420 余名，收复失地 400 平方公里。长兴战役后，收复了长兴一半以上的地区，整个太湖西南岸为新四军所控制，浙西和苏南根据地连成一片。1944 年底，党中央作出了新四军迅速向东南发展的决策，并指示江北新四军一部南下，会合 16 旅共同南进。

泗安是长兴西南拥有万余人口的大镇，扼宣长公路之要冲。敌占泗安后，在一年多的时间里，在镇内建造了大小 22 个碉堡，并在四周设置了 3~5 道障碍物，自诩为"铜墙铁壁"。此前，敌人还从苏北调来伪军 1 个团驻守于此。显然，这已成为新四军南下的一大障碍。为了开拓南进阵地，做好大军南进的准备，泗安战斗迫在眉睫。48 团又挑起这副重担。

刘别生接到任务后，立即和长兴县抗日民主政府县长李涣等到靠近泗安的天平、管埭等地了解敌情，并派两位有经验的连长化装进镇侦察。根据泗安的地形敌情，刘别生定下了作战方案：1、2 两个营由南北两个方向夹击下泗安；特务营攻打中泗安；3 营为预备队，警戒可能从梅溪过来的增援之敌。

战斗按计划进行，经过 13 小时激战，泗安全镇解放，共摧毁大小碉堡 22 座，全歼伪军 2 个营，俘伪营长以下 400 余人。事后，泗安人民无不交口称赞：方司令真了不起，新四军真是神兵。

1945 年初，新四军苏浙军区 1 纵队 1 支队队长刘别生奉命会同兄弟部队向浙西天目山进军，以配合盟军作战和准备大反攻。在进军途中，遭到国民党顽固派的阻拦和进攻，1 支队被迫奋起自卫反击。1945 年 2 月至 6 月，接连发生了三次天目山反顽战斗。第一次反顽战轻取孝丰，第二次反顽战巧夺天目山。为进一步发展抗日的大好形势，新四军部分主力准备东渡富春江和沪广铁路干线与浙东部队会合。新四军在执行这一任务过程中，遭到国民党顽固派 14 个师的进攻，于是爆发了第三次反顽战役。

5 月 31 日，新四军 1 支队在刘别生的率领下奉命从临安出发，从侧翼配合兄弟部队东渡富春江，向新登进军。新登南临富春江，北倚天目山，东通杭州，西连桐庐，为新四军南进必经之地。国民党顽固派第 79 师全部兵力驻守新登城及其外围，阻挡新四军南进之路。刘别生部急行军至新登城约 15 公里处，遇到顽军第 79 师阻拦和强力攻击。1 支队奋起自卫，且战且走，一路横扫新登城以北一线的正面之敌，于 6 月 1 日下午 5 时左右抵达新登城下。

当时，新登城除北面外，其他三面都是顽军，在城内驻有一个加强营，相当于一个团的兵力。而新四军要南进，唯有攻城一条路。当天，刘别生、罗维道召集各营营长和教导员举行会议。在会上，刘别生下达了攻城命令，并交代了敌情、地形的特点及所采取的战术。他要求战士们在战略上藐视敌人，在战术上重视敌人——毕竟一个团要对付顽军一个正规师，且敌人筑有坚固的碉堡和防御工事。

6 月 2 日，1 支队强攻新登城，经过激战，当夜解放了新登城。新登城里的百姓奔走相告，纷纷称赞新四军。有的说：“新四军打得好，为我们除了一害。”有的说：“这些国民党、遭殃军再不除，我们老百姓就要给刮光了。这下我们可安宁了，再不会遭殃了。”

6 月 4 日，刘别生带领 1 纵队 1 支队官兵在虎山阵地迎战顽第 79 师。敌人凭借有利的地形和武器、人数的优势，拼命顽抗，双方反复争夺阵地，战斗从凌晨一直打到中午。此时，刘别生为了找到敌人防守的薄弱点，登上 200 米高的虎山骑马石阵地，拿起望远镜进行侦察。然而，就在此时，敌人的一排重机枪子弹扫射过来，刘别生身中 3 枪，身体倒在巨石边。3 颗子弹，其中 2 颗分别造成他左臂和左腿粉碎性骨折，一颗射中腹部，流血不止。虽然随军女医助及时进行包扎和抢救，但刘别生脾脏破裂，伤势严重，危在旦夕。战士们用担架把刘别生抬下山来，只见刘别生脸色苍白，呼吸困难。他自知时间不多了，握着政委的手说："政委，我不行了。你要带领部队，打退敌人！"并嘱咐政委不要把牺牲的事告诉他的妻子。最后，他把身边仅有的 4 块银元和 1 支钢笔交给政委。

下午 3 时许，刘别生壮烈牺牲，年仅 30 岁。他留下了 2 个孩子，为了纪念在新登牺牲的丈夫，他的妻子把 2 个孩子取名为刘新和刘登。

刘别生牺牲后，他的遗体被匆匆安葬于临安板桥村。1955 年，刘别生的老上级、上海警备区司令王必成将军派人到当地寻找刘别生的骸骨，打算把他迁到上海革命烈士陵园安葬。然而，时隔多年，新四军将士的合葬墓中无法辨识遗骸。经刘别生家人同意，把一具无名烈士的遗骸当作刘别生的遗骸运回上海。王必成将军为墓碑亲笔写了"英名永存"4 个大字。

到了 2005 年，刘别生遗骸竟然意外找到了！当时，一位临安人用一张 5 年前即 2000 年 4 月 24 日的《杭州日报》，给当年参加过新登战役的新四军老战士徐越送了半斤新茶。老战士打开报纸，无意中竟发现了报上所刊登的文章《一个新四军后代的"新登"情结》，其中讲到了刘别生烈士的遗骸情况。原来这位老人就是当年埋葬刘别生遗体的新四军战士之一。当年刘别生牺牲后，部队即将转移，为了防止敌人破坏烈士的遗体，徐越和其他几位战士把刘别生的棺木挖出来抬到了家乡的深山老林中，并做了标记。中华人民共和国成立后，徐越一直在北方工作，退休后才回到了临安家乡。

徐越几经辗转找到了刘别生的儿子刘新，告诉了他刘别生遗骸的情况。两人一起来到临安，在当地民政局的协助下，指认了墓地，对遗骸作了 DNA 检测，确认了刘别生的遗骸。最后，刘新决定把父亲的遗骸安葬在新登镇塔山烈士陵园之中，让他与其他的 271 位新四军烈士永远在一起。

五、硬骨头勇士韦一平

韦一平（1906—1945），又名韦瑞珍。1906 年 11 月出生于广西天河县下里乡里乐村一个群山环抱、只有六七户壮族农户、几乎与世隔绝的贫穷偏僻小山村——短洞屯。韦一平在兄妹六人中排行老三。韦一平家里的生活十分艰难。1916 年，父亲遭到土匪毒打，精神失常，生活的重担压在了母亲一个人的肩上。为了减轻父母的负担，韦一平跟着姐姐学会了弹棉、纺线、打草鞋等。韦一平还上山打柴，经常挑柴禾、蔬菜到离家很远的四把乡集镇去卖。现实的残酷、生活的艰辛，使得年少的韦一平心灵深处早早地种下了改变陈旧世道、追求崭新生活的种子。

韦一平

1923 年秋天，韦一平离开家乡，到广东的三水县参加农民革命运动。1924 年 5 月，他在三水县加入中国共产党。1924 年 7 月 3 日，韦一平参加了广州农民运动讲习所第一届培训班，学习结束后，韦一平留下担任教员。1925 年，国民革命军组建成立，韦一平加入国民革命军，参加了讨伐陈炯明的第二次东征。之后，韦一平被调到独立团担任连长，随革命军南征作战。

1927 年，韦一平先后参加了海陆丰起义和广州起义，曾在海陆丰根据地担任区委书记。1929 年 12 月 11 日，邓小平在百色正式宣布起义，并成立了中国工农红军第 7 军。韦一平和黄永达率领思林农民自卫军参加百色起义。1931 年春，韦一平随工农红军第 7 军千里征战到达湘赣苏区。他在湘赣苏区坚持了极其艰苦的三年游击战争，身先士卒，先后 4 次负伤。湘赣省苏维埃政府主席谭余保赞扬他说："你是无产阶级的硬骨头！革命斗争就需要你这样的人！"

1939 年 9 月，为了开辟苏北敌后抗日根据地，中共中央东南局决定抽调韦一平等一批干部到苏北工作。因为工作需要，他将原来使用的名字"韦瑞珍"更名为"韦一平"。10 月，中共苏北特委成立后，韦一平任书记。

1940 年 7 月 26 日，新四军挺进纵队在陈毅、粟裕指挥下，由江都东进泰兴黄桥。韦一平率中共苏北特委机关与新四军主力部队同时东进黄桥，并为部队的粮草供应及伤病员安置做了大量的工作。9 月，中共苏北特委撤销，在黄桥成立了以陈毅为书记的苏北区党委，陈丕显任副书记兼组织部长，韦一平任组织部副部长兼中共泰兴中心县委书记。9 月底，韩德勤调集 3 万余兵力进攻黄桥军民，掀起反共高潮。在陈毅、粟裕的指挥下，经过三天三夜的军民协力鏖战，黄桥决战终于以少胜多，歼灭顽军 1.1 万余人。韦一平作为支前委员会领导人，功不可没。

此后 5 年多，韦一平的职务虽然多次变动，但他一直在为苏中抗日根据地的创建、巩固和发展而浴血战斗，辛勤工作。

韦一平（右一）与钟期光（中）、周季文（左一）合影

1942年，韦一平由苏中区第三地委调任苏中区第一地委书记兼分区和新四军第6师18旅政委，发动群众，建立抗日民主政权和地方武装，开展游击战；同时，大力开展统战工作，把"联庄会""大刀会"的不少会员争取过来。

1944年3月初，新四军第1师发动车桥战斗，韦一平与旅长刘先胜率第6师18旅参战，并通过各级民主政权发动群众踊跃支前。战斗历时一天两夜，歼灭日军460余人，击毙日指挥官三泽大佐，歼灭伪军780余人。

1945年2月，苏中军区组建教导旅，韦一平任旅政治委员。4月，教导旅渡江南下，改称苏浙军区4纵队，韦一平任苏浙军区4纵队政治委员。5月，韦一平率4纵队12支队开辟浙西抗日根据地，兼任中共浙西特委（后浙西地委）书记和浙西军分区政治委员。他率部参加了第三次天目山自卫反顽战役，出色地完成了牵制和扰乱国民党顽军的任务，为巩固和发展苏北抗日根据地和开辟浙西抗日根据地作出了重要贡献。

1945年8月，日本宣布投降。韦一平率4纵队和浙西地方武装在扫清德清、吴兴等地的伪军据点后，奉命沿太湖经长兴、宜兴、溧阳一线北撤。1945年10月，根据中共中央指示，位于长江以南的新四军分批向江北转移。15日晚，韦一平在完成掩护兄弟部队渡江的任务后，率部800余人乘"中安"轮最后一批北撤。此时，风大浪高，江水刺骨，行至泰兴县天星桥南约 2 公里的江面时，船底突然进水，"中安"轮逐渐下沉。在这危急关头，韦一平当机立断，命令船上人员立即泅渡过江。这时，韦一平的警卫员拆了一块船板，要求护卫他离船泅渡。韦一平深谙水性，自顾泅渡毫无困难，谢绝了大家的要求，挺身站在船头说："我是共产党员，是指挥员，处境再危险，我也绝对不会离开同志们一步！"最后，手捧船板的警卫员被他推入水中得以生还。正当韦一平继续指挥船舱中人员外撤时，轮船彻底倾覆。韦一平与 800 多名指战员一同罹难，终年 39 岁。

1954 年，毛泽东主席为韦一平烈士签发《革命牺牲军人家属光荣纪念证》。

五、得力参谋长刘先胜

刘先胜（1901—1977），1901 年 6 月出生于湖南省湘潭县石潭堡一个贫苦农民家里，兄弟 3 人，刘先胜最小。家里一无所有，2 个哥哥八九岁就开始给地主放牛，后为生活所逼，到安源路矿做工，先后死于煤矿瓦斯爆炸和塌方。刘先胜 17 岁那年，在安源路矿当了工人，并开始了他的革命生涯。刘先胜于 1922 年参加了刘少奇、李立三领导的安源路矿工人大罢工，并担任工人纠察队队长。1924 年 7 月，刘先胜加入中国共产党，并打入矿警队，后任安源路矿矿警队排长，组织矿警队参加罢工斗争。1927 年 9 月，参加秋收起义，曾任工农革命军第

刘先胜

1 军第 1 师 2 团排长和连长。秋收起义失败后，刘先胜的连队与上级失去联系，在当地坚持游击战争。1928 年除夕之夜，刘先胜听说有一支共产党领导的游击队活动于醴陵山区，他找到游击队员张金标，随后从醴陵进入湘赣苏区，终于找到中共湘东南特委领导的游击营，见到了营政治委员谭思聪，回到了自己的队伍。

1939 年春，刘先胜调任新四军 1 支队政治部组织科科长；9 月，任新四军江南抗日义勇军（简称"江抗"）政治部主任。1939 年 10 月，"江抗"主力西撤到扬中，与管文蔚领导的江南抗日义勇军挺进纵队合编，辖 4 个团，刘先胜任

挺进纵队1团政委。刘先胜先后参与指挥了郭村战役、黄桥守卫战役、曹甸战役、车桥战役和讨伐陈泰运部的战役。

1944年，世界反法西斯战场发生了根本性的变化。欧洲战场，盟军进行了大规模的反攻。东方战场，美国在菲律宾登陆，并有可能在我国东南沿海登陆。党中央指示华中局，新四军西进南下两个任务中，应以南进发展苏浙皖军区为主要任务，浙北兵力应尽可能抽调向南。为了南下的顺利，12月5日，成立了实际上的南下练兵司令部，以第1师参谋长刘先胜为司令，具体组织部队的训练。12月中旬，新四军第1师师长粟裕派参谋长刘先胜先行，为部队南下沿途进行具体部署。12月下旬，粟裕第1师师部和苏中主力一部7000余人和地方干部300余人，到达浙江长兴县仰峰岕地区与16旅会合。1945年1月13日成立苏浙军区，当时的电文是："奉中央军委电令，成立苏浙军区，任命粟裕为军区司令员，谭震林为政治委员，刘先胜为参谋长，统一指挥苏南与浙东部队，此令发仰即遵照为要。"①

苏浙军区建立后，刘先胜协助粟裕成功地组织和指挥苏浙军区部队在浙西天目山地区进行了三次反顽战役。1945年5月，国民党军队按照蒋介石的旨意，对天目山地区发动第三次"清剿"，共调集14个师近7万人，企图将新四军歼灭于孝丰地区或驱逐新四军回江北。于是苏浙军区指挥部当即决定，对敌采取游击战，对顽采取运动战，迅速集中主力，准备决战。粟裕准备在攻取新登城后，大踏步后退，诱敌深入根据地腹部孝丰地区进行决战，力求成建制地围歼敌军。为此，刘先胜领导苏浙军区司令部机关和各参战部队实行"一让新登，二离临安，三撤天目山"的战略，诱顽深入，将顽军引向预设战场。最后，取得了天目山第三次反顽战役的重大胜利。此战共歼灭顽军6800余人，俘敌近3000人，彻底粉碎国民党顽军聚歼新四军苏浙军区主力，驱逐新四军出江南的狂妄企图，为坚守孝丰、莫干山、杭嘉湖敌后新区，打通与浙东的联系扫清了障碍。

浙西天目山三次反顽战役结束后不久，国际形势发生重大变化，德国法西斯投降，苏联对日宣战，日寇危在旦夕。毛泽东号召举行全国规模的反攻，集中主要力量迫使日伪投降。苏浙军区部队全力出击，从8月16日起，在浙东、

---

① 《张云逸、饶漱石、赖传珠致苏浙军区、苏南、浙东：成立苏浙军区，统一指挥苏西、浙东部队》，中共长兴县委党史研究室：《抗战在长兴》，中央文献出版社2016年版，第89页。

浙西、皖南、苏南，从日伪手中先后收复大小城镇 100 余个及广大乡村。

9 月 19 日，中央指示苏浙军区部队撤出江南、向北发展。为此，刘先胜组织司令部机关为部队渡江北撤和部署留守工作，做了大量的保障工作。确保苏南、浙西、浙东的主力部队和地方干部共 6.5 万余人，安全渡江北上到达苏北。

10 月 26 日，中央决定成立中共中央华中分局和苏皖军区，不久又改称华中军区，刘先胜任军区参谋长。之后又成立华中野战军，粟裕兼司令员，谭震林兼政治委员，刘先胜兼参谋长。

抗战胜利后，蒋介石凭借美国的支持，悍然发动内战，妄图侵吞胜利果实。国民党以 193 个旅（师）约 160 万人，在地方部队、还乡团的配合下，向解放区发动全面进攻。

1946 年 7 月 13 日至 8 月 31 日，时任华中野战军参谋长的刘先胜协助华中野战军司令员粟裕，面对兵力 4 倍于己的国民党军队，运用灵活的战略战术，取得了苏中七战七捷的胜利，首创一个战役歼敌 5.3 万余人的纪录，打出了人民解放军的神威。

1946 年 12 月，刘先胜参与指挥了宿北战役，之后参加了宿北、鲁南、莱芜、孟良崮、南（麻）临（朐）、沙土集、挺进豫苏皖、陇海路破击战、平汉路破击战等战役和战斗行动，是陈毅、粟裕、谭震林等领导的得力助手之一。

刘先胜（中）与乔信明（右一）、陈玉生（左一）合影

1948 年 4 月左右，刘先胜奉命调返苏北，任苏中、苏北合并后的苏北军区副司令员，协助司令员管文蔚、政委陈丕显统一指挥苏北地区 8 个分区和独立旅的地方武装，取得了多场战斗的胜利，为解放华东地区作出了贡献。

1949 年 11 月，刘先胜任苏南军区司令员。抗美援朝战争爆发后，苏南地区匪特在苏浙皖交界地区蠢蠢欲动，刘先胜、陈丕显组织成立了苏浙皖边区剿匪指挥部，共歼灭匪徒约 3800 人，缴获各种枪 1100 余支，使一度紧张的社会局面得到了稳定。

1952 年 12 月，刘先胜任江苏军区司令员。1958 年 11 月，调任南京军区副司令员。1955 年，被授予中将军衔。获二级八一勋章、一级独立自由勋章和一级解放勋章。

六、政工先锋钟期光

钟期光（1909—1991），1909 年 1 月 2 日出生于湖南平江肥田白湖口。从小入私塾读书，并学书法，后考入平江县天岳书院，开始接受现代教育和进步思想，积极参加反帝爱国学生运动。1926 年中学毕业后，到平江南乡爽源镇白马庙小学教书，同时兼办农民夜校，从事农民运动；同年 12 月，加入中国共产党。大革命失败后，参加湖南工农义勇军平江第 1 支队，曾任中共平江下东乡特委秘书，参加组织平江农民扑城暴动。1928 年 7 月，平江起义后，任中共平江县委组织部长、县苏维埃政府秘书长，并曾兼任军事部长，参与领导农民暴动。1930 年 7 月，调任红 5 军秘书长，参加长沙战役。后任湘鄂赣总指挥部宣传科长、中共湘鄂赣省委秘书长、湘鄂边中心县委书记兼独立团政治委员等职。

钟期光

红军时期，中央苏区主力红军长征以后，钟期光在李宗白、陈寿昌、徐彦刚、傅秋涛等人领导下，做了大量的政治思想指导工作，独立地坚持湘鄂赣革命根据地的斗争。在与中共中央和中央红军失去联系、红军与国民政府军力量悬殊的情况下，率领根据地军民，不畏艰险，出生入死，几落几起，顽强奋斗，终于赢得了 3 年游击战争的胜利，保存和发展了一批革命骨干力量。

全面抗战爆发后，任新四军 1 支队 1 团政治处主任。1938 年 4 月，任抗日先遣支队政治部主任，随部挺进苏南敌后，参与指挥韦岗战斗，圆满完成了战略侦察和发动群众的任务。后任新四军江南指挥部政治部副主任、苏北指挥部政治部副主任、第 1 师兼苏中军区政治部主任、苏浙军区政治部副主任，先后参与指挥车桥战斗、苏中反"清乡"和反"扫荡"战斗、黄桥战役以及浙西三次反顽战役，参与创建苏南、苏中抗日根据地。

从江南到苏中，新四军的政治工作实际上是由钟期光主持的。他强调坚持抓好思想教育是政治工作的中心环节，提倡思想教育主要是"正面灌输"，同时又要"扶弱为强"，还要"见事就教"。他重视总结经验，先后撰写并发表《对改进目前连队政治工作的意见》《在整训中力求改善政治工作的领导方式问题》《改造思想和改进我们的工作》《论部队中政治工作建设》《关于战时政治工作的几个问题》《本师的五年》等文章。

钟期光长期主持政治部的领导工作和部队战时政治工作，强调政治工作要有创造性、战斗性、实效性和针对性，提出"缩小机关，充实连队，一切工作在基层，政治工作在前线"的工作方针，对保证作战胜利起了重要作用。钟期光认真贯彻执行中共中央的抗战方针与政策，深入战争实际，以保证党对人民军队的绝对领导为目的，为新四军战时政治工作的完善与发展作出了重要贡献。

钟期光认为，中国共产党的军队政治工作的"生命线"作用，应具体体现为政治工作的"战斗性""创造性"和"知人善任"。首先，政治工作要有战斗性。这体现在："树榜样，正上梁"，"敢于反对不良倾向"，"对有错误的人惩前毖后，不蓄意整人"。其次，政治工作要有创造性。他根据从红军到新四军、从内战到抗日、从山上到平原、从较为单一的斗争到极为复杂的三角斗争等实际情况，对政治工作在斗争策略、方针政策、依靠力量、工作方法等各方面，都有许多新的发展。他始终把抓好思想教育、提高指战员的民族与阶级觉悟，当作政治工作的中心环节。其方法是"正面灌输""扶弱为强""见事就教"。最后，政治工作要知人善任。这体现在："重视配好两个军政主官"，"爱才惜才"，对干部战士要"政治上关心，工作上支持，生活上体贴"。

解放战争初期，钟期光任华中军区政治部副主任、华中野战军政治部主任，对部队进行深入的战前动员，发出《开始打》的政治工作指示，为粉碎国民党军的进攻奠定了坚实的政治基础。参与指挥高邮战役、苏中战役、宿北战役等，具体负责组织协同、开展对敌政治攻势、协助后勤补给和联络民工支前等工作。1947年起，钟期光任华东野战军、第三野战军暨华东军区政治部副主任。在鲁南战役、孟良崮战役、豫东战役、济南战役、淮海战役、渡江战役、上海战役等战役中，参与领导前线政治工作，曾总结推广"立功运动""火线扩军""溶化俘虏"等基层战时政治工作经验。

1948年8月，钟期光在起草的《攻济打援的政治工作指示》中明确提出"随俘、随补、随打"的扩军方针，即一边战斗，一边将俘虏补充到部队的办法，受到中央军委的重视，后改为"即俘、即补、即战"。

中华人民共和国成立以后，钟期光长期致力于加强部队政治工作建设，发展军事教育事业和开展军事学术研究工作，曾提出"保证六分之五的科研时间"和军事科研成果"好的不用多，一个胜十个"等主张。他要求政治工作要鼓励多出人才、多出成果，提出"军事科学院靠研究成果吃饭"的名言。

在军事工作方面，钟期光同样功勋卓著。1938年6月15日夜，粟裕、钟期光率先遣支队破坏京沪铁路一段，使日军运输物资火车出轨。6月17日，钟期光参与组织和指挥了在镇江至句容之间的韦岗伏击日军汽车运输队的战斗，这是新四军进入苏南后的第一仗，击破了"日本'皇军'不可战胜"的神话。

1940年7月，钟期光率江南指挥部机关、直属队和军部战地服务团近千人，冲破日伪军星罗棋布的据点和层层封锁线抵达苏北，与新四军挺进纵队胜利会师，圆满完成了战略转移任务。

1945年1月，新四军苏浙军区成立，钟期光任军区政治部副主任，参与了苏浙皖边新区根据地的开辟，协助粟裕司令员组织和指挥了天目山三次反顽战役以及消灭苏南日伪军、收复苏南各县的对日军最后作战。

1951年，钟期光参与组建中国人民解放军军事学院，历任政治部主任、中国人民解放军军事学院政治委员。1977年，任军事科学院顾问。钟期光是中共第八届中央候补委员、第五届全国政协常务委员。

1991年5月22日，因心脏病突发在北京逝世，享年83岁。

钟期光于1955年，被授予上将军衔，获一级八一勋章、一级独立自由勋章和一级解放勋章。1988年获一级红星功勋荣誉章。钟期光参与领导中国人民解放军军事科学院编写和出版《史料选编》《战役学》等多项重大成果，为中国人民军队建立和发展军事理论研究体系、开创军事科研工作的新局面，作出了重要贡献。

七、华东骁将廖政国

廖政国（1913—1972），人称"独臂将军"，河南省息县人。廖政国自幼过继给息县未出嫁的姑母，姑母供他读小学。1930年秋，经校长傅博安和教师熊华锦两位地下党员介绍，廖政国加入了中国共产党；同年10月，加入中国工农红军，在红1师政治部少年宣传队任副队长，参加了攻克金家寨和围攻六安城的战斗，不久又参加了攻打双桥镇、活捉岳维进的战斗，接着又参加了第二次反"围剿"的黄梅、英山、霍山等战斗。因作战勇敢，1932年1月调到黄安独立团任副连长、连长。同年10月，在军委警卫营当副营长时参加了第四次反"围剿"的河口战斗。在反"围剿"战斗中，他身先士卒，先后3次光荣负伤。之后，跟随红四方面军撤出鄂豫皖苏区根据地。

廖政国

廖政国先后担任红四方面军警卫营连长、副营长、营政治教导员等职。1935年3月，红四方面军开始长征，他奉命参加前梯队，负责侦察工作，历尽艰难，两过草地，使前梯队顺利完成预定任务，为红四方面军和中央红军胜利会师创造了条件。

抗日战争时期，廖政国进入抗日军政大学第2期第6队学习。毕业后，历任皖南新四军3支队6团副营长、营长，率部活动于江南一带，指挥了溧水、白土、龙潭等战斗，开辟了江南根据地。1939年，该部与地方游击队合编为江南人民抗日义勇军（简称"江抗"），廖政国任支队长，指挥了松山、谷山等消灭反共反人民的"忠救军"的战斗，并率部夜袭日军重兵把守的上海虹桥机场。

在这次战斗中，廖政国率部与日军展开了激烈的战斗，将敌军全部歼灭。廖政国带着两个连乘胜追击，来到了一片空旷的地方。此时，日军开始疯狂扫射。敌人火力越来越猛，廖政国不得已只能撤退，离开之前，廖政国浇了油把

4架飞机直接点燃。日军调兵回来时,飞机已被烧毁。第二天,也就是1939年7月24日,上海的《华美夜报》《大美晚报》《导报》等一些重要报纸,都用特大字体刊载了新四军夜袭虹桥机场的新闻,极大鼓舞了上海人民的抗日信心。廖政国成功创造了我军小分队突袭日军核心目标的典型战例。

1940年初,廖政国任挺进纵队1团参谋长,率领部队在吴家桥地区与顽军及日军进行无数次激战。一次战斗中,廖政国正患疟疾,昼夜发寒发热,体温高达40℃,身体消瘦,脸色苍白。但他仍带病上阵,并与敌人展开白刃战,终于打垮了敌人。廖政国打仗素来勇猛,半塔集战斗时,他抱起一挺机枪,和十来挺机枪一线排开,向敌人猛烈扫射,掩护部队进攻。

1940年10月,廖政国在向部队讲解手榴弹的构造原理和爆炸威力时,右臂不幸被一颗新缴获的日军手榴弹炸断。自那以后,"独臂将军"的美名广泛流传。

1945年2月5日,苏浙军区成立(辖第1、2、3、4纵队,第1、2、3军分区),廖政国任第4纵队司令员。

解放战争时期,廖政国历任旅长、师长、军参谋长等职,率部在华东地区作战,参加了兖州战斗和泰安、鲁南战役的外线出击,以及孟良崮、枣庄、莱芜、鲁西南、豫东和淮海等许多著名的战役。

1950年11月,廖政国率部赴朝鲜参加了抗美援朝战争,代理军长职务,率全军参加二次战役、五次战役等著名战斗。1951年5月,他成功地指挥了在华川以北、金城、金化东南地区的山地防御战,全军轮番打阻击战50余天,取得了歼敌2.1万余人的重大胜利。廖政国也因此获得朝鲜二级国旗勋章。

1953年回国后,廖政国任中国人民解放军第20军军长。1957年,参加中国人民解放军高等军事学院学习。1960年毕业至1970年,先后担任上海警备区副司令兼参谋长、舟嵊要塞区司令员、上海警备区司令员。

1955年9月,廖政国被授予少将军衔,荣获二级八一勋章、二级独立自由勋章、一级解放勋章。1972年4月16日,因病在南京逝世,享年59岁。后葬于南京功德园。

八、铁骨柔肠吴咏湘

吴咏湘（1914—1970），1914 年 5 月 15 日出生于湖南省湘阴县八景乡山阳村龙洞的一个贫苦农民家里。6 岁入私塾，12 岁开始种田。

1930 年 8 月，吴咏湘参加了湘北游击队；同年 11 月，湘北游击队编入湘北独立团第 1 连。吴咏湘在这里接受了最初的革命部队的教育，养成了自觉遵守纪律、服从命令、作战勇猛的良好品格。1931 年 2 月，国民党第 20 军军长郭汝栋，率部对湘北独立团进行了"围剿"。

吴咏湘

独立团经几次恶战即向浏阳转移，经 10 余天休整补充，再回湘北。在返湘北途中，独立团曾配合红 16 军攻击平江北山。在这次战斗中，吴咏湘不幸身负重伤。随军担架队冒险将吴咏湘送到了红 16 军后方医院抢救。在医院住了几个月，吴咏湘尚未完全康复，就要求到前方工作，被分配在军参谋处谍报科任谍报员。吴咏湘工作积极，被批准加入了共青团，1932 年，被批准由共青团员转为共产党员。1933 年始，先后任排长、连长以及湘鄂赣军区独立营营长。1935 年，任湘鄂赣军区东南交通大队大队长。1936 年元月，任军区参谋长兼独立营营长，奉命率部攻克浏阳北乡沙市街，《红星报》曾以《打响了反"围剿"第一炮》为题作了报道。同年 6 月，升任红军第 16 师 47 团参谋长。其间曾多次负伤，伤愈后，在江西修水、铜鼓、宜丰等地区坚持游击战。

1937 年，吴咏湘在江西修水、铜鼓、宜丰、奉新地区与国民政府地方官员谈判，完成部队整编任务。翌年 2 月，任新四军 1 支队 1 团 2 营营长，由平江开赴安徽，率部对日伪作战近 100 次。

吴咏湘率 2 营抵达高淳后，积极发动群众，开展抗日斗争。1938 年 9 月，吴咏湘由江南回到皖南云岭军部，出任老 1 团参谋长；之后，又改任支队司令部作战参谋。在皖南时期，吴咏湘在政治上、军事上都有了新的进步。他参加了新四军第一次党代会，学习了党的各项政策。之后，他又参加了全军参谋工作建军会议，在战术素养和教育管理的能力上都有了提高。

1941 年 1 月，发生皖南事变。吴咏湘当时所在部队接到军部命令，要他们独立自主突围到苏南，但是支队副司令员赵陵波违抗军令，执意要原地撤回。这遭到了江渭清副政委、王槐生参谋长与吴咏湘等人的坚决反对，他们坚持按原计划打出去。深夜，赵陵波叛变投敌。部队按原计划行动，在遇到敌人伏击，部队遭受极大损失的情况下，江渭清与吴咏湘率余部进入苏南。1941年3月突围后，吴咏湘任新四军第6师54团团长兼政委，部队分布在苏常太、苏锡常两个地区，坚持反敌斗争。

淞沪会战爆发后，日本侵略军的铁蹄踏上江南太湖西南岸，从此长兴人民受尽了日寇的欺压。1943年9月30日，日军集结2万余兵力，分苏南、浙西、皖南三路进犯苏浙皖边区，国民党第三战区部队竟一枪未放，连失4座县城，不战而退，逃往宁国和天目山区。这时候，吴咏湘率46团尾随敌后，开赴长兴等地。他在新四军16旅旅长王必成、政委江渭清的指挥下向日伪顽发起一系列攻势作战，一战棋盘岭，二守青岘岭，三打泗安阻击战，在长兴留下了战斗的足迹。

1944年8月23日，新四军16旅集中48团及46团、独立2团各一部在长兴、宜兴间60里战线上发起长兴战役。吴咏湘率46团1营和刚从51团一个营编入46团的3营秘密潜伏在长兴、合溪之间的棋盘岭地区严阵以待。

在这场战役中，吴咏湘带领的46团设下伏击圈，接连毙伤、俘获敌伪军，并缴获轻机枪2挺、迫击炮1门、步枪几十支。日伪军惨遭严重损失，余部向城内逃窜，城内敌人十分惊慌，一片混乱，仓皇逃往吴兴。吴咏湘率部乘胜追击，与兄弟部队分几路攻进长兴县城，长期受尽日寇欺压的长兴人民看到新四军部队攻城后，欣欣鼓舞，城内到处是飘扬的红旗。

然而国民党顽军执行蒋介石"攘外必先安内"的命令，他们见新四军从日军手中夺取溧阳、溧水、郎溪、广德、长兴广大地区后，不甘心失败。1944年10月，国民党第三战区司令顾祝同命令已退入天目山区的国民党军共6个团的兵力由第62师师长刘勋浩统一指挥，在国民党长兴第二区保安大队配合下，于11月20日开始兵分三路，合围长兴煤山镇，限令20天内消灭新四军16旅部队。

国民党不顾共产党多次发出的"团结一致抗日"的呼吁，一意猖狂进攻，破坏抗战局面，还进攻根据地。46团根据旅部指令分工自卫作战，团长吴咏湘率两个营坚守青岘岭左侧牛头山侧面的一座山头，副团长熊兆仁率一个营加两个连的兵力扼守牛头山阵地。当时正值黄昏，又下起了大雨，顽军第52师156团向 46 团发动数次猛烈的进攻，都被其以优势火力击退。

　　同时，日本侵略军为挽救失败局势，于 11 月 27 日从苏北调来日伪第 34 师 134 团驻守泗安镇，重兵把守阻碍新四军向南发展。为打通南进的通道，扫清大反攻路上的障碍，新四军 16 旅旅长王必成、政委江渭清决定发起泗安战斗。

吴咏湘将军（右一）与战友们在一起
（图片来源：吴南萍《吴咏湘将军纪念集》）

　　1944 年 12 月 14 日，吴咏湘率 46 团冒着鹅毛大雪奔袭泗安进入指定位置，与 16 旅特务营打阻援，分别警戒长兴、安吉梅溪之敌。当日，天地一色白茫茫，吴咏湘率领部下冒着严寒潜伏进入警戒位置。原长兴抗日民主政府警卫 3 连战士陈有根回忆说："我们地方武装也跟随主力部队行动，衣服反穿潜伏在大云寺长兴至宣城公路附近的雪地里，只等长兴、安吉梅溪之敌钻入我军口袋。"当日，泗安攻坚战打得异常激烈，战至次日上午 9 时，驻守泗安的日伪军全部投降，新四军解放泗安镇。此战吴咏湘率部成功阻拦长兴、安吉梅溪之敌，为主攻团取得胜利赢得了时间。

　　1948 年，吴咏湘任华东野战军 11 纵队 32 旅旅长。在碾庄地区围歼黄百韬兵团战斗中，率部阻击国民革命军新 5 军增援，浴血奋战 13 个昼夜，保证主力全歼黄部。1949 年初，率部随大兵团发起总攻，经 4 个昼夜的激战，全歼被围的杜聿明部 3 个团。后任第三野战军第 21 军参谋长，参加渡江作战，并率部参加解放舟山群岛战役。

1950 年 2 月，吴咏湘任第 21 军副军长，1952 年 8 月升任军长。1953 年 3 月，吴咏湘率全军赴朝鲜参战。1955 年，被授予少将军衔。荣获二级八一勋章、二级独立自由勋章、二级解放勋章。1956 年，吴咏湘因患鼻癌回国就医。患病期间，吴咏湘写下《湘鄂赣人》《战斗的红十六军》等革命回忆录。1970 年 3 月，在上海病逝。

九、真英雄丁麟章

丁麟章（1907—1945），1907 年出生在湖南省平江县一个贫苦农民家庭，曾上过 4 年小学，后辍学从师学篾匠。1926 年，在家乡参加农民协会和农民自卫队。1927 年，加入中国共产党；同年，参加平江县游击队，先后任班长、中队长。

丁麟章同志安葬在南京雨花台烈士陵园

1930 年 7 月，丁麟章参加红三军团组织的第一、二次攻打长沙的战斗。1931 年，丁麟章所在游击队编入红军平江警卫团，他任 1 营副营长，为保卫平江县苏维埃机关，参加过 10 多次战斗，3 次负伤；后曾参加湘鄂赣苏区历次反"围剿"的战斗。

1934 年，主力红军长征后，丁麟章调红 16 师任参谋，随部留在湘鄂赣苏区坚持了 3 年游击战争。

全面抗战爆发后，1938 年春，丁麟章随湘鄂赣红军游击队改编为新四军 1 支队 1 团，先后任团部参谋和 3 营营长，并随部经皖南开赴江南开辟敌后抗日根据地，在岩寺集中整编时，改任 1 支队 1 团 3 营营长；随后在陈毅、傅秋涛率领下挺进苏南敌后，在镇江、句容、金坛、丹阳地区开展抗日游击战争；同年 9 月，丁麟章随 1 团调回皖南。

1940 年 4 月，日本侵略军第 15、17、116 师团各一部共 1 万余人，在空军的掩护下，分三路向皖南新四军进行大"扫荡"。由于国民党驻守的南陵、繁昌、青阳等地相继失守，新四军军部所在地云岭亦受到严重威胁。丁麟章奉命率全营在父子岭协同兄弟部队抵御前来"扫荡"的 2000 多名日军的进攻。经过 8 小时激战，打退了日军 10 多次进攻，击毙日军 370 人，迫使日军后撤。

同年 9 月，日军再次向云岭地区的新四军军部发起进攻。丁麟章所在的 1 团坚守在离云岭 75 公里的汀潭地域。战斗中，丁麟章率部与日军展开了白刃格斗，一直坚持到支援部队赶到。由于作战勇敢，同年秋，他升任新 1 团政委。

1941 年 1 月，丁麟章在震惊中外的皖南事变中，被国民党顽军击中腿部。部队组织突围时，把他安置在皖南山区一户可靠的老乡家里，隐蔽养伤。伤愈后，丁麟章立即重返部队，并于 1942 年被任命为新四军 16 旅 46 团政委兼中共横山和京芜中心县委书记。他很重视军队支援地方的工作，经请示师部批准，调 3 营营长去溧水县任副县长兼军事科长，进一步充实和加强了地方抗日政权和地方抗日武装。

1943 年 4 月中旬，国民党顽军 12 个团向驻扎在溧水和溧阳地区的新四军 16 旅发起猖狂进攻，并于 4 月 13 日占领了新四军后方阵地回峰山和北经巷村。丁麟章和团长黄玉庭率领 46 团于当日深夜 11 时，迂回包围了北经巷村，全歼入侵的顽军 600 多人，缴获大批武器弹药，使 16 旅于 4 月 14 日晚间安全转移。1943 年 11 月，在攻打溧阳、高淳地区伪军的战斗中，丁麟章根据已掌握的敌情，改强攻为智取。他率部设伏于张沛桥以西，一举生擒伪军副师长陈炎生，并令其给添桥镇油坊据点的伪军写了一封"劝降信"，迫使 100 多名伪军全部放下武器。1944 年 12 月，顽军 7 个团从浙皖交界的佐家庄、青岘岭、牛头山一线，分三路向新四军扑来。这次与丁麟章交锋的正好是皖南事变时的死对头。于是，他率全团士兵英勇出击，与兄弟部队一道，很快夺回了牛头山、青岘岭一线阵地，取得了反顽战斗的胜利。

1945 年上半年，丁麟章先后被任命为新四军苏浙军区 1 纵队 2、3 支队政委。

1945 年 6 月 19 日，国民党第 3 战区集中 15 个师（纵队、旅、突击队）45 个团（支队、突击营）共 7.5 万人，向粟裕指挥的新四军苏浙军区部队全面进攻。19 日晚，国民党军第 52 师主力 154 团进抵浙江省孝丰县西新桥头、百步村、西圩市一线，另一主力 155 团进抵孝丰城西北虎岭关、小白店一线。

隐蔽集结的苏浙军区部队突然以 6 个支队向顽军左兵团进攻，分别包围 154、155 团。经 1 个昼夜的激战，将这 2 个团基本歼灭，并歼灭独立 33 旅 1 个营。

21 日晚，苏浙军区转移兵力向顽军右兵团攻击。苏浙军区 1 纵队和 4 纵队一部将顽军右兵团后路切断，3 纵队向顽军右翼迂回，4 纵队主力从孝丰城向顽军正面突击，迅速将顽军右兵团包围于孝丰城东南草明山、白水湾、港口地区。激战至 23 日，苏浙军区部队经穿插分割，将顽军右兵团大部歼灭，残余顽军在混乱中向南撤逃。此役中，新四军毙伤顽军 3500 余人，俘顽军 2887 人，缴获山炮 1 门、战防炮 1 门、迫击炮 15 门、掷弹筒 6 具、重机枪 21 挺、轻机枪 108 挺、长短枪 1000 余支及大批弹药、军用物资。新四军伤 1662 人，亡 504 人。

1945 年，在最激烈、最艰苦的战斗中，为了反击国民党第 52 师对新四军的进攻，时任新四军苏浙军区 1 纵队 2 支队政委的丁麟章英勇作战，不幸壮烈牺牲，时年仅 38 岁。

1957 年，丁麟章同志的战友吴咏湘将军不顾癌症的折磨，抱病亲自到当年丁麟章牺牲的浙江孝丰，寻找丁麟章的墓茔；长年的战乱，加之时间久远，山上草木茂盛，要寻找坟墓，实在是非常困难的事。在当地政府的大力协助下，经过多方努力，几经周折，最后找到一位当年参与掩埋烈士的老乡，认出了掩埋坟墓的大致方位；吴咏湘记得当年自己与丁麟章各有一块瑞士怀表，这是缴获的战利品。丁麟章的怀表与烈士随葬在一起，只要找到这块怀表就能证明烈士的身份。最后，经过多方努力，终于找到了丁麟章的遗骸，并安全移葬到了南京雨花台烈士陵园中。

粟裕在他的《战争回忆录》中特别提到了刘别生与丁麟章两位烈士：

> 在三次作战中，广大指战员表现了可歌可泣的献身精神。我军阵亡五百零四人、伤一千六百余人。第一支队刘别生支队长在新登前线英勇牺牲，第二支队丁麟章政委在围歼第五十二师时光荣殉职。许许多多无畏的干部战士，为了保障整个战斗的胜利，不惜牺牲自己的生命，他们有的坚守阵地，抗击绝对优势敌人的轮番攻击，与阵地共存亡；有的冲入敌阵，在身负重伤时，自己拉响手榴弹与敌同归于尽。这些同志伟大的革命献身精神，永远值得我们学习和崇敬。[①]

---

① 粟裕：《粟裕战争回忆录》，解放军出版社 1988 年版，第 148 页。

十、儒将王直

王直（1916—2014），中国人民解放军开国少将，中国共产党党员，福建省上杭县才溪乡人。

1931年5月，参加中国工农红军。1934年4月，加入中国共产党。土地革命时期，历任福建军区独立2团勤务员、宣传员，独立第10师政治部宣传队组长，中央红军东南作战军2纵队、红19军第36师、红12军第34师政治部宣传队分队长，福建军区独立9团政治处干事、福建军区第二作战分区政治部宣传干事、闽西红军4支

王　直

队总支书记、闽西南抗日讨蒋军4支队政治处主任，闽西南军政委员会秘书处文书、交通总站站长，闽西红军1团4连政治指导员等。先后参加中央苏区反"围剿"作战和南方三年游击战争。

1938年4月24日，新四军2支队4团团部在皖南岩寺潜口正式成立，卢胜任团长，王直任政治处组织股股长。6月，2支队奉命开赴江南前线。王直随部队到了安徽芜湖水阳镇南边的徐家村。不久，邓子恢到江南视察，团领导命王直率4连到铜陵接应。王直率领4连两次突破日军的宣城封锁线，顺利安全地将邓子恢一行接到支队司令部。8月，王直奉命跟随4团3营挺进江苏句容、郭庄庙、湖熟、上坊和南京郊区一带开展抗日游击战，并接连打了几个胜仗，破坏了通往南京的上坊公路桥，缴获轻机枪4挺、步枪数十支、子弹10万余发，以及大量的物资和钱财。

皖南事变发生后，王直任新四军第6师16旅政治部组织科长。1941年5月，国民党顽固派对驻守在江苏溧阳县黄金山的新四军16旅46团（原新四团）发动了大规模的进攻。面对国民党顽固派的无理挑衅和疯狂进攻，16旅在忍无可忍的情况下，由师长兼政委谭震林亲自指挥，奋起自卫反击，王直参加了黄金山自卫反击战。一个星期内粉碎了顽军3次大规模进攻，取得了三战三捷的胜利，俘敌500余人，打击了顽固派的猖狂气焰。

王直（左四）在皖南云岭与战友合影

（图片来源：人民网福建频道）

苏浙军区建立后，王直任苏浙军区1纵队3支队政委，先后参加了浙西、溧阳、高淳、天目山三次反顽等战役和战斗。他在《王直回忆录》中记载了在湖州地区的战斗故事：

> 我们一纵三个支队即顶风冒雪，于2月12日向莫干山敌后挺进，沿途击退了安吉、梅溪等地日伪军的阻挠，连克和平、妙西、埭溪、三桥埠、戴桥、递铺等日伪据点。接着，一支队乘胜攻克武康县城，二支队攻克德清县城，我们三支队则于吴兴境内消灭一个伪常备大队，活捉了40多个敌人。这是我们出茅山的第一仗。[①]

在1945年的天目山第二次反顽战中，王直所在3支队的主要任务是守备孝丰地区。王直在《回忆录》中记载了战斗的情况：

> 3月3日，顽"忠救军"的四个团向我们三支队的西圩市阵地发起进攻，我们凭借有利地形和预筑工事，与其对抗。"忠救军"仗着装备

---

① 王直：《王直回忆录》，海风出版社2000年版，第331页。

上的绝对优势，凶狠极了。他那众多的大炮，按区分的面积轰击，只轰得我们的阵地无处不落弹，成了一片火海。他那数不清的轻重机枪，按一平方米穿过九发子弹的密度进行射击，只打得我们的阵地如起狂风，如下弹雨。据说，按这个密度扫射，人是无法生存的。如此打法，大概和他们的武器装备一样，都属于思维的"美式"。我们呢，是"土"式。虽然手中武器已不是当年那"叮叮当当"敲打出来的大刀长矛了，而是"洋"枪"洋"炮了，但杂得很，武汉造、南京造、"中正式"、"三八式"，和"忠救军"的"美式"比起来，就像游击部队似的"土"得很。打法自然也"土"，我们哪能按面积打炮、按平方米打枪？只能是他凭钢铁，我凭智勇，他按面积、按平方米进行炮火准备，我躲着。炮火准备一过他冲锋，我从地下钻出来和他短兵相接，怒目圆睁，杀声震天，势如猛虎下山，刺刀似蛟龙出水，他那身躯可不是美国工厂里铁铸出来的吧！就这样，他打他的"美式"，我打我的"土式"，他四个团连续冲锋了几个小时，我两个营连续抗击了几个小时。最后，阵地前堆满了这些"忠"于反共、"义"不救国的"英雄"尸体，再也无力冲啰！①

王直还率部参加了第三次天目山反顽战役。从 1945 年 5 月 19 日到 6 月 10 日，王直的部队与独立 2 团在天目山 120 里长的防线上，与顽军"忠救军"5 个团、第 62 师 1 个团、孝丰伪自卫大队及配属的炮兵等约 7 个团的兵力对抗了 12 个昼夜。那时的敌人是美式装备，配有现代化的通信工具。新四军采取了诱敌深入的策略，故意"节节败退"，在路上留下了不少新四军的衣帽、被子、子弹袋等，引诱敌军上钩。新四军战士受了伤也不下阵地，一直坚持到胜利。在当地政府和群众的支持下，"我们那些只剩下几个人的阵地也感到人少不孤，自己的阵地是'立体'的，敌人是无法攻取的。白胡尖高峰上翁排长等三个人，正是从人民身上吸取了无穷的勇气，敌人蜂拥而上也不慌不忙，沉着应战，一枪一枪地瞄，一个一个地打，使阵地前的敌尸一具具地增加到三百多"②。

①　王直：《王直回忆录》，海风出版社 2000 年版，第 337—338 页。
②　王直：《王直回忆录》，海风出版社 2000 年版，第 351 页。

王直在苏浙军区的战斗生活经历，使他对浙江产生了深厚的感情。中华人民共和国成立后，王直尽管不曾在浙江工作，但他从未忘记过曾经战斗过的地方，一直把浙江当成他的第二故乡。

国共内战时期，王直历任新四军6纵队16旅政治部主任、华东野战军6纵队第16师副政委、12纵队35旅政委、红30军第89师政委等职，先后参加苏中、涟水、鲁南、莱芜、孟良崮、临朐、鲁西、豫东、济南、淮海、渡江、上海等战役和战斗。在长期的革命战争中，他转战大江南北，出生入死，英勇顽强，出色地完成了各项任务，为中国人民的解放事业和中华人民共和国的建立作出了不可磨灭的功绩。

中华人民共和国成立后，王直任红20军第89师政委；1950年10月，率部参加抗美援朝战争，先后任志愿军20军第89师政委、26军政治部主任，先后参加了第二、四、五次战役和平康、金化、上甘岭防御战等战役与战斗。据说，电影《英雄儿女》中"王主任"的原型就是王直。虽然王直将军谦虚地认为自己并不是"王主任"的唯一原型，但《英雄儿女》反映的中国人民志愿军的形象，主要是以第3野战军第9兵团的战斗生活为背景创作的。那时，王直正是第9兵团第26军第89师的政委。回国后，王直历任第31军副政委兼政治部主任、福州公安军政委、福建省军区副政委、陆军第28军政委以及福州军区政治部副主任、副政委等职。

王直将军曾获二级八一勋章、二级独立自由勋章、一级解放勋章和中国人民解放军一级红星功勋荣誉章。

王直将军，不仅是骁将，还是一位儒将。在红军时代，毛泽东就赞扬过王直的漫画。他先后出版了《从闽西到浙西》《艰难的历程》《弯弓射日》《忠于信念》《王直回忆录》《王直国画集》《戎马丹青：王直将军九十华诞国画作品集》《王直将军山水写生集》等著作。

参考文献

陈丕显：《虎将雄风名垂史册——深切怀念王必成同志》，乐时鸣主编：《虎将雄风——回忆王必成将军》，中国人事出版社1992年版，第8页。

陈学文：《明清时期湖州府市镇经济的发展》，《浙江学刊》1989年第4期。

陈友益：《湖州抗战纪略》，《湖州师专学报》1995年第3期。

何翠桂：《论浙西抗日根据地》，《杭州大学学报》（哲学社会科学版）1990年第2期。

胡世明：《浙西抗日根据地概况》，《湖州师专学报》1985年第1期。

胡世明：《浙西游击武装初期抗战史略》，《湖州师专学报》1989年第4期。

《纪念在泗安战斗中英勇牺牲的两位排长》，《苏南报》1945年1月10日。

郎玉麟：《我的回忆》，湖州新四军学会，2011年。

李大钊：《鲁豫陕等省的红枪会》，《李大钊选集》，人民出版社1959年版。

郦时言：《浙西天北的反流窜战》，浙西民族文化馆，1942年。

梁家贵：《论抗日战争时期的红枪会——以鲁、皖、苏为例》，《苏州科技学院学报》（社会科学版）2005年第4期。

刘江：《诸乐三评传》，中国美术学院出版社2002年版。

罗庄编述：《初日楼遗稿·丁丑浔溪避兵记》，湖州市委党史研究室资料室，抗损资料第11-04-K00-35卷，第103页。

骆周能：《简记广德、泗安战役》，文闻：《我所亲历的南京保卫战》，中国文史出版社2005年版，第121页。

马齐彬、陈文斌、邵维正、汪其来：《中国共产党创业三十年（1919—1949）》，中共党史出版社1991年版。

钱君匋：《战地行脚》，福建人民出版社1983年版。

日本防卫厅战史室：《华北治安战（下）》，天津人民出版社1982年版。

沈慧：《试论中共湖州地方组织诞生的历史条件》，《湖州师范学院学报》2001年第4期。

沈鑫元：《湖州"郎部"抗日英雄传》，中国文史出版社2015年版。

《苏浙我军攻势展开后连续收复长兴城张渚镇》，《苏浙日报》1945年8月22日。

粟裕：《粟裕战争回忆录》，解放军出版社1988年版。

眭桂庆：《试论南浔抗战沦陷及其历史启示》，《湖州职业技术学院学报》2014年第1期。

田家村：《江南小延安》，红旗出版社2014年版。

王建华：《"笠帽兵"转战天目山》，《钱江晚报》2015年9月11日。

王直：《王直回忆录》，海风出版社2000年版。

王梓良：《浙西抗战纪略》，中国文献出版社1966年版。

杨杏山：《德清1945》，中国文化出版社2015年版。

杨友宝：《彭林抗战时期在湖州的活动》，《大江南北》2017年第1期。

杨友宝：《深切缅怀抗战英烈——纪念王文林牺牲80周年》，《湖州史志》2018年第4期。

一直：《日寇在安吉的暴行》，《西湖》2005年第8期。

佚名：《对日反攻作战》，《湖州师专学报》1986年第S4期。

张鉴安、朱健安、胡世明：《第二次天目山反顽战役》，《湖州师专学报》1986年第S4期。

张鉴安、朱健安、胡世明：《第三次天目山反顽战役的全胜》，《湖州师专学报》1986年第S4期。

张鉴安、朱健安、胡世明：《向莫干山区进军和第一次天目山反顽战役》，《湖州师专学报》1986年第S4期。

张亦民：《试论苏浙军区在抗日反顽斗争中的地位与作用》，《中共浙江省委党校学报》1998年第1期。

张自怀：《摇晃的天目山——天目钱塘抗战八年纪实》，浙江大学出版社2015年版。

赵微坚：《从凤鸣桥到安澜桥》，"南浔档案"微信公众号，2018年12月28日。

浙江省档案馆：《浙江革命历史档案选编：抗日战争时期（上）》，浙江人民出版社1987年版。

浙西民族文化馆：《我们的长兴》，《最前线》1939年第2、3期。

镇江地区茅山革命历史纪念馆筹备小组办公室：《新四军在茅山——抗日斗争
　　史料选》，江苏人民出版社1982年版。

中共湖州市委党史研究室：《赓续历史 知往鉴来》，浙江人民出版社2018年版。

中共湖州市委党史研究室：《中共湖州党史》（第一卷），中共党史出版社
　　2002年版。

中共长兴县委党史研究室：《抗战在长兴》，中央文献出版社2016年版。

中共长兴县邮电局委员会：《中共长兴秘密交通史》，当代中国出版社1994年版。

中共浙江省委党史研究室、中共湖州市委等：《浙西抗日根据地》，浙江人民
　　出版社1992年版。

中共浙江省委党史研究室：《中共浙江党史》（第一卷），中共党史出版社
　　2002年版。

中国人民政治协商会议浙江省德清县委员会文史资料研究委员会：《德清文史
　　资料（第二辑）：抗战、解放史料》，内部资料，1988年。

朱郭：《论戈亭诗派：爱国的强音》，《湖州师专学报》1988年第2期。

朱郭：《论戈亭诗派：乡土画及其他》，《湖州师专学报》1988年第8期。

朱健安、胡世明、周富洪、张鉴安：《试谈天目山反顽战的战略战术》，《湖
　　州师专学报》1985年第1期。

心中的丰碑——湖州地区抗战烈士名录

抗战时期，湖州地区的人民奋起反抗，无论男女老幼，无论工农商学，纷纷拿起武器，与日伪进行了不屈不挠的斗争，不少人为此献出了宝贵的生命。他们是我们心中的丰碑，我们要铭记这些先烈的英名。

一、湖州地区著名英烈

施奇（1922—1942）

长兴雉城人。在上饶集中营烈士陵园有一座汉白玉雕像，这是中共中央办公厅机要局立的"机要工作者的楷模——施奇烈士"雕像。1962年6月30日的《浙江日报》称施奇是"牺牲在上饶集中营里最壮烈的女英雄"。

施奇1922年生于长兴雉城的一户贫苦家庭，14岁就被送给人家当童养媳，不久，她偷偷逃到上海，进入了上海申新纱厂当童工。1937年8月，淞沪会战爆发之后，年仅15岁的施奇满怀热情投

施奇雕像

身于抗日救亡运动，参加了中国红十字会煤业救护队，奔赴抗战前线。1938年1月，施奇在皖南泾县参加中国共产党领导的新四军，被编入新四军军部教导总队第8队学习，因表现优异，担任了班长，不久加入了中国共产党。后被调到军部机要科，担任江北大组的组长，受到叶挺等新四军高级将领的信赖。

皖南事变前，施奇坚持留在部队担任译电工作，而不转移去苏北。皖南事变爆发，施奇镇定地译发电报，密切保持新四军与中共中央的联系，为新四军及时实施战略转移和分部突围作出了特有的贡献。当部队被国民党反动派包围后，施奇按照上级的命令，毁掉了电台，烧掉了密码本，做好了拼死抗争的准

备。军部突围时，施奇在一个山洞里躲了几天。下山后，被当地一位老大娘藏进后房。当天晚上，敌人来搜查时，施奇不幸被俘，被关进上饶集中营。在狱中，施奇忍受着精神和肉体的双重折磨，坚持宣传革命道理，在低矮破败的单间囚室中，用她微弱的声音担当起了秘密联络员的工作，利用狱友来看望之机，传递消息，递送情报。

1942 年 5 月，日军逼近上饶，不思抗敌的国民党反动派集中处理了上饶集中营的部分被捕人员，年仅 20 岁的施奇被活埋于上饶茅家岭雷公山麓。

多年来，人们一直以为施奇是平湖人，后据上海申新纱厂的工友证实，施奇是长兴雉城人。

王士龙（1917—1941）

湖州双林人。王士龙曾就读于东吴大学第三附属中学（现湖州第二中学），上学时，品学兼优，全面发展，曾担任双林双华篮球队中锋，毕业后在双林育才小学担任教师。淞沪会战爆发后，王士林参加了双林镇进步青年组织"旅外学友会"，积极开展抗日宣传。1937 年 11 月，日军占领了双林，国难当头，怀着一腔救国热情，王士龙参加了共产党所领导的抗日团体——战时政工队，进行抗日救亡斗争。1940 年 4 月 1 日，王士龙任双林战时政工队副队长。1941 年 5 月，政工队设计抓获日军军官白井善平和日伪翻译官曹友根，日军闻知后进行大肆搜捕，王士龙不幸被捕。狱中，王士龙受尽酷刑，被打得遍体鳞伤，但他宁死不屈。1941 年 7 月 18 日，王士龙被日军残酷地杀害于双林镇西高桥畔，年仅 25 岁。双林的书画家费新我闻讯后，于当年 9 月从苏州特地赶到双林，冒着生命危险，为王士龙烈士画了一幅遗像。

王士龙
（费新我绘）

谢勃（1916—1940）

宁波镇海人。1938 年，加入中国共产党。同年 8 月，参加龙泉战时政工队；9 月，赴永康方岩参加省战时政治工作队集训班受训，结束后编入省政工2 队，赴浙西抗日前线，曾任中共武德县委书记。

　　1938 年 10 月，谢勃率领一个工作组在德清莫干山麓的后坞、筏头、庾村一带的乡村开展抗日救亡活动，与驻扎在三桥、武康、上柏宁杭国道沿线的日军近在咫尺。谢勃在很短的时间内发展大批党员，并建立了庾村、杨梅岭等 6 个党支部，成立了抗日救国会群众组织，组建了土枪队。

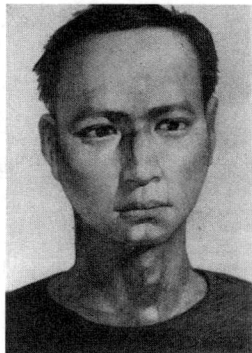

　　1940 年 3 月，中共浙西特委根据敌后抗日形势的发展，决定成立中共武（康）德（清）县工委，谢勃担任书记。武德县工委成立后，谢勃带领工作队进入敌占区，以洛舍为中心开展抗日活动。广大农民、青年、妇女、店员纷纷加入抗日救国会，一批青年骨干参加了中国共产党，还相继建立了砂村、洛舍等党支部。

谢　勃

　　1940 年 8 月，武德县工委在洛舍镇举行纪念淞沪会战 3 周年活动。洛舍大街小巷贴满抗日标语，几百名土枪队队员和抗日反汪大同盟成员参加游行，在大佛寺召开群众大会，发表演说，声势浩大，引起国民党反共顽固派的恐惧和嫉恨。8 月 24 日深夜，谢勃等 13 人被国民党德清县政府特务队逮捕。谢勃在狱中坚持斗争，经常向难友讲革命历史，领唱抗日歌曲，坚贞不屈，经党组织多方积极营救，德清县政府被迫将其无罪释放。

　　出狱不久，谢勃即根据中共浙西特委指示，于 9 月 15 日偕罗希明、曾武来到武康三桥埠沈家山沈孝璋家，准备第二天召开会议，商量重建中共武德县委。

　　16 日上午 8 时左右，谢勃遭日军便衣队包围，不幸被捕，于 21 日下午在武康八角井遇难，年仅 24 岁。

杨光泩（1900—1942）

　　浙江吴兴菱湖人，祖辈在菱湖开办杨万丰丝行。早年就读于上海敬业中学，后进入清华学堂（清华大学前身），由于成绩优异，被保送留学美国，获得国际公法哲学博士学位。

　　杨光泩 1938 年受命于危难之秋，出任中国驻菲律宾首都马尼拉总领事。就任期间，他积极宣传抗日救

杨光泩

289

国，向华侨募捐支援抗战。1941 年 12 月 7 日，日本偷袭珍珠港，太平洋战争爆发，马尼拉危在旦夕。

美国远东军司令麦克阿瑟将军撤离时，在最后一架飞机上为杨光泩留下座位，但为掩护当地华侨及领事馆财产，杨光泩果断拒绝，誓曰："身为外交官，应负保侨重责，未奉命之前，绝不擅离职守。"

杨光泩一面筹划应变办法，一面疏散文职人员。当时有一批由美国印刷的法币滞留在马尼拉港口海关，为了不遭日寇掠夺，他毅然付之一炬。

1942 年 1 月 2 日早晨，马尼拉被日军占领。当天，日本驻马尼拉副领事木原次太郎，声称日本不承认重庆政府，也不承认杨光泩等人的外交官身份，要挟杨光泩将旅菲华侨领袖集中起来，杨光泩当场拒绝。于是，杨光泩及另外 8 名外交人员被日军囚禁。日方对他们施用种种酷刑，无一就犯。1942 年 4 月 17 日，日方将杨光泩等 9 位外交官秘密枪杀于菲律宾华侨义山。敌人未击中杨光泩要害，杨光泩以手指心，大义凛然，视死如归，牺牲时年仅 42 岁。

1945 年，杨光泩等 9 位外交官忠骸移葬南京。1989 年 12 月 2 日，民政部追认杨光泩为革命烈士。

史之华（1914—1941）

原名致华，幼名土法，长兴夹浦环沉村人，中共党员。曾任中共长兴县委书记。

1929 年，史之华毕业于湖州省立第三师范学校，在长兴鼎甲桥、李家巷等小学任教。两年后，即去吴兴县立民众教育馆任通俗讲演员。因愤于当时国事日非、外侮侵凌，在业余写了不少反映社会矛盾及人民生活苦难的文章和鼓励民众爱国热情的诗篇，用"之化""之花""斯非"等笔名发表在杭州及湖州的报纸上。"九一八"事变后，他在《湖报》发表激励民众抗日斗志的长诗《炸弹上的皇宫》，指出日本帝国主义穷兵黩武，看上去不可一世，实际上只是建在炸弹上的皇宫，总有一天会炸得粉碎。

史之华

因积极进行抗日宣传，史之华遭国民党吴兴县当局施压，被迫回到长兴，后又相继转移到上海、镇江、杭州、绍兴、平湖等地。

1938年，史之华在云和县参加政工队并任队长。同年4月，加入中国共产党；不久，担任中共云和县委青年部长，兼任县政工队党支部书记。

1940年3月，浙西游击区直属分队撤销，改为省合作工作队浙西大队，史之华改任该大队长兴组组长。同年4月，中共长兴县委成立。这年夏季，史之华率领一名合工队员，秘密回到家乡，他的党组织关系也转到了长兴。史之华在夹浦环沉村组织"粮食供给兼营合作社"，同时举办农民夜校，宣传党的抗日方针；他还利用公开组织合作社的机会，秘密发展党的组织。是年10月，浙西抗日形势逆转，县委主要领导相继撤离长兴，中共浙西特委任命史之华为长兴县委书记。这期间，他利用人地两熟的有利条件，在转移浙西党政干部以及加强同苏南太滆党组织的联系等方面，做了大量艰苦的工作。1941年春，他在家乡租借一条木船，护送3位中共秘密党员过太湖到宜兴闸口；还克服重重困难，安全护送中共浙西特委委员、妇女部长张之华由苏南转到莫干山特委机关。史之华经常化装成跑单帮的商人，来往于长兴、湖州、太滆之间，巧妙地躲过了敌人的多次捕杀。史之华曾先后6次深入日占湖州城内，为新四军部队购买药物、了解敌情。

从事党的秘密工作，常来往于敌伪盘踞的湖州、长兴一带，处境危险，史之华早就做好了牺牲的准备。史之华曾对其爱人郑求是说："在黎明之前，会更黑暗，垂死挣扎的敌人也必然更疯狂、凶残，所以一个革命同志，要随时随地准备经受一切最严峻的考验——受刑、坐牢、流血，直到献出宝贵的青春和生命。"

1941年秋天，史之华在湖州西门执行任务时由于流氓徐祥宝的告密被日伪军逮捕，虽身受酷刑，仍坚贞不屈，最终壮烈牺牲，时年27岁。

张新华（1916—1941）

女，原名张彩宝，化名凌冬、惠琴，湖州南浔镇人，中共党员。曾任中共太滆工委青年部长。

张新华

张新华出生在南浔镇一户小商人家庭，14岁时父母双亡，由祖母抚养成人。1936年夏，毕业于南浔中学。次年秋，考入浙江省立民众教育实验学校。

全面抗战爆发后，张新华毅然离校，与进步学生庄真、单洁一起，沿浙赣铁路西去，寻找共产党。在江西南昌找到新四军驻四眼井办事处，参加抗日救亡组织——江西抗宣服务团第6队。

1938年7月，张新华在皖南云岭参加了新四军；是年，被评为"模范工作者"，并加入中国共产党。1939年底，奉命到苏南敌后溧阳地区工作。次年初，任中共太滆工作委员会青年部长，兼宜兴闸口区委书记，同年被新四军授予"全军十大模范女战士"光荣称号。

张新华离开部队后，到地方做党群工作，组织青年妇女参加对敌斗争，还筹办《突击报》，宣传中国共产党的路线、方针、政策。1940年夏，奉命秘密回南浔开展扩军工作。次年3月，中共苏南区党委又派张新华去浙西与地下党联系，建立联络点，开辟新区。途经武进县漕桥附近的殷墅桥时，被伪军逮捕，施以酷刑，坚贞不屈，被秘密杀害。她生前曾立下为革命"喘完最后一口气"的誓言。张新华的遗体安葬于宜兴县漕桥烈士公墓。1983年，南浔镇在适园烈士陵园内为张新华竖立墓碑。

冷泉（1927—1952）

又名金水，安吉县梅溪镇人。1945年2月，新四军16旅挺进天目山的途中路过安吉，冷泉和同校的其他3名同学一起加入了新四军。同年10月，随军北上。解放战争中，他历任文书、医务员等职，参加过莱芜、吐丝口等战役。在战斗中，他机智勇敢、临危不惧，常常在枪林弹雨中奋力抢救伤员。

冷 泉

湖州新四军老战士钟国梁是冷泉的战友，他清楚地记得冷泉在部队的言语行为。他说，冷泉是一名尽心尽职的好军人。1947年2月，莱芜战役打响，当时他们两人所在营的任务，是向吐丝口镇佯攻和配合主攻部队全歼吐丝口之敌。在战斗中，冷泉不顾个人安危，冒着敌人机枪的密集扫射，直扑上前，抢救伤员。他勇敢、沉着、敏捷地用剪刀剪开战友负伤部位的棉衣裤，熟练而迅速地包扎伤口，使战友生命得以保障。莱芜战役胜利后，全营召开庆功大会，冷泉受到嘉奖，时任营党委书记、教导员何英龙，亲自将缴获的唯一一块怀表奖励给他。

1948 年底，闻名中外的淮海战役已接近尾声，国民党为解救黄维兵团，不断派飞机向曹老集前沿阵地狂轰滥炸，疯狂扫射。由于受到敌机的袭击，解放军出现了伤员。当时冷泉正在前沿阵地上巡回医疗、抢救伤员，瞬间，一枚重磅炸弹落在其战壕附近爆炸，冷泉被炸塌战壕的泥土深埋在里面。战士们不顾空中敌机扫射，冒着轰炸后的浓浓硝烟和尘土，把冷泉救了出来。当时冷泉已经成了泥人，呼吸十分困难，当即就被抬上担架送往团卫生队。但冷泉使劲睁开被尘土蒙住的双眼，一个劲地摆动着手，坚决不肯离开战场和战友，请求继续坚守前沿阵地。

钟国梁说，冷泉是一名称职的军人，也是值得信任的战友，他在战场上奋不顾身抢救伤员的场景，至今想起仍历历在目。

1950 年，当时的唐山空军航校到部队调选飞行员，具备一定文化程度且身体条件符合要求的冷泉被选中，前往航校学习。1951 年航校毕业时，抗美援朝战争正在激烈进行之中。冷泉积极要求参加中国人民志愿军，被批准后编入志愿军 2073 部队 3 中队任飞行中队队长。当时，我志愿军部队在武器装备上和物资供应上都极为困难，面对凶恶的美帝国主义侵略者的疯狂进攻，冷泉和他的战友们藐视敌人、仇视敌人，一次又一次地对敌人进行反击，粉碎了敌人吹嘘的"空中优势"，使他们侵占朝鲜、进犯中国的迷梦遭到彻底破灭。

1952 年 12 月 18 日，冷泉在一次激烈的空战中不幸壮烈牺牲，年仅 25 岁。

陈克昌（1902—1945）

革命烈士，长兴县长潮岕长中村人，于 1943 年 8 月加入中国共产党。1938 年 3 月 1 日，陈克昌参加了长兴抗日义勇游击队夜袭大云寺日伪据点的战斗。新四军挺进长兴后，他积极领导长潮岕民众支前参战。参与泗安战役和天目山战役的支前工作，并组织了当地民众进行减租减息等运动，使长潮岕成为当时抗战支前模范

陈克昌

乡之一。

1945 年 10 月，新四军北撤后，陈克昌坚持斗争，不幸被还乡团缉捕，同月 21 日晚，为掩护地下党员李小毛脱险，在刽子手枪口下，机智勇敢地用被捆的身体撞击门板通知战友转移，后被还乡团枪杀于长潮岕路西村小竹园边，时年 41 岁。

姜志良（1920—1943）

吴兴县袁家汇（今南浔区和孚镇）人，1938 年参加国民政府的抗日组织——吴兴县政工队，不久加入了中国共产党，并任吴兴县 3、4 区队长，此时的 3、4 区队成了共产党领导的抗日武装。他们在善琏、练市一带进行抗日活动，多次袭击日军的关卡和哨所。他还动员自己的母亲和妹妹姜淑英、姜旭英支持革命工作，掩护党的抗日活动，他家成了中共党组织的活动场所。当善琏、练市镇遭到日本侵略军两次凶残"扫荡"的时候，县政工队几十名队员都转移到他家休整。

1941 年皖南事变后，国民党县党部开始怀疑吴兴县政工队内有共产党员，于是把政工队副队长——共产党员王维调到报社工作。同时派几个国民党亲信来当政工队副队长，以控制政工队实权，还将姜志良任职的 3、4 区队队员全部调往天目山整训。姜志良因患重病吐血而未参加这次整训，留在家乡坚持斗争。整训期间，张振学、徐坚政（均为共产党员）因积极宣传进步思想，被国民党开除。为此，许多人退了队，回到袁家汇与姜志良一起进行抗日活动。姜志良的家境本来就贫困，来往的人一多，生活就更拮据了。姜志良病情有所好转后，即和队员们到练市一带进行抗日活动，通过国民党杂牌军缴了"清乡"团的枪，壮大了自己的力量。后来根据上级的命令，姜志良安排一起进行抗日活动的队员，经双林、无锡，安全地撤到新四军苏中抗日根据地，自己则回家坚持地下抗日斗争。

不久，白色恐怖日趋严重，上级党组织将姜志良调往苏中海启县（今海门、启东两县）东海区任区大队教导员。在作战中，他身先士卒、勇敢顽强。1943 年日本侵略军发动大"扫荡"，姜志良所在的抗日根据地遭到突然袭击，姜志良与大队长于志高为掩护当地老百姓安全撤离，率部奋起反击，不幸中弹牺牲，年仅 23 岁。当时，东海区人民为了纪念两位烈士，将他们牺牲的地方改名为于良乡。

莫嘉柔（1919—1945）

女，德清乾元人。1937 年于杭州私立行素女子中学毕业。全面抗战爆发后，全家迁居上海，之后考入暨南大学，并积极参加反汪伪政权的斗争。1941 年赴苏北敌后解放区海门县参加新四军第 1 师社会教育服务团，历任文化教员、师部文书、秘书等职。1943 年因病返回德清。1944 年遭逮捕，入狱后不屈不挠，坚持斗争。1945 年 4 月，被敌人杀害。1952 年，被追认为革命烈士。

王仲勋（1902—1940）

又名琪宝，化名扫红（少红）、财富，德清新市人。家居新市镇西栅王家弄，自己开设中医外科诊所。1927 年 3 月，任国民党（左派）德清县党部筹委会第二区党部（新市）常委。1927 年 5 月，由北伐军第 17 军党代表许淡秋介绍入党，成为德清县内第一位共产党员。入党后，积极开展革命活动，发展瞿乃臧、柯淡云入党。在新市镇建立全县第一个党支部，任书记。1929 年 6 月，任中共德清县委组织委员兼新市区委书记，领导西葑漾利农丝厂、士林、新桥、西庙桥、杨墓等党支部。1930 年 1 月，县委书记许斌（文谟）赴沪参加中共中央干训班学习，由他负责县委工作。在抗战时期，他投身抗日斗争，揭露盘踞在新市的太湖惯匪周明三、国民党顽固派周良斌破坏抗战的阴谋。1940 年 6 月，遭周良斌部下劫持；7 月 2 日，遇难于下塘村太平桥塽（今桐乡市晚村乡）。

二、其他英烈

除了上述著名革命先烈外，抗日战争时期，在湖州地区还有许许多多革命同志献出了自己的生命。他们当中，有湖州本地区的革命战士，也有来自外省的热血青年，有的是新四军，有的是地方干部。这些烈士在抗战时期参加革命或加入新四军，大多在抗战时期就牺牲了，也有的牺牲在解放战争或抗美援朝时期；有的牺牲在湖州地区，有的牺牲在湖州以外地区。他们把自己的生命献给了共和国。对于这些革命烈士，我们应该永远牢记他们的名字。

1. 长兴籍烈士

序号	姓名	出生至牺牲年份	序号	姓名	出生至牺牲年份
1	熊全成	1926—1945	2	王海洋	1913—1945
3	沈树心	1921—1945	4	董光铸	1905—1945
5	王金生	1922—1945	6	许和春	1914—1945
7	马树林	1925—1945	8	葛德宝	1911—1945
9	葛金花	1905—1945	10	于清发	1930—1946
11	王春宝	1906—1945	12	曹骏	1924—1946
13	徐永林	1925—1946	14	王云清	1908—1946
15	李正洪	1924—1946	16	张仁雀	1926—1946
17	沈树德	1921—1946	18	卢四毛	1924—1946
19	蒋细伢	1928—1946	20	陆金富	1923—1946
21	杨二肖	1925—1946	22	张士明	1927—1946
23	胡念珠	1920—1946	24	王德香	1926—1946
25	刘春富	1906—1948	26	郑何德	1926—1946
27	李发庆	1913—1946	28	李自成	1922—1946
29	施土林	1924—1946	30	陈忠	1917—1946
31	陈万贤	1918—1946	32	严云敖	1923—1946
33	陈金生	1927—1946	34	汤细毛	1917—1946
35	于小东	1924—1946	36	吴仁全	1925—1946
37	王松宝	1917—1946	38	钱细毛	1924—1946
39	钱松林	1925—1946	40	殷和尚	1920—1946
41	沈满春	1924—1946	42	宋锦荣	1915—1946
43	李洪顺	1923—1946	44	黄大本	1926—1946
45	王金钱	1922—1946	46	孔来富	1928—1946
47	王一成	1924—1946	48	徐荣大	1916—1946
49	缪海清	1917—1946	50	包吾清	1918—1946
51	查桂春	1926—1946	52	张金根	1930—1946
52	陈开元	1927—1946	54	喻更生	1912—1946
55	夏德和	1925—1946	56	李志贵	1927—1946
57	吴明彩	1923—1946	58	高吉甫	1923—1946
59	林春兴	1922—1946	60	林春兴	1922—1946

序号	姓名	出生至牺牲年份	序号	姓名	出生至牺牲年份
61	吴阿玉	1916—1946	62	施建吾	1914—1946
63	李荣庄	1917—1946	64	殷阿春	1916—1946
65	陈阿东	1927—1947	66	陈月鸣	1927—1946
67	倪子成	1922—1947	68	周潮龙	1925—1947
69	彭小成	1924—1947	70	曹月棠	1928—1947
71	吴正荣	？—1947	72	宋阿龙	1918—1947
73	陆土财	1919—1947	74	施苟大	1927—1947
75	万运喜	1928—1947	76	高春山	1923—1947
77	韩志忠	1925—1947	78	汪富贵	1928—1947
79	柯增荣	1919—1947	80	王小妹	1920—1947
81	陈金毛	？—1947	82	陆士明	？—1947
83	袁成富	1917—1947	84	周连英	1923—1947
85	许洪泉	1923—1947	86	王阿黑	1926—1947
87	范荣清	1922—1947	88	钟树信	1927—1947
89	吴昌明	1908—1947	90	徐加生	1926—1947
91	陈华掌	1916—1947	92	费才法	1926—1947
93	王明农	1927—1947	94	谢金华	1930—1947
95	钱小毛	1917—1947	96	欧奕全	1929—1947
97	江富春	1922—1947	98	龚才胜	？—1947
99	刘长生	1926—1947	100	金益清	1922—1947
101	董兰庭	1925—1947	102	徐传根	1927—1947
103	李法根	1923—1947	104	钱小毛	1916—1947
105	赵成福	1907—1947	106	许志铨	1926—1947
107	席阿清	1925—1947	108	叶阳太	1924—1947
109	冯兴富	1913—1947	110	朱政林	？—1947
111	任梅庭	1925—1947	112	黄长寿	1920—1947
113	翁阿荣	1926—1947	114	顾娥根	1919—1947
115	傅小牛	1919—1947	116	张根喜	1923—1947
117	徐志明	1926—1947	118	崔法林	？—1947
119	刘小苟	1927—1947	120	陆根生	1920—1947
121	王启成	1923—1947	122	黄朝根	1929—1947

续表

序号	姓名	出生至牺牲年份	序号	姓名	出生至牺牲年份
123	高海清	1925—1947	124	陈 荣	1924—1947
125	陈海清	1928—1947	126	高义兴	1924—1947
127	章友三	1927—1947	128	张立发	1917—1947
129	徐阿毛	1928—1947	130	魏元明	1918—1947
131	刘天贵	1916—1947	132	彭卫和	1926—1947
133	泮阿德	1929—1947	134	王道法	1925—1947
135	夏泽晶	1928—1947	136	孙小培	1922—1948
137	张根仙	1930—1948	138	张阿黑	1925—1948
139	樊正安	1925—1948	140	沈琴芳	1925—1948
141	梁火根	1925—1948	142	刘洪文	1927—1948
143	祁海江	1927—1948	144	王培英	1925—1948
145	徐秀章	1928—1948	146	徐秀章	1929—1948
147	袁明才	1918—1948	148	王 梅	1912—1948
149	张忠贤	1924—1948	150	张考毛	1926—1948
151	董学火	1923—1948	152	宋学明	1926—1948
153	姜德海	1926—1948	154	陈天根	1927—1948
155	沈永祥	1920—1948	156	凌一清	1929—1948
157	金武成	1926—1948	158	汪和尚	1921—1949
159	吴兴元	1923—1948	160	林西保	1913—1949
161	周小堂	1923—1948	162	沈金年	1920—1949
163	林太成	1925—1948	164	吴志清	? —1950
165	郑仲清	1917—1950	166	罗金福	1923—1950
167	陆梅根	1713—1950	168	沈柏清	1926—1950
169	张金水	1926—1950	170	李满根	1926—1950
171	王克华	1927—1950	172	田树金	1924—1950
173	周洪生	1912—1950	174	沈建章	1917—1951
175	李财发	1925—1953	176	吴根保	1926—1952
177	马士吉	1921—1953	178	殷仁武	1927—1953
179	汤 贞	1927—1954	180	李守仁	1926—1954
181	陈立清	1909—1951	182	杨三芝	? —1951
183	臧有标	1924—1967	184	濮浦法	1920—1951

序号	姓名	出生至牺牲年份	序号	姓名	出生至牺牲年份
185	徐金林	1923—1944	186	张玉帆	1897—1942
187	吴昌达	1920—1942	188	陈玉莲	1916—1944
189	王水龙	1921—1944	190	施火清	1918—1944
191	吴甫臣	1907—1944	192	藏培松	1923—1944
193	唐纪成	1926—1945	194	宋阿三	1917—1944
195	邱德法	1900—1945	196	田炳泉	1915—1945
197	姚　成	1922—1945	198	叶广清	1912—1945
199	陈金海	1924—1945	200	管和尚	1920—1944
201	胡德友	1921—1945	202	陈文炳	1908—1945
203	邢长银	1916—1944	204	沈阿团	1922—1945
205	钦德法	1922—1945	206	曹松元	1916—1945
207	潘清如	1921—1945	208	刘福林	1898—1945
209	尤福康	1919—1945	210	卞二毛	1913—1945
211	吴道毛	1923—1945	212	吴凤阳	1916—1945
213	王保华	1927—1945	214	廖　引	1920—1945
215	戴金根	1927—1945	216	陆有庆	1912—1945
217	余世藻	1908—1945	218	庄守汉	1927—1945
219	王　鹏	1906—1945	220	李德金	1917—1945
221	胡玉春	1917—1945	222	郑文斌	1927—1945
223	陈德初	1915—1945	224	吴明琛	1926—1945
225	徐连信	1917—1945	226	胡以朝	1922—1945
227	俞祥林	1908—1945	228	张小龙	1928—1945
229	王元珍	1925—1945	230	张根满	1912—1945
231	雷程志	1923—1945	232	李筱茅	1926—1945
233	金阿二	1920—1945	234	胡本喜	1924—1945
235	王水根	1927—1945	236	宋益祥	1921—1945
237	邱长寿	1913—1945	238	张发盛	1923—1945
239	杨法清	1917—1945	240	陈吉宝	1920—1945
241	杨玉清	1915—1945	242	闵兰金	1919—1945
243	王水富	1915—1945	244	姜二宝	1926—1945
245	高金林	1911—1945	246	郑三度	1923—1945

续表

序号	姓名	出生至牺牲年份	序号	姓名	出生至牺牲年份
247	周贵清	1930—1945	248	郑梅春	1917—1945
249	邹恒富	1919—1945	250	陈细毛	1925—1945
251	陈子清	1918—1945	252	陈小毛	1919—1945

2. 德清籍烈士

序号	姓名	出生至牺牲年份	序号	姓名	出生至牺牲年份
1	温亦段	1906—1943	2	刘友卿	1905—1945
3	宋茂开	1917—1945	4	费炳福	1915—1945
5	谈丫头	1925—1945	6	郑彩森	1916—1945
7	姚祥林	1912—1945	8	严杏林	1924—1945
9	彭庆元	1930—1945	10	黄福增	1923—1945
11	施金法	1917—1945	12	章百福	1899—1945
13	徐双富	1908—1945	14	周阿炳	1926—1945
15	张茂魁	1893—1945	16	朱阿寿	1923—1945
17	高阿庆	1925—1945	18	金加兴	1917—1945
19	刘开兴	1920—1945	20	沈银山	1910—1945
21	郑财生	1918—1945	22	姚坤泉	1922—1945
23	李大毛	1917—1945	24	胡春轩	1945—1945
25	周本寿	1927—1945	26	俞阿明	1945—1945
27	潘阿品	1926—1945	28	沈正民	1895—1945
29	张小考	1923—1945	30	褚长宝	1925—1945
31	赵松元	1917—1946	32	林逢春	1916—1946
33	林生法	1923—1947	34	包素贞	1898—1947
35	施猫猫	1916—1948	36	徐祖厚	1920—1948
37	朱玉洪	1917—1949	38	姚水庆	1927—1949
39	章友根	1912—1949	40	俞阿明	1910—1945
41	沈正民	1895—1945	42	莫加柔	1919—1945
43	胡春轩	1912—1945	44	宋茂开	1917—1945
45	泮阿品	1926—？	46	李大毛	1917—1945
47	张小考	1923—？	48	郑财生	1918—1945
49	谈丫头	1925—1945	50	彭庆元	1930—1945

序号	姓名	出生至牺牲年份	序号	姓名	出生至牺牲年份
51	姚祥林	1912—1945	52	张茂魁	1893—1945
53	施金法	1917—1945	54	高阿庆	1925—1945
55	徐双富	1908—1945	56	费炳福	1915—1945
57	刘开兴	1920—1945	58	郑彩森	1916—1945
59	周本寿	1927—1945	60	严杏林	1924—1945
61	周阿炳	1926—1945	62	章百福	1899—1945
63	朱阿寿	1923—1945	64	章友根	1912—1945
65	刘友卿	1905—1945	66	黄福增	1923—1945
67	姚坤泉	1922—1945	68	金加兴	1917—1945
69	沈银山	1910—1945	70	沈年顺	1921—1945
71	赵松元	1917—1945	72	林逢春	1916—1946
73	徐祖厚	1920—1948	74	褚长宝	1925—1946
75	施猫猫	1916—1948	76	林生法	1923—1947
77	林雪生	1885—1949	78	包素贞	1898—1947
79	朱玉洪	1817—1949	80	陈水法	1928—1953

3. 安吉籍烈士

序号	姓名	出生至牺牲年份	序号	姓名	出生至牺牲年份
1	方荣安	1907—1936	2	易纪远	1909—？
3	周正升	1897—1937	4	周家齐	1909—1936
5	易纪银	1897—1937	6	叶良成	1913—1937
7	周家国	1912—1936	8	王光有	1922—1937
9	杨立荣	1913—1937	10	陈大根	1911—1938
11	易纪驼	1914—1937	12	陈小根	1911—1938
13	徐华民	1922—1940	14	龚玉贞	1920—1941
15	谢炳贵	1917—1941	16	陈祖猛	1914—1944
17	朱刚才	1921—1944	18	生　泉	1918—？
19	翁福青	1927—？	20	韦克勤	1931—1945
21	诸月才	1928—？	22	顾贤生	1920—1945
23	李长安	1922—？	24	张来贵	1924—1945
25	沈金德	1913—1945	26	朱迪青	1928—1945

续表

序号	姓名	出生至牺牲年份	序号	姓名	出生至牺牲年份
27	陈基清	1925—1945	28	梅承贵	1919—1945
29	叶阿才	？—1945	30	庞六生	1929—1945
31	余满堂	1926—1945	32	金长心	？—1945
33	丁少华	1912—1945	34	潘荣昌	1921—1945
35	徐国顺	1911—1945	36	陈旺生	1905—1945
37	吉德伦	1906—1945	38	许金宝	？—1945
39	朱炳根	1900—1945	40	王士民	1925—1945
41	刘东山	1913—1945	42	丰小牛	1914—1945
43	戴 高	1928—1945	44	章文奎	？—1945
45	金泰忠	1923—1945	46	吕双予	1921—1945
47	施石泉	1906—1945	48	吴有福	1885—1945
49	黄米有	1908—1945	50	姚玉美	1895—1945
51	王德才	1892—1945	52	郑阿才	1899—1945
53	姚礼泉	1912—1945	54	楼连根	1920—1945
55	方开来	？—1945	56	童长云	1903—1945
57	潘豪福	1918—1945	58	周阿七	？—1945
59	吴宝才	1924—1945	60	刘德海	1902—1945
61	金根发	1923—1945	62	余金生	1925—1946
63	王宝林	1923—1945	64	陈天明	1928—1946
65	方荣贵	1925—1946	66	唐重庆	1925—1946
67	王秀良	1914—1946	68	何阿火	1923—1946
69	陈六生	1926—1946	70	束长银	1900—1946
71	范宝福	1930—1946	72	汪炳南	1903—1946
73	鲍锡海	1922—1946	74	严阿龙	？—1946
75	林立宝	1914—1916	76	姚伯海	1929—1946
77	程来松	1928—1946	78	金 方	1922—1946
79	杨贵生	1925—1946	80	江小毛	1924—1946
81	朱开金	1925—1946	80	郑永金	1925—1946
83	江金水	1928—1946	84	李令言	1927—1946
85	黎 龙	1911—1946	86	陈玉堂	1923—1946
87	金天锡	1923—1946	88	赖金水	1920—1946

序号	姓名	出生至牺牲年份	序号	姓名	出生至牺牲年份
89	孟木生	1925—1946	90	蒋守全	1919—1946
91	叶有成	1906—1947	92	绕木生	1913—1946
93	戴炳福	1925—1947	94	叶良法	1928—1947
95	姚金林	1916—?	96	王金林	1923—1947
97	张德胜	1922—1947	98	阮立德	1925—1947
99	童信昌	1918—1947	100	冯美生	1920—1947
101	张有富	1928—1947	102	李金奎	1922—1947
103	胡金贵	1905—1947	104	李新定	1925—1947
105	徐世明	1921—1947	106	李孝新	1925—1947
107	姚大年	?—1947	108	黄　锦	1916—1948
109	王光财	1925—1948	110	傅长友	1922—1948
111	张金山	1920—1948	112	龚宣仁	1924—1948
113	何士坤	1920—1948	114	陈光明	1928—1948
115	方黑子	1928—1948	116	徐凤鸣	1922—1948
117	卢继华	1927—1948	118	朱孝苟	1913—1949
119	陈长生	1927—1949	120	夏守元	?—1949
121	朱仁林	1928—?	122	李金保	1924—1949
123	王立成	1921—1950	124	黄美清	1929—1949
125	胡传高	1916—?	126	周小毛	1924—1953
127	陈雅士	1926—1952	128	李政宪	1929—1953
129	丁保洪	1930—1959	130	朱清圣	1915—?
131	汪先长	1925—?	132	黄金苟	1927—1945

4. 吴兴籍烈士

序号	姓名	出生至牺牲年份	序号	姓名	出生至牺牲年份
1	钱剑英	1915—1938	2	邬伯瑾	1922—1944
3	孙永桢	1913—1939	4	陆一帆	?—1945
5	费子芳	1915—1939	6	王杏根	1921—1945
7	周少兰	1911—1941	8	沈明祖	1919—1945
9	陈宗钰	1919—1942	10	施天禄	1917—1945
11	王祖康	1921—1943	12	施天录	1918—1945
13	李阿三	1925—1945	14	徐阿金	1923—1945

续表

序号	姓名	出生至牺牲年份	序号	姓名	出生至牺牲年份
15	陆藕清	？—1945	16	花金保	1927—1945
17	陆阿桂	1903—1945	18	龚天林	1915—1945
19	张衡行	1915—1945	20	徐连春	？—1945
21	汤应生	？—1945	22	尤阿江	1902—1946
23	陈吉云	1919—1945	24	董文荣	1917—1946
25	王海清	1912—1946	26	张 斌	1924—1946
27	黄 毛	？—1946	28	朱子龙	1924—1946
29	周锦财	1922—1946	30	崔阿二	1928—1946
31	沈闻言	1924—1946	32	管阿财	1922—1946
33	陈金荣	1915—1946	34	许志林	1928—1946
35	李长清	？—1946	36	沈阿三	1916—1946
37	沈金六	1925—1946	38	周水康	1925—1946
39	黄正荣	1923—？	40	陈干一	1925—1946
41	张明山	1919—？	42	姚茂成	1924—1946
43	蒋阿盖	1913—？	44	张云记	1926—1946
45	钟瑞芳	1925—？	46	沈有宝	1925—1946
47	倪士国	1919—？	48	石明耀	1923—1946
49	张志祥	？—1947	50	陈双希	1929—1948
51	徐春林	1922—1947	52	徐荣生	1924—1948
53	冯阿才	1927—1947	54	朱祖直	1930—1948
55	沈生泉	1921—1947	56	潘其章	？—1948
57	陆连财	1922—1947	58	李小陆	1914—1948
59	屈正才	1916—1947	60	申 医	1923—1948
61	张万才	1922—1948	62	徐保全	1921—1949
63	吕晓云	1922—1948	64	管水晶	1924—1949
65	方振茂	1922—1948	66	徐发生	1924—1949
67	胥世泽	1930—1956	68	潘亚庭	1928—1951
69	张新华	1916—1941	70	王士龙	1917—1941
71	徐 浩	1917—1943	72	傅人杰	1921—1943
73	沈阿宝	1925—1946	74	黄 杰	1929—1945
75	蒋绍莲	1924—1946	76	张 斌	1913—1946
77	周明荣	1923—1946	78	胡金生	1923—1946
79	潘金龙	1924—1947	80	徐坚政	1920—1946
81	纪宝富	1924—1948	82	卢三宝	1923—1947

5. 外省新四军烈士

序号	姓名	出生至牺牲年份	籍贯	序号	姓名	出生至牺牲年份	籍贯
1	魏国安	1924—1944	江苏	2	刘立东	1917—1944	安徽
3	周才德	1913—1944	安徽	4	王儒谦	？—1944	不详
5	吴天林	？—1945	江苏	6	王胜德	？—1945	江苏
7	王为义	1917—1945	江苏	8	王长根	？—1945	江苏
9	杨文庆	？—1945	江苏	10	徐俭	？—1945	江苏
11	秦金龙	？—1945	江苏	12	许石海	？—1945	江苏
13	徐国才	？—1945	江苏	14	顾书年	？—1945	江苏
15	王大唐	？—1945	江苏	16	戴书其	？—1945	江苏
17	沈炳生	？—1945	不详	18	白书桂	？—1945	不详
19	石道成	？—1945	不详	20	张林清	1924—1945	江苏
21	王其武	1914—1945	安徽	22	王友陆	1924—1945	安徽
23	孙攸亭	1921—1945	安徽	24	许德友	1926—1945	安徽
25	许仁友	1917—1945	安徽	26	吴起寿	1920—1945	安徽
27	高顺先	1920—1945	江苏	28	张满良	？—1945	江苏
29	王中严	1915—1945	江苏	30	高良左	1915—1945	江苏
31	王如连	？—1945	山东	32	蒯增斌	？—1945	不详
33	王德才	1927—1945	江苏	34	吴仲法	1909—1945	不详
35	张兰生	1927—1945	江苏	36	王珍富	1921—1945	江苏
37	李昌荣	？—1945	上海	38	陈英秀	1924—1945	江苏
39	翁国良	？—1945	江苏	40	熊阿纪	1923—1945	江苏
41	杨桂表	1920—1945	福建	42	杨国祥	1924—1945	江苏
43	袁德本	1920—1945	江苏	44	王少波	1921—1945	安徽
45	蔡君秀	1921—1945	江苏	46	雷大富	？—1945	江苏
47	夏桂群	1923—1945	江苏	48	周押礼	1929—1945	江苏
49	刑家宽	1915—1945	安徽	50	李树德	1921—1945	江苏
51	王发祥	1921—1945	江苏	52	许国富	1926—1945	安徽
53	吴火木	1920—1945	不详	54	许国强	1926—1945	安徽
55	林正福	1927—1945	江苏	56	揭天祥	？—1945	江西
57	茅雪庆	1922—1945	江苏	58	李要才	1919—1945	湖南
59	钱毛毛	1923—1945	江苏	60	黄成龙	1921—1945	安徽
61	王如友	1922—1945	江苏	62	朱也保	1922—1945	福建
63	戴行德	？—1945	上海	64	关阿平	？—1945	山东
65	邓志发	？—1945	江苏	66	谢阿龙	1924—1945	福建
67	徐永俊	1925—1945	江苏	68	蒋金先	1916—1945	河南
69	吴天定	1915—1945	江苏	70	廖龙飞	1916—1945	江西
71	陈士林	？—1945	江苏	72	饶英华	1920—1945	江西
73	王成振	1923—1945	山东	74	吴金滴	？—1945	山东

续表

序号	姓名	出生至牺牲年份	籍贯	序号	姓名	出生至牺牲年份	籍贯
75	林 晖	1920—1945	江苏	76	褚得喜	？—1945	不详
77	冯良富	？—1945	江苏	78	王小林	1922—1945	江苏
79	杨小兔	？—1945	福建	80	张林涛	？—1945	江苏
81	曹大桂	？—1945	江苏	82	申吉祥	1926—1945	江苏
83	王文如	1920—1945	江苏	84	许鹤延	1945	江苏
85	周贵清	？—1945	四川	86	陈书新	1918—1945	江西
87	张长陆	？—1945	四川	88	孙国耀	1926—1945	江苏
89	陈 穆	1924—1945	江苏	90	怀 月	1920—1945	上海
91	赵国珍	1922—1945	江苏	92	岳明福	1923—1945	江苏
93	李 俊	？—1945	江苏	94	徐国才	1922—1945	江苏
95	施贵寿	？—1945	江苏	96	邵金根	1919—1945	江苏
97	王金荣	1919—1945	安徽	98	李金根	1927—1945	江苏
99	周永贵	1920—1945	江苏	100	夏福根	1919—1945	江苏
101	陈枫志	1920—1945	上海	102	王一鸣	1917—1945	江苏
103	王小山	？—1945	江苏	104	张秀伍	1926—1945	江苏
105	华成林	1922—1945	江苏	106	王月如	1920—1945	江苏
107	顾贤生	1920—1945	江苏	108	王小弟	？—1945	江苏
109	马 洪	？—1945	安徽	110	沈汉成	？—1945	江苏
111	王 斌	？—1945	江苏	112	秦锦标	？—1945	江苏
113	李永年	？—1945	江苏	114	杨心萍	？—1945	江苏
115	郭 奎	？—1945	上海	116	张其能	？—1945	江苏
117	陈香春	？—1945	安徽	118	蒋维松	？—1945	江苏
119	刘 斌	？—1945	安徽	120	严宪达	？—1945	江苏
121	陈 昆	？—1945	福建	122	李 炳	？—1945	福建
123	孙福生	？—1945	福建	124	陆大开	1908—1945	广西
125	胡德文	？—1945	河南	126	刘德胜	？—1945	江苏
127	陈照林	？—1945	江苏	128	杨书生	？—1945	江苏
129	李云生	1925—1945	江苏	130	周金生	1917—1945	江苏
131	张老五	？—1945	江苏	132	秦金龙	？—1945	江苏
133	余促春	？—1945	江苏	134	卞于友	1923—1945	江苏
135	李长安	？—1945	江苏	136	晏小红	？—1945	江苏
137	王 祥	？—1945	江苏	138	徐国珍	？—1945	江苏
139	刘德胜	？—1945	江苏	140	谢玉茎	？—1945	江苏
141	孙保希	？—1945	江苏	142	刘书云	？—1945	江苏
143	刘汉荣	1923—1945	江苏	144	丁荣木	？—1945	江苏
145	秦士林	1922—1945	江苏	146	康 春	？—1945	江苏
147	朱宏才	1925—1945	江苏	148	包文明	？—1945	江苏
149	王腊生	？—1945	江苏	150	李兴之	？—1945	江苏

序号	姓名	出生至牺牲年份	籍贯	序号	姓名	出生至牺牲年份	籍贯
151	董木生	？—1945	江苏	152	高明波	？—1945	江苏
153	王学青	？—1945	江苏	154	沈伯林	？—1945	江苏
155	冯金邦	？—1945	江苏	156	叶洪军	？—1945	江苏
157	宗德胜	？—1945	江苏	158	刘广庆	？—1945	江苏
159	黄元胜	？—1945	江苏	160	高伯年	？—1945	江苏
161	童中发	？—1945	江苏	162	朱余成	？—1945	江苏
163	沈玉保	？—1945	江苏	164	张志远	？—1945	江苏
165	王光明	？—1945	江苏	166	彭元清	？—1945	江苏
167	王长贵	？—1945	江苏	168	江汗银	？—1945	江苏
169	昌金塔	？—1945	江苏	170	陈学勤	？—1945	江苏
171	吕俊华	？—1945	江苏	172	曹意明	？—1945	江苏
173	顾维佳	？—1945	江苏	174	顾有金	？—1945	江苏
175	刘桂山	？—1945	江苏	176	王甫之	？—1945	江苏
177	菊春之	？—1945	江苏	178	陈于世	？—1945	江苏
179	吴长桂	？—1945	江苏	180	陈申寿	？—1945	江苏
181	菊九黄	？—1945	江苏	182	陈月生	？—1945	江苏
183	奕新民	？—1945	江苏	184	丁万如	？—1945	江苏
185	卞洪成	？—1945	江苏	186	戴凤官	？—1945	江苏
187	叶绍林	？—1945	江苏	188	严成	1922—1945	江苏
189	叶建连	？—1945	江苏	190	汪海泉	？—1945	江苏
191	钱喜洪	？—1945	江苏	192	石来珩	？—1945	江苏
193	徐商修	？—1945	江苏	194	周奎郁	？—1945	江苏
195	刘光国	？—1945	江苏	196	肖太官	？—1945	江苏
197	柳季森	？—1945	江苏	198	张克诚	？—1945	江苏
199	丁文山	？—1945	江苏	200	周万银	？—1945	江苏
201	柏汗党	？—1945	江苏	202	王志远	？—1945	江苏
203	张中林	1915—1945	江苏	204	何连树	？—1945	四川
205	林开良	1917—1945	江苏	206	李凯	？—1945	四川
207	戴志贤	1924—1945	江苏	208	杨甫仁	1908—1945	四川
209	丁佑华	1916—1945	江西	210	朱晟	1924—1945	江苏
211	沈梅清	1925—1945	江苏	212	王赵生	？—1945	江苏
213	王腊狗	1925—1945	江苏	214	沈明仁	1923—1945	江苏
215	沈松	1922—1945	安徽	216	巫有根	1924—1945	江苏
217	邓金星	1913—1945	湖南	218	鲍福林	1914—1945	江苏
219	王安国	？—1945	安徽	220	周小狗	1921—1945	江苏
221	印木水	1923—1945	江苏	222	薛武海	1911—1945	江苏
223	陈启桂	1922—1945	江苏	224	房明德	1915—1945	江苏
225	夏中和	1921—1945	江苏	226	王正潘	？—1945	江苏

续表

序号	姓名	出生至牺牲年份	籍贯	序号	姓名	出生至牺牲年份	籍贯
227	陈光进	1917—1945	江西	228	郭里	1917—1945	四川
229	袁有山	1922—1945	安徽	230	李代明	1918—1945	江苏
231	郑凤才	1924—1945	江西	232	朱得良	1921—1945	江苏
233	钱浩	1920—1945	江苏	234	潘金良	1918—1945	江苏
235	王明	？—1945	江苏	236	韩其保	？—1945	江西
237	仇华	1925—1945	江苏	238	董辉	1917—1945	江西
239	王金根	？—1945	安徽	240	白月清	1917—1945	江苏
241	吴明之	1921—1945	江苏	242	王长生	1922—1945	江苏
243	景国忠	1923—1945	江苏	244	张木根	1926—1945	江苏
245	赵小龙	1926—1945	江苏	246	贡衡根	1917—1945	江苏
247	张友保	1925—1945	江苏	248	梅万星	1921—1945	江苏
249	丁成根	1921—1945	江苏	250	朱之发	1925—1945	江苏
251	王小根	1922—1945	江苏	252	孙道奎	1923—1945	江苏
253	胡登忠	1913—1945	江西	254	翁世保	1920—1945	江苏
255	刘良炳	1915—1945	江西	256	俞贵旺	？—1945	江西
257	杨国句	1919—1945	山东	258	张镇珠	1910—1945	江苏
259	潘世大	1926—1945	山东	260	贾阿贵	1926—1945	江苏
261	潘长田	1917—1945	陕西	262	史加兴	1917—1945	江苏
263	罗成福	1919—1945	上海	264	李明山	？—1945	四川
265	岳福元	1922—1945	江苏	266	何鑫	？—1945	江西
267	刘松林	1925—1945	江苏	268	陈东保	1915—1945	安徽
269	徐金和	1922—1945	江苏	270	吴月平	？—1945	江苏
271	魏江清	1921—1945	江苏	272	陈志海	？—1945	江苏
273	芮国华	？—1945	江苏	274	李志忠		安徽

后 记

《湖州抗战烽火》一书终于完稿了。望着眼前厚厚的书稿，内心无比激动，因为这是第一部全面反映湖州地区抗战的著作。

1937年11月19日，日军从江苏震泽出发，进犯南浔。此后，长兴、武康、德清、安吉相继沦陷。到年底，湖州就成了沦陷区。这片美丽富饶的江南水乡从此遭到了日寇铁蹄的践踏。无论是城市还是乡村，日寇所到之处，都是杀戮和枪声。

然而，湖州人民并没有屈服，他们奋起反抗。湖州地区虽然是沦陷区，但抗日斗争一直没有停止过。

湖州地区的抗战活动，主要体现在三个层面。一是湖州民间的抗日活动。日寇入侵后，在长兴、安吉、德清等地农村涌现多起击杀日军的行为；也有部分志士仁人或乡绅自发组建当地的抗战武装，杀敌报国。其中，有的民间武装受共产党的影响而走上了正道，如郎玉麟的部队。二是国民政府军在湖州地区对日军的几次阻击，给日军以沉重打击。三是新四军在湖州的抗敌顽活动。长兴槐坎是新四军苏浙军区的所在地，新四军在这里虽然只有短短一年，但打了好几个胜仗，取得了天目山三次反顽战役的胜利，长兴也因此被称为"江南小延安"。

湖州的抗战内容丰富多彩，其间有许多可歌可泣的英雄事迹；但令人可惜的是，迄今为止，湖州地区缺乏一部全面描写抗战史实、歌颂抗战英雄的著作。

因此，为了弘扬"铁军"精神，缅怀抗战英烈，继承革命传统，有必要撰写一部全方位反映湖州抗战的红色读物，把当年湖州的抗日情景再现给当代人民特别是青少年一代，让他们铭记历史，不忘国耻。

湖州市新四军历史研究会成立了"湖州抗战烽火"课题组，并得到了市委的大力支持，作为特批课题，市委给予了热情关心和大力支持。

全面书写湖州的抗战，并非轻而易举之事。当年参战的老同志大多已经不在，当时的战场已经踪影全无。如何真实还原当年的战况，让抗战英雄生动地展现在人们面前？我们为此忧虑万分。好在我们的撰写得到了新四军老战士及其后人的大力支持。我们先后去南京、福建等地走访了刘先胜中将、吴咏湘少将、王直少将的后人，他们热情地向我们介绍了当年将军们的英勇事迹，使我们获得了许多珍贵的资料。湖州市新四军历史研究会的老同志对书稿的撰写不仅提出了合理的建议，还拿出了自己珍藏多年的书刊、资料，为我们提供了许多既难得又翔实的史料，供我们选择和采写。

在撰写过程中，我们收集和阅读了大量史料、书籍和文章，对前人的研究成果多有借鉴。如湖州市档案馆编写了《湖州"郎部"抗日英雄传》，胡世明、陈友益等教授对湖州党史多有研究，谢文柏整理过"合溪争夺战"和"李家巷阻击战"的史料，杨友宝、沈慧烨等发表过有关彭林、王文林和湖州三支抗日武装的文章，等等。这些科研成果和文史材料，省却了我们寻找资料的艰辛，在此一并致谢。

从课题的构想到书稿的付梓，其间遇到了种种困难和阻力，但我们终于如期完成了任务。

本书的付梓只是湖州红色文化研究的新起点，相信今后会有更丰富、更精彩的红色读物问世。

俞允海

2022 年 3 月